KB234431

한글 만세
주시경과 그의 제자들

조선어학회, 47년간의 말모이 투쟁기

주시경과 그의 제자들

조선어학회, 47년간의 말모이 투쟁기

세종대왕의 훈민정음은 주시경에 이르러 한글로 다시 태어났고, 그의 뜻을 이어받은 조선어학회의 뼈를 깎는 노력으로 지금의 모습을 갖췄다. 주시경의 염원 말모이부터 조선어학회 회원들이 굴욕을 감내하면서까지 완성하려 한 우리말 사전 편찬은 겨레의 얼을 지키기 위한 도전이었다. 그 과정에서 분개한 동지의 자결과 옥중에서 죽음 등 숱한 사연이 줄을 이었고, 광복 후에는 피땀 흘리던 동지들이 남북으로 갈라지는 아픔도 있었다. 무지한 지도자의 독선 때문에 한글 파동이라는 기막힌 상황도 겪었다. 그러나 뜻이 있는 곳에 길이 있다던가. 마침내 《큰사전》 여섯 권을 완간함으로써 고난에 찬 그들의 행군은 찬란한 피날레를 장식했다. 이 책은 조선어학회사건이 순수 학술 연구를 일제가 모략하여 조작한 사건이 아니라, 우리 말글을 말살하려는 일제의 탄압에 맞선 언어 독립 투쟁이라는 점을 분명하게 밝히고 있다.

이상각 지음

유리창

말글 수호 투쟁은 가장 성공적이고 빛나는 독립운동

한글학회 회장실 벽에는 일제강점기에 우리말과 글을 지키다가 함흥 형무소에서 모진 고문을 받아 목숨을 잃거나 불구의 몸이 된 채 광복을 맞아 풀려난 조선어학회 선열 33인의 영정이 모셔져 있습니다. 이분들의 거룩한 희생이 있었기에 국어는 현대화되었고, 이를 바탕으로 교육할 수 있었기에 지금 우리는 그 처참한 가난을 극복하고 세계 속에 문화 선진국으로 우뚝 서게 되었습니다.

이런 의미에서 일제 식민 통치 아래 펼친 민족 투쟁, 독립 투쟁 가운데 조선어학회 선열들의 말글 수호 투쟁은 가장 성공적이고 빛나는 투쟁임이 분명합니다. 그런데도 이분들의 고귀한 희생은 잊힌 사건이 된 채 오늘에 이르고 있으니 어찌 안타까운 일이 아니겠습니까. 늦었지만 지금이라도 이분들의 거룩한 업적을 역사의 전면에 우뚝 세우는 것이 우리가 할 일입니다.

독립 투쟁이라 하면 흔히 총칼을 들고 적과 맞서 싸우는 것을 생각

합니다. 그러나 그것은 한 부분이고, 승산이 커 보이지도 않습니다. 그래서 정치투쟁을 하고 민족문화 투쟁을 하는 것입니다. 이런 의미에서 한힌샘 주시경 선생의 우리 말글 연구를 통한 민족 투쟁은 가장 성공적이고 빛나는 독립운동이라 할 것입니다. 말을 지키면 겨레가 살고, 겨레가 살면 언젠가 독립을 쟁취할 수 있다는 굳은 믿음이 있었기 때문입니다. 주시경 선생의 국어 연구와 한글 연구는 그대로 민족운동이요, 독립 투쟁입니다. 나라 사랑 겨레 사랑의 뜨거운 열정이 있었기에 그가 가는 곳마다 수많은 청년 지사들이 모였고, 1908년 8월 31일 국어연구학회를 조직하니 그것이 조선어학회요 한글학회의 시작이었습니다.

그런데 안중근 의사나 김구 선생은 알면서도 주시경 선생, 이극로 선생, 최현배 선생의 피나는 투쟁을 기억하는 국민은 많지 않으니 참으로 안타까운 일입니다. 이번에 서울시에서 펼치는 한글마루지사업의 일환으로 세종문화회관 뒤안길에 주시경 선생 조각상이 서고, 세종로 한 자락에 '조선어학회 한말글 수호 기념탑'이 서는 것은 늦었지만 다행스러운 일이라 아니할 수 없습니다. 역사를 잊은 민족에게 미래는 없다는 칼날 같은 경구가 있습니다만, 우리는 이 자리에서 다시 한 번 한힌샘 주시경 선생과 그 제자들의 피나는 투쟁사를 되새기는 것입니다.

이런 때 우리 역사에 해박한 식견을 갖춘 저술가 이상각 선생이 생생한 증언을 담은 명저 《한글 만세, 주시경과 그의 제자들》을 펴내니 참으로 기쁘기 그지없습니다. 읽고 또 읽으며 새로운 깨우침에 감격 또 감격합니다. 주시경 선생과 조선어학회 선열들의 행적을 받드는 일에 매달려 사는 나도 미처 알지 못한 일들을 현장에서 보는 것처럼 소상히, 감동적으로 이야기해주니 이 고마운 정을 무어라 다 말할 수 있겠습니까.

온 세계로 뻗어 나가는 한류 문화에 긍지를 느끼는 국민이라면 누구나 꼭 한번 읽고, 오늘이 있기까지 모든 것을 바치며 희생한 선열들의 뜨거운 사랑을 기억해주시면 고맙겠습니다. 다시 한 번 귀한 책을 써주신 이상각 선생과 출판회사 유리창 우일문 대표께 감사하며 추천사를 대신하고자 합니다.

2013년 9월

한글학회 회장 김종택

조선어학회사건으로 본 한글 투쟁사

나는 한글로 생계를 유지하는 이른바 역사 저술가다. 하지만 어린 시절부터 장년의 고개를 넘어가는 지금까지 한글에 대한 고마움을 절실하게 느낀 적은 한 번도 없었다. 마치 우리가 숨을 쉬면서 공기의 소중함을 느끼지 못하는 것처럼 말이다.

그러던 어느 날 한글이 나를 향해 걸어왔다. 출판회사 유리창에서 일제강점기의 한글 운동을 주제로 책을 만들어보자고 제의한 것이다. 최근 조선어학회사건이 제3의 항일운동으로 조명되고 있으니 이를 널리 알려보자는 뜻이었다.

'조선어학회사건은 해방 직전 일제가 지식인 탄압의 일환으로 꾸며낸 사건이 아닌가. 그런데 항일 투쟁이라니 심한 비약이 아닐까?'

먼저 인터넷으로 자료를 검색해보았다. 주시경, 김두봉, 이희승 등 익숙한 이름이 화면을 가득 채웠다. 하지만 내 눈을 반짝이게 한 것은 최현배 선생이 술집 방명록 금서집錦書集에 남긴 '한글이 목숨'이라는 글귀다. 고집쟁이 국어학자인 줄은 익히 알았지만, 젊은 나이에 어찌 그토록 맹렬한 감정을 표현했을까?

호기심이 동한 김에 가까운 도서관에 가서 조선어학회 관련 서적을 찾아보았다. 박용규 님의 《조선어학회 항일투쟁사》가 제일 먼저 눈에 들어왔다. '아, 이것이구나.' 바로 이 책에서 조선어학회의 한글 운동이 일제의 우리 말글 말살에 맞선 언어 독립 투쟁이라고 주장하고 있었다. 최경봉 님은 《우리말의 탄생》에서 한글이 국어로 자리매김하기까지 정황을 잘 설명하고, 정재환 님은 《한글의 시대를 열다》에서 해방 이후 한글학회의 활동을 깔끔하게 정리했다.

문득 독립운동사의 제5열에서 겨레 얼을 지키기 위해 고군분투한 조선어학회 33인의 열정과 고난을 좀더 드라마틱하게 그려낼 수 없을까 하는 생각이 뇌리를 스쳤다. 아울러 그분들의 항일 투쟁에 얽힌 시대적인 환경과 역사적 사실을 추적하는 것은 여러모로 의미 있는 작업이 아닐까 싶다.

그러나 사과를 덥석 베어 물기에는 중대한 문제가 있었다. 세종대왕이 훈민정음을 창제한 때의 표음주의 정신을 되살리느냐, 조선어학회에서 근대적 문법 체계를 통해 마련한 오늘날의 철자법을 이어가느냐 하는 정음파와 한글파의 논쟁이 아직도 식지 않고 있기 때문이다. 나는 이 책에서 한글 철자법을 비롯하여 국어문법에 관련된 내용은 가급적 다루지 않기로 결심했다. 학문의 시시비비는 전공하는 학자들의 영역이라 생각한다.

무엇보다 나는 '한글'이 아니라 한글을 지켜낸 '조선어학회의 항일 투쟁'이라는 역사적인 사실을 널리 알리겠다는 관점으로 책을 엮어가고자 했다. 학술 교양서라기보다 역사 교양서로서 장점을 최대한 살리고 싶은 이유다. 이런 의도를 출판사에서 허락했기에 부끄러운 이 책이 오랜 잠행의 시간을 거쳐 고고성을 울릴 수 있었다. 이 책 도처에 나타나는 작위적인 상황 설정이나 과장된 말투는 전적으로 무능력한 저자의 허물이다. 숱한 대패질이 필요한 본문의 까칠함에 독자 여러분의 관용을 바란다.

나는 조선 시대 내내 언문으로 괄시 당하던 한글이 대한제국에서 국문으로 거듭나는 과정부터 시작하여, 일제강점기에 계획적으로 조선어를 말살하려던 총독부의 교육정책에 맞서 우리말과 글을 사수하고자 한 이들의 치열한 현장을 그려내고자 했다. 그동안 우리는 저들의 처절한 어문 투쟁을 껍데기만 알고 있었다. 제국주의 국가들의 식민지 언어 말살 정책을 예견하고 말모이 사업을 하며 사회주의적인 비밀결사까지 만든 주시경과 그 제자들의 활약상이 여태 국민들에게 알려지지 않았다는 것은 불가사의한 일이다.

1950년대 소련의 모스크바방송에서 주시경을 계몽사상가 겸 독립투사로 상찬했다지만, 그런 불그스레한 뉴스가 비무장지대를 넘어 남쪽으로 건너올 일은 없었을 것이다. 한편 청산리 전투의 승리로도 충분히 증명되는 대종교의 독립 투쟁이 오랫동안 베일에 싸여 있었다는 것은 후세의 한 사람으로서 부끄러웠다. 당시 기독교, 천도교, 불교 등 다양한 신앙이 있었지만, 많은 독립투사들이 단군으로 상징되는 대종교의 민족 이념으로 굳게 뭉쳐 일제와 싸웠다. 신앙보다 민족의 자존이 앞서던 시절이다. 하지만 오늘 우리는 민족보다 신앙에 기울어진

건 아닌지 모르겠다.

　한마음 다른 시선으로 조선어학회와 대립한 조선어학연구회의 열정
도 빼놓을 수 없다. 그 무렵 동아일보에 연재된 한글 토론회 속기록을
보면 두 단체 구성원들의 해박한 어문 지식과 역사 통찰에 절로 고개
가 숙여진다. 이들의 뜨거운 한글 사랑이 있었기에 오늘날 우리가 자
유롭게 한글을 누릴 수 있는 것이라 믿어 의심치 않는다.

　한글이 올곧은 겨레말과 글로 자리 잡기까지는 동아일보, 조선일보
등 당대 언론사들이 실시한 문맹 퇴치 운동이 큰 힘을 발휘했다. 엄혹
한 일제의 그늘 아래 얼어붙은 민족의식을 녹이려 한 언론인들의 활약
상은 실로 감동적이다. 오늘날 언론인들이 그런 선배들의 애국·애족
정신을 얼마나 마음에 새기고 있는지 궁금하다. 혹세무민에 가까운 언
론 폭력이 난무하는 현실에서 정론 직필을 기대하지는 않지만, 사실을
있는 그대로 보도해주기 바란다.

　주시경의 염원 말모이부터 조선어학회 회원들이 굴욕을 감내하면서
완성하고자 한 우리말 사전 편찬은 겨레의 얼을 지키기 위한 도전이었
다. 그 과정에서 분개한 동지의 자결과 고문에 이은 옥사 등 숱한 사연
이 계속되었고, 광복 후에는 피땀 흘리던 동지들이 남북으로 갈라지는
아픔도 있었다. 무지한 지도자의 독선 때문에 한글 파동이라는 기막힌
상황도 겪었다. 그러나 뜻이 있는 곳에 길이 있다던가. 마침내 《큰사
전》 여섯 권을 완간함으로써 고난에 찬 그들의 행군은 찬란한 피날레
를 장식했다.

　현재 북한에서는 조선어학회가 조선광복회의 하부 조직으로, 민족

해방운동의 승리를 앞당긴 중요한 의의가 있는 단체라고 규정한다. 실제로 이 운동에는 좌우와 계급적 이익을 불문한 사회 지도층 인사들이 대거 가담했고, 이들이 남북의 국가 건설과 언어정책을 담당했다. 이처럼 조선어학회의 한글 운동은 좌우 이념이나 종교를 초월한 민족의 뿌리 지키기 운동이었다. 우리가 그들의 절절한 마음가짐으로 통일을 지향한다면 남북이 하나 되는 그날이 좀더 빨리 다가오지 않을까 싶다.

책은 늘 많은 분들의 도움으로 태어난다. 한글학회 김종택 회장님, 해오름 박형만 대표님, 전국국어교사모임 조장희 이사장님, 조선어학회기념사업추진위원회 우문길 선생님, 재미 작가 이충렬 선생님께 특히 감사의 말씀을 드린다.

조선어학회 33인에는 평생 한글 지킴이로 살아온 국어학자, 남북한에서 활동한 정치가, 친일의 흠결이 있는 사업가, 군부독재를 찬양한 시인 등 다양한 인물이 포함된다. 하지만 7000만 우리 민족은 오늘도, 내일도 그들이 목숨 걸고 지켜낸 한글로 평생을 호흡할 것이다. 문득 '어울림'이란 낱말이 떠오른다. 밑도 끝도 없이…….

한글날을 앞두고

이상각

한글이 목숨이다

"나라말과 글을 잃으면 민족이 망한다. 너희는 이 뜻을 알겠느냐?"

"예!"

1911년 어느 저녁 경성 중부 박동, 지금의 조계사 자리에 있는 보성중학교 작은 교실에서 우렁우렁한 목소리가 들렸다. 목소리의 주인공은 일요 조선어강습원 교사 주시경. 그는 일찍부터 우리 말글 연구에 평생을 바치기로 결심하고 어린 시절 이름 상호相鎬를 '늘 경을 읽는다'는 뜻의 시경時經으로 바꾸었으며, 백천白泉이라는 아호도 순 한글 '한힌샘'으로 고쳤다.

젊은 날 독립협회에 가입하여 독립신문에서 회계와 교정 일을 보던 그는 1898년 10월 만민공동회 사건에 연루되어 이승만, 서상대, 이동녕, 양기탁 등과 함께 투옥되었다가 특사로 풀려났다. 이듬해 1월 30일에는 그때까지 감옥에 있던 동지 이승만을 탈출시키려고 육혈포를 건네주기도 한 열혈 행동파다.

이후 한동안 미국 선교사 스크랜턴Mary Scranton의 한국어 교사를 지낸 주시경은 명신학교, 이화학당, 휘문의숙 등 10여 학교에서 교편을 잡았다. 그러다 1910년 대한제국이 일본에 국권을 빼앗기자, 조선어강습원을 열고 제자들에게 한글을 가르쳤다. 그는 식민 치하에서도 꿋꿋하게 우리 말글을 지켜야 하는 이유를 단호한 어조로 설명했다.

"피곤하더라도 두 눈 부릅떠야 한다. 자기 말글을 잃고 일본의 일개 현 오키나와沖繩로 전락한 류큐琉球를 보거라. 우리의 처지도 그와 다르지 않다. 우리 말글과 민족혼을 굳게 지킨다면 반드시 일제의 굴레에서 벗어나는 날이 올 것이다."

그의 앞에는 김두봉, 장지영, 최현배, 권덕규, 이병기, 염상섭, 변영태, 현상윤, 신명균, 이규영 등 조선의 영재들이 눈빛을 반짝였다. 장차 이 땅에서 어문학계와 문화계의 주역으로 활약할 인물들이다.

"자, 이제 책을 펴라."

제자들은 스승의 말이 떨어지기 무섭게 책상 위 《조선어문법》으로 시선을 옮겼다. 이 책은 1910년 주시경이 저술한 현대 문법의 종합서 《국어문법》을 수정하고 제목을 바꾸어 다시 낸 한글 교과서다. 나중에 제자들이 만든 한글 맞춤법통일안의 기본 이론서가 된 책이기도 하다. 순 한글 문법 용어를 사용한 이 책은 그 무렵 중학교 학생들과 조선어강습원 수강생들의 교재였다.

주시경 사후 다시 펴낸 《조선어문법》.

주시경이 조선어강습원으로 이용하던 보성중학교는 구한말의 정치가 이용익이 설립했고, 그 무렵에는 노백린 장군이 2대 교장으로 재임했다. 노백린은 3·1운동 이후 상하이上海임시정부의 군무총장이 되어 미국 캘리포니아California 북부에 있는 윌로스Willows 지역에 비행학교를 설립한 선각자다. 주시경은 그의 도움을 받아 민족의 얼을 깨우고 지키기 위한 어문 독립운동에 몸과 마음을 바쳤다.

그 무렵 중국인들도 자기 말글에 위기의식이 있었다. 아편전쟁 패배, 영불 연합군의 베이징北京 점령, 이어진 청일전쟁 패배로 큰 충격을 받은 중국 지식인들은 어려운 한자로는 정치 개혁과 국민 계몽이 불가능함을 깨닫고, 표음 위주의 문자 개혁을 추진하는 중이었다. 오죽하면 중국의 대문호이자 선각자 루쉰魯迅이 "한자를 없애지 않으면 중국은 반드시 망한다"˙고 했을까.

중국의 상황이 이런데도 유림을 비롯한 우리나라 지식인들은 한글을 업신여기고, 여전히 한자를 최고의 문자로 떠받들었다. 주시경은 이와 같은 사대 풍조를 개탄하면서 제자들에게 우리 말글을 아끼고 귀중하게 여기는 것이야말로 나라를 사랑하는 지름길이라고 강조했다.

"글은 말을 담는 그릇이다. 그러므로 이지러짐 없이 반듯하게 자리를 잡아 굳게 선 뒤에야 그 말을 잘 지킬 수 있다. 글은 또 말을 닦는 기계라서 기계를 닦은 뒤에라야 말이 잘 닦인다. 말과 글이 거칠면 그 나라 사람의 뜻과 일이 다 거칠어지고, 말과 글이 다스려지면 그 나라

■ 漢字不滅, 中國必亡

사람의 뜻과 일이 잘 다스려지는 법이다. 너희는 우리 말글을 아름답게 가다듬어 후손에게 전해주어야 한다."

주시경은 서구 열강의 패권주의를 흉내 내면서 아시아를 어지럽히는 일본의 기세가 쉽게 수그러들지 않으리라는 것을 예견했다. 아시아의 최강자가 되려는 일본에게 나라를 빼앗겼다는 사실이 분통 터졌고, 그들이 앞으로 이 땅에서 무슨 짓을 할지 상상하면 가슴이 아렸다. 그럴수록 우리 민족은 근본을 굳게 지키며 자주독립의 기회를 노려야 한다고 생각했다. 이는 조선어강습소에 있는 제자들에게 주어진 사명이기도 했다.

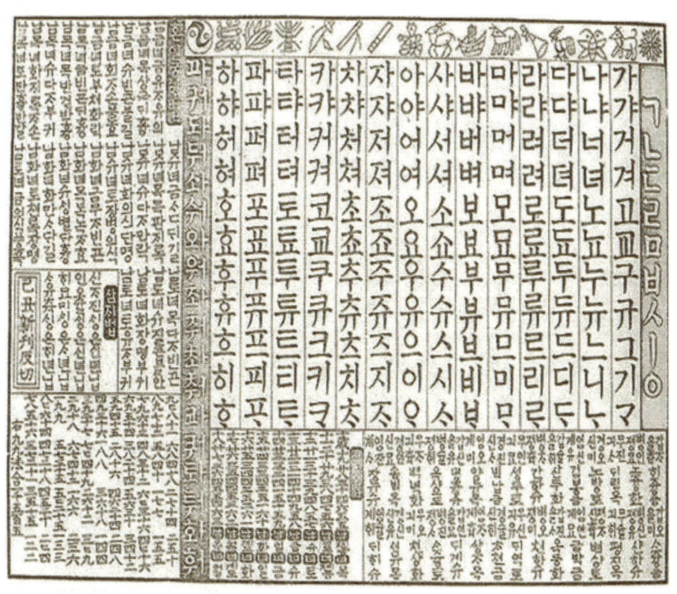

1889년에 만들어진 '신간반절'. 반절半切은 자음과 모음을 합쳐 글자를 만드는 방법으로, 한글의 다른 이름으로 쓰였다. 구한말 초성과 중성, 종성을 모아 글자를 만드는 방식을 익히는 한 장짜리 인쇄물이 보급되어 한글 대중화에 크게 공헌했다. 위쪽에 있는 개, 나비, 닭, 나팔, 말, 배, 사슴, 아이, 자, 채, 칼, 탑, 파, 해 등의 그림이 초성을 어떻게 내야 하는지 암시한다.

"너희는 일본인인가, 조선인인가?"

"조선인입니다."

"그렇다. 조선인은 조선의 말글을 익히고 써야 한다. 식민지 조선의 백성으로서 이보다 시급한 일은 없다. 언어를 빼앗기면 민족의 얼을 빼앗긴다. 그 일을 바로 너희가 해야 한다는 뜻이다."

이런 스승의 가르침에 감동한 학생들은 저마다 조선 문화의 지킴이라는 긍지를 가슴에 품었다. 주시경은 그들과 함께 언문諺文*, 정음, 반절** 등으로 불리던 우리 말글에 새로운 이름을 붙였다.

"우리 민족은 예부터 한민족으로 불렸다. 한이란 말은 '크다' '으뜸이다'라는 뜻과 '하나' '바르다'는 뜻이 담겨 있다. 그렇다면 한민족의 글이자 세계에서 으뜸간다는 뜻이 있는 한글이 어떠하냐?"

"한글?"

"그렇다. 우리 민족의 글인 동시에 잃어버린 대한제국의 글이라는 뜻이니 멋있지 않으냐."

"멋집니다. 그럼 이제 한글이라고 해야겠군요."

그때부터 세자들은 언문으로 불리던 우리 말글을 한글로 고쳐 불렀다. 한글, 참으로 아름다운 이름이다.

얼마 후 역사학자 최남선이 귀중한 고전을 보존하고 편찬하여 국민을 깨우치겠다는 취지로 조선광문회*를 만들었다. 주시경은 조선광문회에 참여하여 국어 관련 서적의 보존과 편찬을 도우면서 제자 김두봉, 신명균, 권덕규 등과 함께 필생의 사업으로 삼은 말모이 편찬에 뛰어들었다.

"힘껏 조선의 말을 모으자. 튼튼한 말광에 보관하면 영원히 간직할 수 있다."

"예, 선생님. 저희도 작은 힘이나마 보태겠습니다."

말모이는 1911년부터 시작되어 어휘 수집에서 주해까지 진행되었다. 그렇게 4년 남짓 노력이 영글어가던 1914년 7월 어느 날, 주시경이 갑자기 세상을 떠났다. 겨우 38세였다. 청천벽력 같은 소식에 제자들은 넋을 잃었다.

"하늘도 무심하시지. 어찌 이런 일이……."

"선생님이 안 계시면 우리가 이 큰일을 매조질 수 있겠는가?"

말모이 편찬 사업은 선장 격인 주시경의 사망과 함께 표류했다. 김두봉, 장지영, 신명균 등이 앞장서서 방향키를 잡으려 했으나 불가능

■ 최남선이 조선광문회를 설립한 이유는 일본 유학 시절 우리나라에서 사라진 서책이 그곳 도서관에 있다는 사실과 그들이 복각한 《동국통감》을 구입하며 부끄러워한 충격, 우리 유적과 관련된 기록을 보존하여 당대와 후손에게 전해야겠다는 각오, 조선고서간행회와 조선연구회 등 일본인 단체가 우리 고전을 간행하는 본말이 전도된 현실에 대한 통탄 등이 복합적으로 작용했기 때문이다.

했다. 스승의 빈자리가 너무나 컸다.

그 무렵 일제는 식민 체제를 강화하기 위해 일본어 교육을 적극 권장하고 나섰다. 교육, 행정, 사법, 학술 등 주요 분야에서 일본어를 사용하게 함으로써 조선어는 배워도 쓸모없는 2등 언어가 되어갔다. 아울러 조선인을 통제하기 위해 일본인 교사와 경찰, 관리들에게 반드시 조선어를 습득하도록 했다. 1920년에는 관변 학자들을 동원하여 《조선어사전》까지 펴냈다. 그 소식을 전해 들은 주시경의 제자들은 큰 충격에 빠졌다.

"일본인이 어찌 우리말 사전을 펴낼 수 있단 말인가?"

"이대로 있다가는 죽어서도 선생님을 뵐 낯이 없을 것이다."

장지영, 최현배, 신명균 등은 마음을 다잡고 조선어연구회를 만들어 한글 연구를 다시 시작했다. 그러나 조선총독부의 교묘한 견제가 이어지자, 학회의 이름을 조선어학회로 바꾸고 전열을 정비했다. 그 무렵 독일에서 귀국한 이극로가 가세하면서 조선어학회는 활기를 띠었다.

이극로는 일찍이 만주의 대종교 지부에서 주시경의 제자 김영숙을 만나 한글 운동의 중요성을 깨우쳤다. 그는 귀국길에 아일랜드에 들렀다가 더블린Dublin 시가지에서 영어 일색인 간판과 도로표지를 보고 몹시 언짢았다.

'우리 조선도 곧 저런 신세가 되겠구나.'

영국의 식민지 아일랜드에서는 영어가 공용어였다. 아일랜드인의 민족어인 켈트Celt어는 빛을 잃은 지 오래였다. 그는 새삼 민족어야말로 그 민족의 근본임을 깨닫고 입술을 깨물면서 다짐했다.

'이 생명 다 바쳐 우리 말글을 지켜내고야 말겠다.'

배꽃 향기가 은은하게 퍼지는 1932년 어느 봄날 저녁, 신문로에 있는 한 술집에 연희전문학교 교수 최현배, 동아일보사 편집인 권덕규, 《한글》 발행인 신명균 등이 화덕 앞에 둘러앉아 있었다. 연장자인 신명균을 필두로 세 사람은 나란히 술잔을 기울이며 한글 연구 성과를 나누었다. 하지만 취기가 오르면서 대화는 조선의 현실에 대한 비분강개로 이어졌다.

"조선어가 이제 중학교 입학시험에서도 배제되고 있어요. 저놈들이 우리 말글을 아예 말려 죽일 작정인가 봅니다."

"총독부의 횡포가 도를 넘어섰어. 일조융화日朝融和라는 명목으로 일본어만 쓰게 하니 학생들은 조선어를 입 밖에도 내지 못하게 하려는 속셈이야."

그 무렵 조선총독부의 어문 정책은 그야말로 가관이었다. 신임 우가키 가즈시게宇垣一成 총독이 일본과 조선의 융화를 구실 삼아 식민지에서도 일본어를 상용하게 함으로써 조선 학생들에게 일본 정신을 주입하려 한 것이다.

"이대로 가다가는 곧 이 땅에서 한글을 쓰면 범죄자가 되는 시대가 오겠군요."

"지금 조선일보와 동아일보에서 문자 보급 운동을 벌이는데 설마 그렇게까지 할까?"

"왜놈들 표리부동한 게 어디 하루 이틀입니까? 곧 무슨 트집이라도 잡아서 중단시킬 게 분명해요."

"그건 안 되지. 무슨 짓을 해서라도 해서 막아야 해."

"한글맞춤법통일안이 거의 다 되어가니 경거망동해선 안 됩니다. 그걸 제대로 퍼뜨리려면 왜놈들의 비위를 맞춰야 하거든요."

"허, 낭패로고. 걸리는 게 이리 많아서야 냉수도 함부로 못 마시겠군."

"해는 지는데 길은 멀도다. 그럼 말모이는 언제 마무리할 수 있을까?"

"그 부분은 조급하게 추진해서는 안 됩니다. 최근 일본 군부의 움직임이 심상치 않아요."

그들의 목소리가 갑자기 낮아졌다. 일본군은 1931년 9월 18일 류탸오후柳條湖의 남만주철도를 폭파하고, 철도 보호를 빌미로 만주 일대를 점령했다. 이어서 청나라의 마지막 황제 푸이溥儀를 꼭두각시로 만주국을 세웠다.

"아무래도 저들이 중국 본토를 노리는 것 같아요."

"그러면 우리 조선인만 죽어나겠군."

"당연하지요. 지금 일본 경제가 바닥을 치고 있으니……."

"군부가 권력을 쥐면 여기저기 상황이 험악해질 텐데."

"장차 우리 일도 순조롭게 넘어가지는 않겠군."

누군가 낮은 목소리로 중얼거리자, 금세 깊은 침묵이 맴돌았다. 암울한 시국이었다. 문득 최현배가 곁에 있던 방명록을 끌어당기더니 붓을 들어 무엇인가 썼다. 그런 다음 침중한 어조로 입을 열었다.

"어쩌겠습니까. 운에 맡겨야지요. 서둘러 밀어붙이면 어느 정도 성과를 낼 수 있지 않겠습니까?"

"왜놈들의 방해가 만만치 않을 텐데."

외솔 최현배의 메모.

"그러니까 우매한 민중을 계몽한다는 빌미로 움직여야죠. 총독부 일도 좀 도와주는 체하면서 말입니다."

"허, 참으로 고얀 말씀이로고."

말이 걸기로 소문난 권덕규의 입에서 탄식이 나왔다. 그러자 신명균이 비장하게 중얼거렸다.

"아, 난 정말 그런 꼴은 눈뜨고 못 보겠어. 여태까지 견딘 것만 해도 용하다네. 왜놈들이 설치는 세상이 언제 끝나려나."

"선생님, 제발 허튼 생각 하지 마세요. 우리가 함께하지 않습니까."

두 사람의 태도에 주목한 최현배가 안타까운 눈빛으로 주의를 상기시켰다. 늘 지사적인 풍모를 띠는 신명균과 내심을 숨기지 않는 권덕규가 욱하는 성미에 무슨 사달을 벌일지 걱정스러웠기 때문이다. 술이 떨어지자 비틀거리면서 밖으로 나온 일행은 전혀 모르는 사람들처럼 사방으로 흩어졌다.

술집 주인이 식탁을 정리하기 위해 다가갔다. 경성의 내로라하는 인사들인지라 그중 한 사람이 방명록에 남긴 글귀도 궁금했다. 잠시 후 스스로 '금서집'이라 이름 붙인 방명록을 펼친 주인의 눈이 휘둥그레졌다. 거기에는 다음과 같이 씌어 있었다.

'한글이 목숨.'

하나

우리 말글을 지키자

주시경의 염원 말모이부터 조선어학회 회원들이 굴욕을 감내하면서 완성하고자 한 우리말 사전 편찬은 겨레의 얼을 지키기 위한 도전이었다. 그 과정에서 분개한 동지의 자결과 고문에 이은 옥사 등 숱한 사연이 계속되었고, 광복 후에는 피땀 흘리던 동지들이 남북으로 갈라지는 아픔도 있었다. 무지한 지도자의 독선 때문에 한글 파동이라는 기막힌 상황도 겪었다. 그러나 뜻이 있는 곳에 길이 있다던가. 마침내 《큰사전》 여섯 권을 완간함으로써 고난에 찬 그들의 행군은 찬란한 피날레를 장식했다.

한글 깨이나다

국문의 탄생

1894년 동학농민운동이 한창일 무렵, 동학도와 농민들의 배후에 대원군 세력이 있음을 알게 된 고종은 청나라에 파병을 요청했다. 청나라 군대가 국내에 진입하자, 일본군 역시 대규모 군대를 파견했다. 당시 일본은 청나라에 조선의 개혁을 함께 추진하자고 제안했으나 거절당했다. 1894년 7월 23일, 일본은 불시에 경복궁을 점령한 다음 대원군을 대표로 삼고 김홍집, 어윤중, 서광범, 박영효 등을 중심으로 하는 친일 내각을 출범시켰다.

친일 내각은 각종 제도를 개혁하고 다양한 정치 현안을 해결한다는 명분으로 군국기무처를 설치하고 갑오개혁에 돌입했다. 그들은 과거제 폐지, 인재 등용에서 신분 타파, 조혼 금지, 과부의 개가 허용, 공사 노비의 혁파 등 다양한 정책을 실시했다. 바로 이때 한국인의 어문 활동에 획기적인 사건이 일어났다. 수백 년 동안 언문으로 천대받던 한글이 한 나라의 공식 문자인 국문國文으로 격상된 것이다.

군국기무처에서는 '외국의 국명, 지명, 인명이 구라파 글로 씌어 있으면 모두 국문으로 번역하여 시행한다'는 의안을 마련했다. 이를 고종이 가납하면서 이듬해(1895년) 5월 8일 '법률 칙령은 다 국문을 본으로 삼고 한문 번역을 붙이며, 국문과 한문을 혼용한다'는 칙령 1호 공문식 公文式이 반포되었다. 이에 따라 국문 철자와 국문의 번역, 교과서 편찬 등의 업무를 관장하는 학부에서는 그해 말 국한문체로 편찬된《국민소학독본》을 발행했다. 그해 12월에는 국가 기본법인 홍범 14조가 순 국문체, 순 한문체, 국한문체로 된 세 가지 윤음으로 반포되었다. 국가 공식 문서에 처음 한글이 등장한 것이다.

우리말의 재발견, 《서유견문》과 독립신문 |

한글이 국문의 지위에 오른 것은 여러모로 의미심장한 일이다. 오랜 한자의 굴레에서 벗어났다는 역사적인 의미 외에도 세종대왕이 훈민정음을 창제하면서 천명했듯이 국민끼리 문자로 쉽게 소통할 수 있는 길이 열린 것이다. 이는 국민의 의사를 정치에 반영하는 근대 민주주의의 필수 조건이기도 했다. 하지만 당대 지식인들은 한자 문화에 젖어 우리말 어휘가 모자라고 표현 방식도 서툴렀다. 따라서 완전한 언문일치言文一致는 불가능했지만, 한글이 한자와 동등한 위치에서 경쟁할 수 있다는 것만 해도 대단한 일이었다.

　얼마 후 미국 유학과 세계 일주를 마치고 돌아온 유길준은 서양의 문물을 소개하기 위해 《서유견문》을 집필하면서 국문과 한문을 섞어

썼다. 견문록 형식으로 조선의 개화를 촉구한 이 책의 서문에서 그는
국한문체를 취한 이유를 솔직하게 밝혔다.

첫째, 내가 말하고 싶은 것을 널리 알리기 위해서는 되도록 글을 읽기 쉽
게 써야 했다. 둘째, 한문으로는 나의 지식과 학문을 생각하는 대로 자유
롭고 정확하게 표현하기 어려워서였다. 셋째, 세계 여러 나라의 글이 그
나라의 말과 맞으므로 나도 우리말과 맞는 우리글로 썼다. 여기에 한문
을 그냥 쓴 것은 옛날부터 경서經書를 언해諺解할 때의 예를 좇은 것이다.
사실 한자를 버리고 순전한 우리글로 쓰지 못한 것이 유감이다. 이는 내
가 한문을 국문으로 바꾸어 쓸 능력이 부족하기 때문이니 오히려 부끄
럽다.

이와 같은 고백에도 불구하고
유길준의 새로운 시도는 주변 사
람들에게 눈총을 받았다. 심지어
그의 개화사상을 지지하던 친구
들도 국문과 한문을 섞어 쓰는 것
은 전통적인 문장가의 궤도에서
벗어난 행동이라며 비난했다. 그
러자 유길준은 강한 어조로 자신
의 뜻을 설명했다.

"국문은 세종대왕께서 창조하
신 글자요, 한자는 중국과 함께

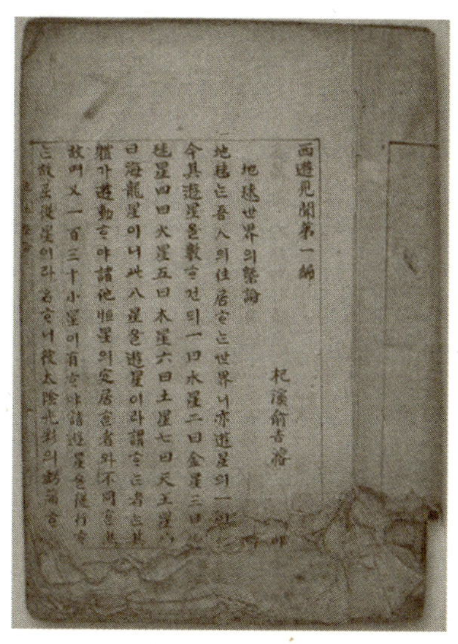

유길준의 《서유견문》.

쓰는 글자지만, 국문처럼 읽고 쓰기 쉬운 글자는 세상 어디에도 없네. 그러므로 나는 국문만으로 이 책을 쓰지 못한 게 불만이라네. 우리나라가 외국과 국교를 맺었으니 모든 백성이 저들의 형편을 알아야 하네. 그러려면 백성이 쉽게 읽을 수 있는 국문으로 소식을 전해주는 것이 당연한 일 아닌가. 어찌 내가 일부 계층의 전유물인 한자로 책을 써야겠는가."

유길준이 사용한 국한문체는 한자에 토를 다는 아주 초보적인 수준이었다. 그런데도 사회적인 이슈가 되었다는 것은 조선의 지식인 사회가 지나치게 한문을 숭상하고 있었음을 보여준다.

따지고 보면 국한문체의 역사는 훈민정음의 역사다. 1445년 훈민정음 창제 과정에서 권제와 정인지 등이 지은 《용비어천가》, 수양대군이 어머니 소헌왕후 심씨의 명복을 빌기 위해 만든 《석보상절》, 《월인천강지곡》과 《석보상절》을 합한 《월인석보》, 세종대왕의 《월인천강지곡》을 필두로 1475년 성종의 어머니 소혜왕후 한씨가 지은 우리나라 최초의 여성 교육서 《내훈》, 1580년 정철이 지은 《송강가사》 중 〈관동별곡〉, 고려부터 조선 초까지 악장과 속요를 모은 《악장가사》 등이 모두 국한문체다.

《서유견문》에 이어 이듬해인 1896년에는 독립협회의 기관지 독립신문이 총 4면 가운데 3면을 한글판, 1면을 영문판으로 발행했다. 한글판 독립신문은 발행인 서재필과 편집자 주시경이 편집하고, 영문판 〈The Independent〉는 헐버트Homer Bezaleel Hulbert가 편집했는데, 순 한글 문장에 세로쓰기 형식으로 논설과 광고, 국내외 소식을 실었다. 독립신문 창간호 논설에서는 순 한글로 신문을 만든 이유를 다음과 같이 설명한다.

국문이 한문보다 얼마나 나은가 하면 첫째, 배우기 쉬우니 좋고 둘째, 조선 글이니 상하 귀천이 모두 알아보기 쉽다. 그동안 사람들이 한문을 늘 써 버릇하고 국문은 외면한 탓에 국민이 국문으로 쓴 글을 도리어 알아보지 못하고 한문만 알아보니 참으로 한심한 일이다.

독립신문이 국한문체를 뛰어넘어 순 한글로 신문을 발행하자, 많은 사람들이 이의를 제기했다.

"차라리 국한문체가 이해하기 쉽고 편안하다. 독립신문의 글은 도무지 무슨 내용인지 알아볼 수가 없다."

그러자 서재필은 독립신문 26호에서 학부대신 신기선의 개화 반대 상소문을 공박하는 논설로 쓴소리를 내뱉었다.

'국문은 조선 글이요, 세종대왕께서 만드신 것으로 한문보다 백배 낫고 편리하다. 우리나라에 좋은 것이 있으면 그것을 써야지 왜 남의 나라 것을 쓰면서 동포를 짐승 취급하는가. 그렇게 중국 것이 좋으면 청나라로 가서 그쪽의 임금을 섬겨라. 여기에서 조선 임금을 섬기는 것보다 훨씬 낫지 않겠는가.'

그렇지만 독립신문은 무작정 한글을 예찬하지는 않았다. 그때까지 한글은 철자법이나 띄어쓰기에 대한 연구가 부족하고, 일반의 합의에 이르지 않아 취약점이 많았기 때문이다. 한글은 줄곧 붙여쓰기해서 읽기 불편했고, 어떤 면에서 한자보다 해독이 어려웠다.

세종 시대에 만들어진 《용비어천가》에서는 중간에 동그라미 점을 넣어 그런 불편함을 없애려 했지만, 후대까지 이어지지 않았다. 이를 직시한 독립신문은 창간호부터 띄어쓰기를 실천하면서 다음과 같이 설명했다.*

'그동안 국문을 알아보기 어려웠던 까닭은 말마디를 떼지 않고 그저 줄줄이 내려썼기 때문이다. 그래서 글자가 위에 붙었는지 아래 붙었는지 몰라 몇 번 읽어본 뒤에야 겨우 이해할 수 있었다. 국문으로 쓴 편지 한 장을 보려면 한문으로 쓴 것보다 훨씬 더뎠다. 그나마 국문을 자주 쓰지 않았으므로 읽는 사람도 보기에 서툴렀다.'

국문연구소의 〈국문연구의정안〉 |

독립신문의 획기적인 문자 독립선언에도 오랜 역사와 전통을 자랑하는 한자가 하루아침에 국민의 문자 생활에서 추방될 리는 만무했다. 지식인 계층에서는 여전히 한자에 토를 다는 수준의 국한문체를 사용했고, 이는 한글 운동을 하던 선각자들도 마찬가지였다. 일례로 1919년 3월 1일 발표된 〈독립선언서〉는 완벽한 국한문체다.

> 吾等(오등)은 玆(자)에 我(아) 朝鮮(조선)의 獨立國(독립국)임과 朝鮮人(조선인)의 自主民(자주민)임을 宣言(선언)하노라. 此(차)로써 世界萬邦

■ 독립신문 창간 사설에 띄어쓰기를 처음 시도한 사람은 주시경으로 알려졌다. 하지만 그는 창간 보름 전에 발행인 서재필을 만났고, 배재학당의 학생 신분이었으므로 사설의 내용과 형식에 관여할 입장이 아니었다. 최근에는 서재필이 띄어쓰기한 사설을 썼다는 설이 유력하다. 그 증거로 주시경이 1906년에 간행한 《대한국어문법》 서문이 국한문체고, 1914년에 쓴 저서에도 띄어쓰기가 제대로 되지 않았다는 점을 들 수 있다.

(세계만방)에 告(고)하야 人類平等(인류평등)의 大義(대의)를 克明(극명)하며, 此(차)로써 子孫萬代(자손만대)에 誥(고)하야 民族自存(민족자존)의 正權(정권)을 永有(영유)케 하노라. ……

이처럼 한자에 토를 단 〈독립선언서〉를 민중이 제대로 이해했을까. 그 상징적인 의미는 접어두고, 언어적으로 조선 최고의 지식인이라는 민족 대표 33인과 민중 사이에는 엄청난 괴리감이 있었다.

지석영은 우리나라에 처음 종두법을 소개한 의학자이며, 뛰어난 국어학자다. 그는 한글이 국문으로서 역할을 다하려면 정부 주도 아래 철자법을 통일해야 한다고 생각했다. 그리하여 1905년 국문 연구서 《신정국문新訂國文》을 만들어 고종에게 올렸다. 주요 내용은 닿소리는 'ㅿ'과 'ㆁ'을 없애고 14자로 하며, 홀소리는 'ㆍ'를 없애고 'ㅒ'라는 새 글자를 만들며, 된소리는 쌍서(ㄲ, ㄸ, ㅆ, ㅃ 등 같은 자음 두 글자를 가로로 붙여 쓰는 것)로 표기하자는 것이었다.

"그렇게 글자를 제멋대로 없애고 빼면 어떻게 합니까? 뭔가 확실한 근거와 기준이 있어야 할 것 아니오?"

당시 지석영의 견해는 자의적이고 결점이 많아 숱한 공박을 받았으므로 시행되지 못했다. 1906년 이능화가 〈국문일정의견國文一定意見〉을 학부에 제출하면서 맞춤법 통일에 대한 필요성이 부각되었다. 그 결과 학부대신 이재곤이 고종의 재가를 받아 1907년 7월 8일, 국문연구소를 설치했다. 세종 때 설치된 정음청 이래 처음으로 국가가 주도하는 한글 연구 기관이 탄생한 것이다.

국문연구소의 위원장은 학부 학무국장 윤치오, 위원은 학부 편집국장 장헌식, 한성법어학교 교장 이능화, 내부 서기관 권보상, 학부 사무관 마사미 우에무라上村正己, 주시경 등이었다. 이후 어윤적, 이종일, 지석영, 이민응 등이 발탁되었다. 위원에 일본인이 포함된 것은 을사조약으로 대한제국의 외교권이 박탈됨에 따라 이토 히로부미伊藤博文가 지휘하는 통감부에서 모든 정책을 결정했기 때문이다. 주시경은 1907년 1월 지석영이 훈동의학교 안에 설치한 국문연구회에서 연구 위원 겸 제술 위원으로 넉 달 동안 활동하고, 과거 독립신문의 국문동식회를 조직한 경력을 인정받아 정부 기관인 국문연구소에 초빙되었다.

국문연구소는 1907년 9월부터 1909년 12월까지 23회에 걸쳐 회의를 했다. 그들은 전문가들의 연구와 자문 외에도 현재 논의되는 문제에 대하여 황성신문에 수차례 의견 수집 광고를 실어 여론을 모았다. 일례로 1908년 9월 19일 황성신문에 낸 광고는 다음과 같다.

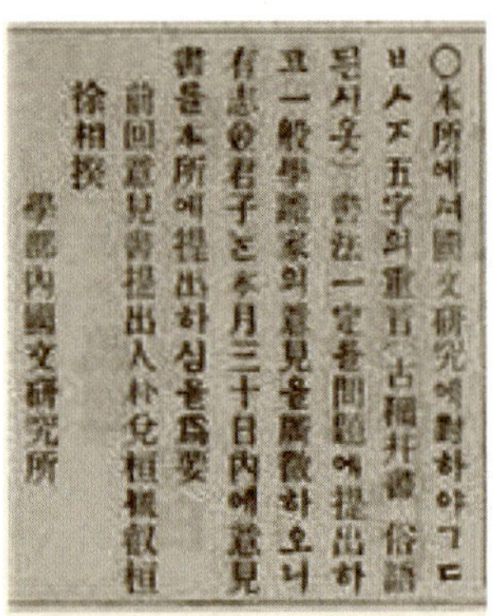

황성신문 1908년 9월 19일자 광고. 국립고궁박물관 소장.

본소에서는 국문 연구에 대하여 'ㄱㄷㅂㅅㅈ' 5자의 중음(古稱·병서·속어·된시옷) 서법 일정을 문제에 제출하고 일반 학식가의 의견을 광휘하오니 유지 겸 군자는 본월 30일 내에 의견서를 본소로 제출하심을 위요.

전회 의견서 제출인 박태환, 최예환, 서상규

학부 내 국문연구소

국문연구소는 다양한 방법으로 노력한 결과 〈국문연구의정안〉이라는 최종 보고서를 작성했다. 하지만 정부가 이 보고서를 채택하기 전에 일제에 강제 병합되어 최초의 맞춤법 통일안은 공포되지 못했다.

민족이여, 깨어나라 ǀ

1908년 8월 31일, 주시경은 제자 김두봉, 권덕규, 장지영 등과 함께 이화여대 뒤편에 있는 봉원사에 모여 국어연구학회를 만들었다. 이 모임의 주축은 주시경이 한 해 전 시작한 하기국어강습소 졸업생들이다. 하기국어강습소가 첫해 졸업생 25명을 배출한 데 이어 그해에도 성황을 이루자, 두 달 교육과정을 마친 다음 학회로 발전시킨 것이다.

주시경은 이듬해(1909년) 개신교 선교사 게일James Scarth Gale, 한국 유학을 연구하던 일본인 학자 다카하시 도오루高橋亨* 등과 함께 한어연구회를 조직하기도 했다. 다카하시 도오루는 나중에 총독부의 한글 철자법 위원으로 활동한 인물이다.

■ 다카하시 도오루는 구한말 조선학 연구에 뛰어든 일본인 1세대다. 그는 도쿄(東京)제국대학 한문과를 졸업하고, 1903년 대한제국의 초청으로 입국하여 관립 중학교 교사로 부임했다. 한일병합 직후 조선총독부의 촉탁 학자로 삼남 지방 유생들의 동향을 살피다가 《퇴계집》에 관심을 갖고 한국 성리학을 연구하기 시작했다. 1909년 박문관에서 《한어문전》을 간행했고, 1912년과 1921년 두 차례에 걸쳐 총독부의 한글 철자법 위원으로 참여했다. 조선 유학에 폭넓은 지식을 갖춘 그는 〈조선유학대관〉〈이조 유학사에 있어서 주리파·주기파의 발달〉 등의 논문으로 성가를 높였다. 또 조선의 고문서와 규장각 도서를 정리한 《조선도서해제》, 조선 불교사를 집대성한 《이조불교》 등을 썼다.

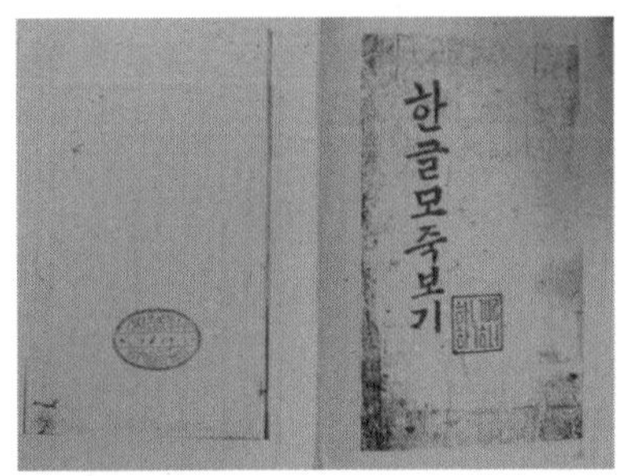

1907년부터 1917년까지 조선언문회 활동을 기록한 《한글모죽보기》.

국어연구학회는 1911년 9월 3일 열린 4차 총회에서 조선언문회로 이름을 바꿨다. 이때 주시경은 배달말글몬음이라는 비밀결사도 조직하여 표면적으로 한글 강습소를 운영하면서 민족운동에 나섰다. 이것이 국제적인 반제국주의 단체 신아동맹단*을 거쳐 사회주의 계열 조선혁명당 결성을 가능하게 한 배달모음의 실체다. 배달모음은 정치혁명, 풍속 개량, 민족과 국제 평등을 내세웠지만 최종 목표는 일본 제국주의 타파였다. 배달모음 구성원들은 1909년 조직된 대동청년단, 1913년 조직된 흰얼모, 1915년 3월 결성된 조선산직장려계**와 깊은 관련이 있다.

조선언문회는 1913년 3월, 한글모로 이름을 바꿨다. 조선어강습원도 1914년에는 한글배곧으로 이름을 바꿔 한글 연구와 보급을 계속했

■ 신아동맹단은 1916년 도쿄에서 최익준, 하상연, 윤현진, 정노식, 장덕수, 김명식, 김양수 등이 결성했는데 중국과 타이완, 베트남 유학생들도 가세했다. 그 후 중국 유학생들은 상하이에서 대동단을 조직하고, 중국 국민당과 연계하여 신장新疆 서역까지 활동 범위를 넓혔다. 그들은 한국인의 민족운동을 후원하여 한국인 청년의 중국 무관학교 입학을 주선했다. 배달모음은 주시경이 사망한 뒤 김두봉이 이어받았고, 1916년 신아동맹단 조선지부가 되어 11월부터 남형우가 운영했다.
■ ■ 조선산직장려계는 1915년 경성고등교원양성소 재학생 이우용을 중심으로 결성되었다. 일본에 탈취당한 경제권을 되찾기 위해서는 각종 사업을 전개하여 민족의 실력을 양성해야 한다고 결심하고, 경제 자립 운동의 일환으로 계를 만들어 활동했다. 주시경의 제자 김두봉 등이 대거 참여했으며, 1917년 일경에 포착·해체되었다.

다. 초기에 조신어강습원은 상동청년학원에 두었다가 사동에 있는 천도교 사범강습소를 거쳐 박동의 보성중학교로 옮겼다. 상동청년학원은 남대문 상동교회의 전덕기 목사가 세운 민족 교육기관이다.

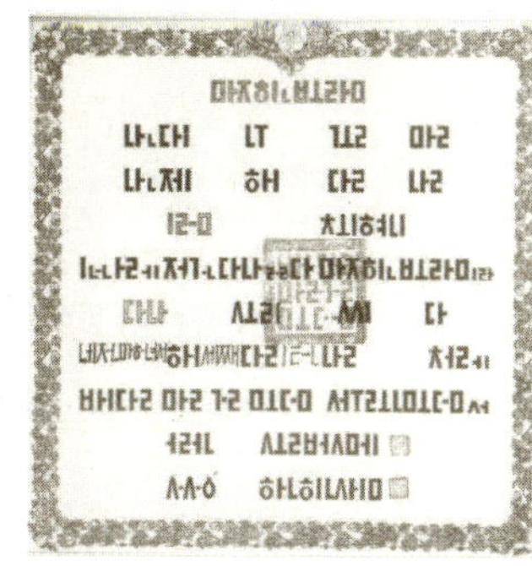

상동청년학원 여름강습소 수료증.

1913년 3월 2일 최현배가 받은 상동청년학원 여름강습소 수료증 '맞힌보람'을 살펴보면 첫소리(초성) 'ㅇ'을 생략하고 풀어쓰기 하고 있다. 난대는 주소, 난제는 생년월일, 최현이는 최현배의 다른 이름이다. 다나(익힘)에 소리(음성학), 씨(품사론), 다(문장론)를 수료했다고 씌어 있다.

어른 솔벗메는 상동청년학원의 원장 남형우, 스승 한힌샘은 주시경이다. 남형우는 보성전문학교 출신으로, 1909년 대동청년당 당원으로 고향에서 지하운동을 하다가 1911년 이후 보성전문학교 법률학 교수로 일했다. 그는 상하이임시정부 법무총장을 역임하고, 1922년경 친일분자와 밀정 암살, 군자금 모집을 목적으로 비밀결사 다물단을 조직해서 일제와 싸운 열혈 독립지사다.

주시경은 중국의 개혁가 량치차오梁啓超가 쓴 《월남망국사》를 번역하

■ 《월남망국사》는 베트남의 민족주의 사상가 판보이쩌우Phan Bôi Chau를 만난 량치차오가 그의 삶을 중심으로 베트남 근대사를 소설 형식으로 재구성한 책이다. 1906년 11월 국한문 번역본이 간행되면서 큰 호응을 얻었고, 1907년 11월과 12월 국문 번역본 2종이 출간되었다. 국한문 번역본은 1909년 5월부터 일제가 제정한 출판법에 따라 금서로 지정되어 《이태리삼결전》《을지문덕전》과 함께 서점 판매가 금지되었다.

여 조선인에게 국권 회복 의식을 고취하기도 했다. 베트남은 조선처럼 오랫동안 중국을 섬기다가 1884년 청프전쟁으로 멸망하고 프랑스의 식민지가 되어, 일본의 식민지에서 신음하는 한국인에게 이 책은 동병상련의 아픔과 진한 투쟁심을 불러일으켰다.

　주시경은 이처럼 한글 운동, 비밀결사를 통한 항일 투쟁, 학술 활동 등 다양한 방식으로 민족 구성원의 정신을 일깨워 대한 독립의 길로 이끌기 위해 부심했다. 북한 철학계에서 주시경을 박은식, 신채호와 더불어 계몽사상가로 찬양하는 것도 이 때문이다. 1950년대 소련의 모스크바Moskva방송은 주시경 탄생 100주년 기념 방송을 통해 그를 일제에 항거한 애국자로 평가했다.

조선어를 제거하라

일제의 조선어 말살 책동

1905년 을사조약 체결과 함께 통감부가 설치되자, 일본인 학자 시데하라 히로시幣原坦가 학부의 학정참여관으로 임명되어 대한해협을 건너왔다. 통감 이토 히로부미가 그의 손을 잡으며 반겼다.

"이제부터 시작일세. 자네가 조선에서 해야 할 일은 분명하네."

"알고 있습니다, 각하. 무지한 조선인을 개량해야 할 책무가 제게 있습니다."

"그렇지. 하지만 조선인의 저항이 만만치 않으니 각별히 조심해야 할 거야."

수십 년 동안 공작한 끝에 조선을 집어삼킨 이토와 격려를 받은 시데하라는 마른침을 삼켰다. 한민족의 얼을 송두리째 빼앗는 엄청난 사업을 위임받았기 때문이다.

일찍이 식민지 경영의 최종 목표를 한민족 말살로 상정한 일본은 병탄 초기부터 조선의 어문과 역사를 파괴하기로 결정한 상태였다. 그

예행연습은 지금은 오키나와 현이 된 류큐 합병 과정에서 충분히 해두었다.

과연 얼마 지나지 않아 시데하라의 구체적인 정략이 모습을 드러냈다. 조선인의 행복을 위해 선량하고 평화적인 국민성을 함양할 목적으로 우수한 일본의 문화를 수입하고, 미개한 조선을 개발하기 위해 일본어를 적극 보급하겠다는 것이었다. 그는 침체된 소학교의 개혁을 빙자하여 조선 역사 수업을 폐지하고, 일본어로 된 교과서를 편찬하자고 제안했다.

"조선은 교육 수준이 낮아 문맹률이 높다. 조선을 개혁하려면 공무나 기술에 필수적인 일본어를 교육해야 한다."

시데하라는 식민지 기득권 계층의 반발을 무마하기 위해 전통적인 유교를 파괴하지 않고 그 바탕 위에 신지식을 쌓아 올리겠다며 달랬다. 이는 하층민을 집중적으로 교육해 일본의 노예로 만들겠다는 속셈이었다.

병합 초기에 일본은 조선 내 보통학교의 중점 교과목은 독讀, 서書, 산算
으로, 필수과목은 조선어, 한문, 일본어, 산술 등으로 정했다. 조선어
를 필수과목에 넣은 것은 그때까지 일본어 보급률이 미미한데다, 식민
지 백성의 반발을 무마하기 위한 술책이었다.

그들이 마각을 드러내는 데는 오랜 시간이 걸리지 않았다. 1911년
8월 식민지 교육의 총책임을 맡은 학무국장 세키야 테이사부로關屋貞三郎
는 보통학교 교감 강습회에서 조선인을 우민화하여 식민지 체제에 순
응하는 인간으로 교육하겠다는 뜻을 밝혔다.

"조선인은 예부터 당쟁에 물들어서 헛된 논쟁을 일삼는 버릇이 있
다. 게다가 실업을 천하게 여겨 근면 성실한 기풍이 전혀 없다. 이는
조선의 폐습이므로 반드시 고쳐야 한다."

한마디로 조선인은 게으른 민족이니 교육을 통해 바로잡겠다는 뜻
이다. 세키야의 폭언에 주목한 국내 지식인들은 신문과 잡지에 조선 어
문과 조선사 등을 수시로 실어 민족문화 보전에 총력을 기울였다.

"현재의 교육정책이 계속되면 우리 겨레는 본질을 잃고 만다."

"민중에게 우리 역사와 문화가 얼마나 위대하고 창의적인지 알려야
한다."

대한매일신보는 사설을 통해 '자국 정신'의 부재와 말살을 우려하며
학부의 간계를 공박했다. 황성신문 역시 '아국 정신'의 교육이 시급한
상황에서 일본인이 교과서 편찬 업무를 장악한 데 따른 우려를 숨기지
않았다.

　언론과 사회단체가 거세게 반발하자, 원활한 식민지 경영을 염두에
둔 조선총독부는 한 발 뒤로 물러서는 듯한 제스처를 취했다.

　"반도에서 조선어와 일본어는 똑같은 지위가 있다. 학교에서도 필수
언어로 가르칠 것이다. 다만 우리는 조선에서 문맹을 퇴치하고 민중을
교화해 문명국가의 일원이 되게 하려는 것이다."

조선어 철자법을 통일하라 　|

　"조선어의 철자법이 통일되지 않아 학교교육에 애로점이 많다. 하루빨
리 이 문제를 해결하자."

　1911년 7월부터 조선총독부에서는 조사원 8명(일본인 4명, 조선인 4명)
을 고용하여 보통학교에서 쓰이는 《조선어독본》의 철자법을 결정하게
했다. 이때 참여한 조선인 학자는 현은, 유길준, 강화석, 어윤적이다.
그들은 대한제국의 국문연구소에서 상정한 〈국문연구의정안〉을 바탕
으로 이듬해 4월 '보통학교용 언문 철자법'을 만들어 공포했다. 그 요
지는 다음과 같다.

　　첫째, 경성어를 표준으로 한다.
　　둘째, 표기법은 표음주의를 따르고, 발음과 거리가 먼 역사적 철자법 등
　　은 피한다.
　　셋째, 한자음으로 된 말을 언문으로 표기할 때 특히 종전의 철자법을
　　쓴다.

세종대왕이 처음 훈민정음을 만들었을 때는 팔종성가족용법, 즉 앞 말은 소리 나는 대로 쓰고 받침은 8자(ㄱ, ㅇ, ㄷ, ㄴ, ㅂ, ㅁ, ㅅ, ㄹ)로 표기한다는 원칙이 있었다. 한데 여기에 종성부용초성이라 하여 초성에 쓸 수 있는 글자는 모든 받침에도 쓸 수 있다는 원칙이 부가되었다. 두 원칙이 충돌하면서 한글 사용에 혼란이 일어났지만, 17~18세기 7종성이 쓰여 팔종성가족용법의 원칙이 대체로 유지되었다.

19세기에 들어 그동안 지켜지던 원칙이 허물어지면서 귀에 걸면 귀걸이 코에 걸면 코걸이 식의 한글 표기법이 범람했다. 1906년 주시경이 편찬한 《대한국어문법》에 보면 뜻이 같은 글자라도 여러 가지로 표기되었다. 가령 '씻으면'이 '씨스면' '씻스면'으로, '덮어도'가 '더퍼도' '덥허도' '덥퍼도' 등으로 쓰였다. 이런 혼란은 연철과 분철이라는 표기 방식에 원인이 있었다.

연철은 받침을 조사나 어미에 연달아 쓰는 것으로, 훈민정음 창제 당시부터 있었다. 한데 16세기에 명사와 조사, 용언과 어미를 분리하여 표기하는 분철 방식이 생겨났다. 지금 우리가 쓰는 방식이다. 그러다 연철과 분철을 혼합하여 쓰는 혼철까지 나타났다.

뒷날 조선어학회의 주역이 된 주시경의 제자들은 한글 표기에서 이와 같은 문제를 바로잡아야 올바른 문자 생활이 가능하다고 판단, 어간을 고정하는 형태주의 표기를 주장했다. 가령 '먹다'라는 단어에서 어간 '먹'을 고정하면 '먹어서' '먹다가' '먹으면' 등으로 쉽게 표현할 수 있다. 그러나 이런 방식에 반대하는 의견도 있었다.

"언문일치가 무엇인가. 말과 글이 같아야 하니, 소리 나는 대로 쓰는 것이 마땅하다."

이 주장은 박승빈을 비롯한 조선어학연구회 회원들이 펼쳤다. 양측이 이런 원칙 문제로 첨예하게 대립했으나, 이를 결정하는 것은 조선총독부였다. 그들은 '보통학교용 언문 철자법'에 표음주의를 적용했지만, 1921년 발표한 '보통학교용 언문 철자법 대요'에서는 표의주의를 일부 인정했고, 1930년 발표한 '언문 철자법'에서는 완전히 표의주의를 채택했다.

당시 총독부 언문 철자법 심의 위원 14명 가운데 장지영, 이세정, 권덕규, 정열모, 최현배, 신명균, 심의린 등 조선어학회 회원이 7명이나 있었다. 이들은 1933년 한글맞춤법통일안을 제정할 때 조선어학회와 달리 표음주의를 주장하던 조선어학연구회의 시안을 누르는 데 결정적인 역할을 했다.

조선어를 질식시켜라 |

일제는 병합과 함께 보통학교에서 조선어와 일본어 교육을 병행하는 한 지붕 두 가족 정책을 펼쳤지만 내심은 정반대였다. 데라우치 마사다케寺內正毅는 1911년 7월 1일 각도 장관 회의에서 다음과 같이 천명했다.

■ '언문 철자법'은 총독부 학무국에서 마련한 원안을 조사회가 2년 동안 2차에 걸쳐 심의한 뒤 결정했다. 1928년 박승두, 박영빈, 심의린, 이세정 등이 조사 위원으로 1차 조사회를 열었고, 1929년에는 권덕규, 김상회, 신명균, 심의린, 이세정, 이완응, 장지영, 정열모, 최현배, 오구라 신페이小倉進平, 다카하시 도오루, 다나카 도쿠다로田中德太郎, 니시무라 신타로西村眞太郎, 후지나미 기데이藤波義貞 등이 조사 위원으로 2차 조사회를 열었다.

44

"조선인을 일본 신민으로 육성하는 것이 교육의 궁극적인 목적이다. 다만 서두르지는 않겠다. 그들이 열심히 일하는 습관을 들이도록 보통교육과 실업교육에 힘쓰며, 최종적으로 국어인 일본어를 보급할 것이다."

이어 단상에 오른 내무장관 우사미 가츠오宇佐美勝夫는 보통학교 교육이 상급 학교 진학을 위한 예비교육이 아니라 노예교육의 종착지임을 강조했다.

"우리는 공립 보통학교 교육에 가장 중점을 두고 있다. 졸업과 동시에 국어를 구사하고 실무와 실제적 지식 기능을 갖춘 충량한 신민을 양성하는 것이 목표다."

조선총독부는 한 달 뒤인 8월, 칙령 229호에 의거하여 1차 조선교육령을 공포했다. 이는 조선어 말살의 첫걸음이었다. 이 교육령의 핵심은 보통학교에서 일본어가 독립된 국어 과목으로, 조선어는 한문과 병합된 조선어급한문朝鮮語及漢文 과목으로 바뀐 것이다. 게다가 이 과목은 교장의 재량에 따라 조절할 수 있었으므로 조선어 교육 시간이 대폭 줄어들었다. 당시 보통학교에서 조선어와 일본어의 교육 비율은 22대 40, 고등보통학교에서는 14대 30, 여자고등보통학교는 6대 18 수준이었다.

시간이 흐르면서 교육·법률·기술·사회 분야의 필수 언어로 자리 잡은 일본어는 국어가 되었고, 조선어는 일개 반도어, 지방어, 언문, 방언 수준으로 떨어졌다. 이런 조선의 교육 현실을 직시한 상하이의 영자 신문 대륙보China Press의 나대니얼 페퍼Nathaniel Peffer 기자는 다음과 같이 개탄했다.

'교과서는 모두 일본어로 되었으며, 교수 용어도 일본어다. 몇 시간 조선어를 가르치지 않는 것은 아니나, 이는 일본인이 외국어를 배우는 것과 동일한 의미로 다만 문학적 언어로 배울 뿐이다. ……조선인 교육의 첫째 목적은 일본어 보급이다. 이 계획은 용의주도해서 보통학교의 매주 수업 시간 32시간 중 8시간은 일본어 시간이다. 즉 조선 아동은 학습 시간의 4분의 1을 외국어인 일본어에 소비한다. 다른 과목에 비교하면 일본어 시간은 배나 된다.'

일제는 1911년 10월 사립학교규칙을 공포하여 사립학교 설립 인가, 교원 채용, 교과과정, 교과서를 비롯한 수업 내용 등을 총독이 통제하고 감독할 수 있도록 제도화했다. 이 규칙은 1915년 3월 종교 과목 배제, 일본인 교원 채용, 일본어를 할 수 없는 교원 배제 등으로 개정되었다.

"기왕 본색을 드러낸 김에 조선의 교육 체제를 바닥까지 훑어버리자."

조선의 공사립 학교교육을 식민지 체제로 재편한 일제는 1918년 2월 부령 18호로 서당규칙을 공포하여 전국에 산재한 서당까지 장악했다. 서당을 개설하려면 도지사의 인가를 받고, 교과서는 조선총독부에서 편찬한 것을 사용해야 했다. 이런 제반 사항을 어기면 도지사가 제멋대로 폐쇄할 수 있었다. 그로 인해 서당은 1922년 이후 급격히 사라져 갔다.

1919년 일어난 3·1운동으로 고압적인 통치에 한계를 느낀 일제는 우민화 방침을 강력한 동화정책으로 바꿨다. 그리하여 이전의 무단정치에 대응하는 문화정치를 표방하면서 조선인을 회유했다.

"조선의 문화와 관습을 존중하고, 문화적 제도의 혁신으로 조선인을 유도하여 그 행복과 이익 증진을 도모할 것이다."

1919년 새로 부임한 해군 대장 출신 사이토 마코토齋藤實 총독은 그해 12월 고등보통학교규칙과 여자고등보통학교규칙을 개정했다. 이 개정안은 조선인 학생들에게 일본어로 자유롭게 의사 표현할 수 있는 능력을 길러주고, 문학 취미를 갖게 하는 것이 핵심이었다. 반면 조선어는 보통 언어와 문장을 읽고 이해하며, 실용적인 문장을 쓰는 정도에 머물렀다.

"일본어를 잘하면 상상력과 창의력이 생긴다. 조선어로는 업무 보고서나 쓸 수 있게 하라."

1920년 11월, 조선교육령을 일부 개정하여 보통학교 수업 연한을 6년으로 하고 일본 역사와 지리 과목을 추가했다. 또 고등보통학교에서 조선어를 선택과목으로 바꾸고 2년 이내의 보습과를 둘 수 있게 한 다음, 교과과정에서 조선어를 삭제했다.

"이것은 천황 폐하께서 베푸는 온정이다. 조선 청년을 일본인으로 거듭나게 하

1919년 8월 12일 3대 조선 총독으로 임명된 사이토 마코토.

일제강점기 보통학교 교육 장면. 한반도와 일본의 지도가 걸려 있고, 칠판에 '황국신민'이라는 글씨가 보인다.

겠다. 그들을 세뇌하여 황은에 감사하도록 만들자."

사이토는 조선교육령을 개정하기 위해 임시교육조사위원회를 조직했다. 위원 23명 가운데 조선인은 친일파 후작 이완용, 보성법률상업학교 교장 고원훈, 전라남도 참여관 석진형이 전부였다. 일제는 이 위원회의 교육제도 개선안을 받아 추밀원의 형식적인 토의를 거친 다음 1922년 2월, 2차 조선교육령을 반포했다.

2차 조선교육령의 기본 원칙은 조선과 일본의 학제를 일치시킨다는 '내지 준거주의'다. 이에 따라 총독부는 동화정책의 상징적 수단으로 대학 설립을 추진, 경성제국대학이 설립되었다. 그러나 개정된 교육령에서도 조선어 소외 정책은 여전했다. 각급 학교 규정에 따르면 보통학교에서는 학생들에게 일본어를 습득시키는 것이 목적이었고, 어느 교과목보다 우선했다. 고등보통학교와 여자고등보통학교에서는 일본어를 숙달시키는 것이 목적이었다.

2차 조선교육령에 따라 일제는 일본어 교수 시간을 늘리고, 조선어 교수 시간을 줄였다. 6년제 고등보통학교의 조선어와 일본어 교수 시간 비율은 1학년 1대 2.5, 2학년 1대 3, 3~4학년 1대 4, 5~6학년 1대 3이었다. 5년제 여자고등보통학교는 1~2학년 1대 2, 3학년 1대 3, 4~5학년 1대 2.5 수준이었다.

도둑이 제 발 저렸는지 일제는 조선어급한문으로 묶여 있던 조선어를 정규 과목으로 바꾸고, 한문 과목은 재량껏 하도록 생색을 냈다. 그러나 조선어 교과서는 내용이 무미건조하여 흥미를 끌지 못했고, 상급학교 입학시험 과목에서도 제외되어 학생들에게 외면을 받았다. 그야말로 빛 좋은 개살구였다.

새로운 교육령에서 조금 나아진 점이 있다면 대학 설립과 조선인의 대학 진학을 허용했다는 것이다. 미즈노 렌타로水野鍊太郎 정무총감은 교육령을 발표하면서 "내지와 동일한 제도로 시행한 이 교육령은 학제상의 신기원을 이룬 것이다"라며 자화자찬했다. 미즈노는 사이토 총독과 함께 부임하면서 남대문 역전에서 우국지사 강우규의 폭탄에 맞았으나 목숨을 건졌고, 간토關東대지진 때는 내무대신으로서 일본인을 선동하여 조선인 학살 분위기를 조장한 원흉이다. 그런 인물이 조선인에게 우호적인 정책을 펼 리 만무하다.

실제로 당시 발표된 교육령은 일본어와 일본 역사를 강화하여 조선인에게 문화적인 열등감을 심어주었다. 아울러 공업과 기술 방면 학과에 입학하는 특권을 일본인에게만 줌으로써 경제적인 예속을 심화했고, 법률 교육을 통해 조선인에게 공포감을 주었다.

2차 조선교육령의 본질이 우월한 일본인에 예속된 조선인 노예를 만들기 위한 순종 교육임을 알아차린 국내의 지식인들이 일제히 들고 일어났다. 동아일보는 1920년 4월 11일자 1면에 〈조선인의 교육 용어를 일본어로 강제함을 폐지하라〉는 사설을 실었다.

'그런데 이번 조선인의 교육 용어를 일본어로 강제한다고 하여 조선인에게 주는 폐해와 고통은 조선인으로서 도저히 인내할 수 없는 것이다. 이는 조선인의 능력을 무력화하고 조선인의 독특한 문화를 파괴하는 것이다.'

그해 6월 15일에는 〈조선인은 조선말로〉라는 대화체 기사를 통해 조선어를 멀리하고 일본어를 상용하면 민족혼을 빼앗길 것이라고 주장했다.

"세상에는 어리석은 사람이 많다. 그런데 우리 집에도 하나 있다."
"다레(누구야)?"
"너지, 누구야."
"도시데(어째서)?
"생각해보려무나. 정신이 있어야 생각도 있지."
"와다시(나)가 정신이 없어?"
"너 일본말 참 잘하는구나. 그러니 정신이 없지. 네 눈에는 집안사람이 다 일본 사람으로 보이냐? 일본말은 일본 사람에게 하고, 조선 사람에게는 조선말로 해라."

국내에서 일제의 조선어 말살 책동이 벌어질 무렵, 해외에서 활동하던 독립운동가들은 조선어를 지키기 위해 동포 어린이들에게 열심히 한글을 가르쳤다. 그들은 활동 무대가 외국이라는 특수성 때문에 국내와 형태가 다른 한글 교재를 만들어 사용했다.

일례로 미국에서 활동하던 박용만은 1927년 호놀룰루Honolulu 팔라마Palama

박용만

지방에 우성학교를 설립하고, 《조선말 독본》과 《조선말 교과서》를 만들어 동포 어린이들을 가르쳤다. 이 교재는 독립단 중국지부와 미국 하와이Hawaii 독립단 총부에서 공동으로 간행했는데, 박용만은 이 책 뒷부분에서 교사들과 학부형에게 다음과 같이 당부한다.

'이 책은 온전히 유치원 학도를 위하여 쓴 것입니다. 이 책으로 글을 가르친다기보다 말을 가르쳐야 합니다. 청컨대 집에서나 학교에서 아이들에게 그림을 보여주고 말로 해석하여 저희로 하여금 그 말을 다시 옮기게 하십시오.'

■ 박용만은 1909년 6월 네브래스카Nebraska주 커니카운티Kearney County에 있는 한인 농장에 한인소년병학교를 세웠고, 1919년 3월 호놀룰루에서 대조선독립단을 창단했다. 그는 이승만의 외교 독립 노선을 반대하면서 무장 독립 투쟁을 실천했다.

그는 조선 국문을 영어처럼 가로쓰기하면 시간과 금전적 이익이 크다면서 글자를 풀어 알파벳과 비슷한 초서체도 만들었다. 하지만 본문에서 가로쓰기와 초서체를 쓰자고 강력하게 주장하지는 않았다. 어린이들이 우리 말글을 익히는 데 부담을 주어서는 안 되기 때문이다.

박용만은 무장 독립 투쟁 노선을 견지한 독립운동가이자 언론가, 교육자다. 1893년 관립 일본어학교를 졸업하고 일본으로 건너가 게이오慶應의숙에서 량치차오 등과 함께 공부하며 서구 문물에 눈을 떴다. 러일전쟁이 한창이던 1905년 2월 미국으로 망명하여 1909년부터 한인소년병학교를 열어 군사훈련을 실시했지만, 재정난과 일본의 압력으로 1914년 문을 닫았다.

그는 1914년 하와이에서 대조선국민군단을 창설하여 무장투쟁을 준비했다. 이 시기에 독립운동 자금 횡령 의혹을 받은 이승만과 격렬한 논쟁을 벌이기도 했다. 미국 생활을 정리한 뒤에는 주로 만주와 베이징에서 무력 항일 투쟁에 헌신했다. 이극로는 1928년 미국에서 박용만을 만난 뒤 귀국하면 국어 운동에 몰두하리라는 결심을 다졌다.

식민지 조선의 국어는 일본어다 ｜

"조선인은 곧 일본인 아닌가? 두 민족이 한 가족이 되려면 일본어로 통일해야지. 평소에 일본어를 써야 본국의 정책을 제대로 이해할 수 있다."

1931년 6월 총독으로 부임한 우가키 가즈시게는 '일조융화'를 토대로 조선인에게 일본어 사용을 권상했다. 일본어 교육의 세부 실천 방안은 조선인이 '국어인 일어를 상용'하여 일본 정신을 체득하게 하는 것으로 바뀌었다.

7대 총독 미나미 지로南次郎는 전임 총독의 정책을 계승하여 일본어 교육과 상용을 밀어붙였다. 1937년부터 학교는 물론 관청에서도 일본어를 의무적으로 사용해야 했다. 총독부 학무국 편집과

도쿄 전범 재판에 회부된 미나미 지로.

에 근무하던 조선인 직원들은 한 발 더 나아가 가정에서도 일본어를 사용하기로 선언했다. 조선의 대표적인 지식인들이 민족적 패배를 넘어 영혼의 굴종을 선언한 셈이다.

총독부에서 조선어를 질식시키자, 동아일보는 그해 11월 20일 기사에서 하루빨리 조선어학회 방식대로 어문을 통일하여 한글을 살리자고 부르짖었다.

교육자가 대부분 어문 통일에 무관심하다. 학자를 자처하는 자들도 반역에 급급하다. 이 어찌 한심한 노릇이 아니랴. 언론기관 그대들은 말로는 통일안 운운하면서 왜 활자를 철저하게 개정하지 못하는가. 민중의 선봉으로 힘써야 할 것이 아닌가. 그래야 출판업자들도 따라갈 것이고, 민중의 통일안으로 빨리 완전을 기할 수 있으리라. 삼천리 형제자매들이여, 구구히 이론을 늘어놓을 때가 아니다.

하지만 조선총독부에서는 이런 목소리를 비웃기나 하듯이 1938년 3월, 3차 조선교육령을 선포했다. 이때부터 조선인이 다니던 보통학교는 심상소학교로, 고등보통학교는 중학교로, 여자고등보통학교는 고등여학교로 일본인 학교와 똑같이 바뀌었다. 내선일체內鮮一體를 표방한 데 따른 표면적인 평등이었다. 실제로 이 교육령에서는 황국신민의 서사 강요, 창씨개명 강제 등 황국신민화 정책이 주요 명제였다.

"이제부터 조선인도 황국신민이다. 내지의 신민처럼 조선인도 천황폐하를 위해 목숨을 바치자."

일제는 심상소학교에서 조선어급한문을 선택과목으로 격하했다. 교내에서 조선어 사용을 금지하고, 조선어를 쓰다가 발각되면 벌금이나 견책, 처벌을 강제했다. 교외에서는 '보도연맹원'을 운용하여 학생이 조선어를 쓰면 경고하거나 학교에 알려 처벌받게 했다. 그 결과 조선어를 쓰면 민족운동가가 되고, 일본어를 쓰지 않으면 배일사상을 품은 불령선인不逞鮮人*이 되었다. 여기에 맹종한 일부 친일파는 집 안에서 아이들에게 일어만 쓰게 했다.

3차 조선교육령은 총독부 학무국장 시오바라 도키사부로鹽原時三郎가 만들었는데, '국체명징國體明徵, 내선일체, 인고단련忍苦鍛鍊'이라는 3대 교육 방침이 핵심이었다. 국체명징은 인간적 이성을, 내선일체는 민족적

■ 불령선인은 일제강점기 식민 통치에 반대하는 조선인을 불온하고 불량한 인물로 지칭한 용어다. 일본어로 후테이不逞는 '멋대로 행동함, 도의에 따르지 않음' 등의 의미가 있다. 센진鮮人은 조선인을 의미하는 조센진의 약어로, 조센진은 본디 경멸의 의미가 없는데 센진은 경멸적이라는 인식이 일반적이다. 현재 일본에서는 센진이 차별 용어로 정해져 있다. 일반형은 센징, 여성을 지칭할 때는 센조鮮女라는 용어도 사용되었다.

양심을, 인고단련은 문화적 생장을 파멸시키는 파멸적 교육이다. 일제
는 조선인을 황국신민화하여 대륙 침공 전쟁에서 총알받이로 사용하
려는 흑심을 품었다.

1943년 4월에는 일제강점기 최후의 교육령인 4차 조선교육령이 공
포되었다. 일제가 태평양전쟁을 도발하며 전쟁 수행의 군사적 목적을
위해 개편한 것이다. 이때부터 각급 학교 교육과정에서 조선어가 완전
히 사라졌고, 일제는 '국어 보급 운동'을 전개함으로써 조선 정신의 말
살을 기도했다.

말모이를 만들자

청일전쟁과 러일전쟁에서 승리한 일본은 동아시아 최강국으로 부상했다. 이윽고 그들은 서구 제국주의 국가들과 짜고 무기력한 조선을 손아귀에 넣은 뒤, 이 땅을 대륙 침탈의 전진기지로 탈바꿈하려 했다.

일찍부터 그런 일본의 야심을 꿰뚫어본 주시경은 그들이 한반도를 완전한 일본 땅으로 만들기 위해 우리 말글 파괴 책동을 벌이리라 예상했다. 그는 틈만 나면 제자들에게 말모이 편찬의 당위성을 피력했다.

한힌샘 주시경.

"보아라. 지금 강도 일본이 우리 강토를 침략했으니 앞으로 한민족의 근본을 무너뜨리려 할 것이다. 그중에 가장 중요한 것이 문화요, 그 문화를 지탱하는 것이 언어다. 그러므로 저들은 제일 먼저 우리

말글을 빼앗으려 할 것이다."

"선생님, 어떻게 해야 우리 말글을 지켜낼 수 있을까요?"

"말모이를 만들어야지. 그래야 뒷날 어떤 일이 생겨 우리 말글을 쓰지 못하더라도 되살릴 수 있는 힘이 된다. 이것은 혼자서 할 수 있는 일이 아니다. 너희가 힘을 합쳐 시간이 얼마나 걸리든 어떤 희생이 따르든 해내야 하는 일이다. 지금부터라도 전국 방방곡곡에 산재한 우리말 어휘를 모으는 것이 급선무다."

개화기 이래 국한문혼용이나 국문 중심의 문자 생활을 영위하면서 사회적으로도 언어생활의 규범이 될 만한 사전이 필요했고, 일제의 침탈이 노골화되는 상황에서 민족적으로 우리 말글을 보전하기 위해서도 우리말 사전 편찬은 시급한 과제였다. 그때까지 우리는 한글이 세계에서 으뜸가는 소리글이라는 자부심이 있을 뿐, 그 말글을 담은 사전 한 권 마련하지 못했다.

물론 개화기에 해외 이주민의 현지 적응을 돕기 위해, 선교나 외국어 교육을 위해 초보적인 외국어와 우리말 대역사전이 있었다. 하지만 주시경의 말처럼 조선인의 언어와 문자 생활을 아우르는 큰 사전은 감히 만들 엄두조차 내지 못했다.

첫 우리말 대역사전은 러시아 이주민 사회에서 나왔다. 구한말 연해주에 거주하던 조선인은 우수리스크Ussuriysk 한인 촌락의 책임자인 러시아의 지방 관리 푸칠로M. P. Pucillo에게서 헌신적인 도움을 받았다. 그는 1871년 해임된 뒤 고려인과 함께 생활하며 그들의 풍속과 언어를 연구한 끝에 1874년 처음으로 《노한사전》이라는 대역사전을 편찬

사전명	지은이	연도	장소
노한사전	푸칠로	1874	연해주
한불자전	프랑스 외방선교회	1880	요코하마
선영사전	언더우드	1880	경성
한영자전	게일	1897	경성
나한자전	방달지사	1891	홍콩
영한사전	제임스 스콧	1891	경성
법한사전	샤를르 알레베크	1901	경성

했다.

한편 병인박해 이후 국내 선교에 한계를 느낀 프랑스 외방선교회는 조선어 사전 편찬에 몰두했다. 리델Félix Clair Ridel 주교는 병인양요 이후 만주에 머물면서 조선인 최지혁의 도움으로 한글 자모체를 주조하다가 작업을 코스트Coste 신부에게 맡기고 조선으로 들어갔다. 코스트 신부는 활자를 일본의 요코하마橫濱에 가져가 1880년 12월 20일 《한불자전》, 이듬해에는 《한어문전》이라는 문법책을 발간했다.

1891년에는 조선인 신부 방달지사方達智師가 홍콩에서 라틴어와 한글 대역사전인 《나한자전》을 발간했다. 이는 성서 연구에 필요한 소사전으로 왼쪽에 라틴어, 오른쪽에 한글을 써서 라틴어의 뜻을 한글로 표기했다. 국내에서는 1880년 개신교 선교사 언더우드Horace Grant Underwood가 편찬한 《선영사전》, 1897년 게일이 편찬한 《한영자전》, 1901년 프랑스어 교사 샤를르 알레베크Charles Aleveque가 편찬한 《법한사전》 등이 있다.

■ 레닌기치Lenin旗幟 1990년 2월 13일자. 레닌기치는 1938년 5월 러시아의 크질오르다Kzyl-Orda에서 창간된 순 한글 신문이다. 구소련이 붕괴함에 따라 1991년 5월부터 제호가 고려일보로 바뀌어 계속 발간되다가 2013년 5월 폐간되었다.

"우리 겨레어가 사멸될 위기에 처했다. 그것을 지킬 수 있는 사람은 우리뿐이다. 세상에 있는 우리말을 모두 모으자."

1910년 대한제국이 일제에 병합되자 주시경은 김두봉, 이규영, 권덕규 등 제자들을 이끌고 최남선의 조선광문회에 들어가 조선어사전편찬부를 조직, 말모이 사업을 시작했다.

"서울 한복판에서 쓰는 말, 빨래터나 시장에서 쓰는 말, 산간의 화전민이 쓰는 말을 가릴 것 없이 모두 모아야 한다."

그들은 각처의 교사와 학생들을 동원하여 비밀리에 도시와 농촌에서 수많은 생활 용어를 수집했다. 방언은 지역의 독특한 문화를 살리기 위해 14개 학교 초등학생 500여 명이 참여했다. 얼마 지나지 않아 부녀자들이 빨래터에서 쓰는 말, 상인들이 시장에서 쓰는 말, 농부들이 논밭에서 쓰는 말 등 다양한 우리말을 적은 카드가 조선어사전편찬부에 산더미처럼 쌓였다.

"방언은 지역의 문화를 보여주는 순수한 우리말이다. 방언이 사라지면 향토 문화의 뿌리를 잃는다."

"우리말이 어떻게 달라졌는지보다 지금 각 지방에서 어떻게 사용되는지를 중심으로 정리하자."

그들은 어휘 자료들을 한데 모은 뒤 비교·분석 작업을 통해 같은

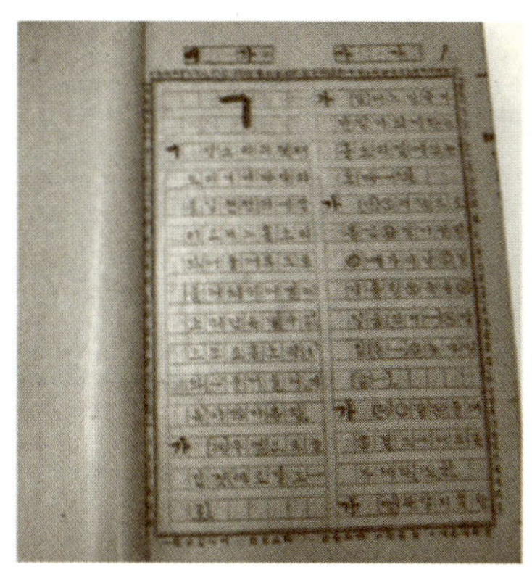

말모이 원고.

의미로 쓰이는 다른 말을 가려내고, 각 지역의 말을 모아 옛말, 방언, 새말, 전문어, 고유명사 등으로 구분했다. 이 원고는 크게 네 부분(알기, 본문, 찾기, 자획 찾기)으로 구성되었고, 각 표제어는 '외래어 표시 부호 → 표제어 → 한자·영자 → 문법 용어 → 전문 용어 → 의미 풀이' 순으로 정리되었다.

말모이 사업을 시작한 지 4년여, 우리말 사전의 형태가 모습을 드러내기 시작했다. 조금만 더 박차를 가하면 그토록 소망하던 말모이가 완성될 것이었다. 주시경은 연구비를 조달하느라 빈털터리가 되었지만 개의치 않았다. 그런데 정력적으로 말모이 사업을 이끌던 그가 1914년 7월 27일 갑자기 세상을 떠났다. 가난한 살림을 꾸리느라 애쓰던 부인이 옆집에서 얻어 온 찬밥을 상추에 싸서 먹다가 체해서 일어난 사고였다.

주시경의 죽음과 함께 완성 단계에 있던 말모이 사업은 뿌리째 흔들렸다. 편찬에 필요한 자금을 마련할 길이 없었고, 조선광문회에서도 이들에게 공간을 허락지 않았다. 무엇보다 스승을 잃은 제자들의 상실감은 말할 수 없었다. 김두봉, 장지영, 권덕규, 신명균 등은 스승의 무덤에서 해가 질 때까지 어깨를 들썩였다.

"아아, 말모이는 이루지 못할 꿈이었는가. 우리는 그동안 꿈을 꾸고 있었는가."

주시경의 갑작스런 죽음으로 당장 그가 출강하던 사립학교에서 국어교육이 불가능해졌다. 엄혹한 식민 치하에서 국어교육은 곧 민족 교육이었다. 총독부의 교묘한 교육정책으로 조선어가 교과과정에서 소외되는 마당에 그나마 가뭄에 콩 나듯 한 조선어 시간을 마냥 비워둘 수는 없는 일이었다.

"학생들이 일본어만 배우면 우리 겨레의 미래는 없습니다. 스승님 대신 저희가 교편을 잡겠습니다."

제자들 중 연장자였던 장지영은 휘문학교 교장 임경재, 중앙학교 교장 최두선, 보성학교 교장 이규방, 배재학당 교장 신흥우, 경신학교 교장 쿤즈E. W. Koons를 일일이 찾아가 설득했다. 그리하여 김두봉이 휘문학교, 권덕규가 중앙학교, 신명균이 보성학교, 장지영이 경신학교에서 스승의 교편을 이어 잡았다. 사정이 이렇다 보니 말모이는 뒷전으로 밀려날 수밖에 없었다.

"이대로 포기할 수는 없다. 나 혼자서라도 반드시 스승님의 유업을 달성하고야 말겠다."

주시경의 수제자 김두봉은 그때부터 독자적으로 조선어 문법서 집필에 돌입했다. 이는 조선어사전편찬부에서 가져온 말모이 원고가 있었기에 가능한 작업이었다. 그는 2년 가까이 뼈를 깎는 노력 끝에 1916년 4월 경성의 신문관에서 《조선말본》을 간행했다.

김두봉

주시경의 문법 이론을 바탕으로 편찬된 이 책은 중단된 말모이를 이어가기 위한 일종의 징검다리이자, 그때까지 발표된 한글 문법서 중 가장 폭넓고 깊이 있는 책으로 평가된다. 본문은 우리말의 이해를 돕기 위해 순 한글로 쓰고, 옆에 한자를 썼다. 재미있는 것은 속표지에 발행처가 '경성 신문관' 대신 '서울 새글집'으로 되어 있다는 점이다. 한자어 대신 순 우리말을 쓰려는 그의 마음가짐이 돋보인다.

1919년 3·1운동이 발발하자 김두봉은 〈독립선언서〉를 배포하고 시위에 가담한 혐의로 일경에 쫓기는 신세가 되었다. 한 달 동안 경성에서 숨어 지내던 그는 독립운동에 헌신하기로 마음먹고 상하이로 향했다. 당시 그는 스승의 유지인 말모이를 완성하기 위해 말모이 원고 일부를 가져갔다.

이후 김두봉은 상하이임시정부에서 임시사료편찬위원회 위원으로 일하며《한일관계사료집》전 4권의 편찬에 참여했고, 경남 대표로 임시정부 의정원의 의원으로 선임되었다. 그러나 임시정부에 내분이 일어나 해임되자, 마음을 다잡고 한글 연구에 전념했다. 그는 1922년 상하이에서《조선말본》의 수정·증보판《깁더 조선말본》을 펴냈다. '깁더'는 '깁고 더한다'는 뜻이다. 그는 머리말에서 이 사전을 인쇄할 때 활자가 제대로 갖춰지지 않아 어려움이 많았다고 밝혔다.

'인쇄를 부탁할 곳이 없어서 남의 땅에 빌붙어 사는 처지임에도 억지로 활자를 만

《깁더 조선말본》

들고 부속품을 갖추느라 애썼다. 억지로 만드느라 인쇄 상태가 변변치 못하고 교정도 바르지 않다. 또 조각하는 사람을 잘못 만나 목각 그림이 꼴같잖게 되어 독자 여러분에게 몹시 죄송한 마음 금할 수 없다.'

1922년 4월부터 6월까지 상하이에서 발행된 임시정부 기관지 독립신문에는《깁더 조선말본》의 광고가 자주 실렸다. 이 광고에는 각국 화폐단위로 정가가 매겨졌고, 출판사 사서함 주소가 상하이의 프랑스 조계로 명시되었다. 국내에서도 그해 10월 동아일보가 신간으로 소개했다. 1934년 경성의 회동서관에서 다시 출판했는데, 당시에도 김두봉의 주소는 상하이였다.

충격을 던져준 일제의 《조선어사전》 |

주시경이 세상을 떠난 뒤 국내의 한글 연구는 답보 상태였다. 그의 제자들은 일찍이 스승이 그랬듯이 한글강습원을 열고 학생들을 가르쳤다. 이윤재와 최현배, 정열모 등은 일본 유학을 마치고 돌아와 교사가 되었다. 3·1운동이 일어나자 이중화, 이윤재 등이 시위를 벌이다 투옥되었고, 김두봉처럼 일경에 쫓기다 망명하여 독립운동에 가담한 인사도 많았다.

그 무렵 만주나 해외에서 평화적인 독립운동보다 군사적인 독립 투쟁의 열기가 높아졌다. 상하이임시정부가 결성되고 조선독립군이 활발하게 움직이기 시작했으며, 의열단 같은 극렬 무장 단체가 모습을 드러낸 시기다. 신채호는 "일본 강도 정치 하에서 문화 운동을 말하는 자가 누구냐?"며 폭력과 암살, 폭동, 파괴 등이 유일한 독립의 도구라고 부르짖었다.

이런 상황에서 말모이 사업 같은 제3의 독립 투쟁은 뒷전으로 밀려나는 듯 보였다. 그런데 잠들어 있던 한글학자들의 뇌리를 일순 깨우는 사건이 발생했다. 1920년 조선총독부에서 《조선어사전》을 펴낸 것이다.

말모이가 표류 상태에 빠진 지 어언 6년, 그사이 일제는 식민지 조선의 교육제도를 일본어 중심으로 바꾼 뒤 조선인을 체계적으로 관리하기 위해 《조선어사전》을 완성했다. 경성 내 여러 사립학교에서 국어를 가르치던 한글학자들은 새삼 자신의 게으름을 질타했다.

"아아, 저들은 우리 민족의 밑바닥까지 속속들이 캐는데 우리는 대체 무엇을 하고 있었단 말이냐."

"지금이라도 늦지 않았다. 우리 말글을 되살리고 보전하는 일에 매진해야 한다. 우리의 무기는 총칼이 아니라 펜이다."

"다행히 일본인을 위한 반쪽짜리 사전이네. 그렇다면 우리에게도 아직 기회가 있어."

이때부터 한글학자들은 한마음 한뜻으로 우리 말글을 지키는 학회 결성에 돌입했다. 조선총독부 학무국에서 야심차게 발간한 《조선어사전》은 이들에게 반성과 투쟁심을 북돋운 채찍이 되었다.

조선총독부에서 《조선어사전》 편찬에 돌입한 것은 1911년부터다. 그들은 새로 설치한 취조국을 통해 조선 전역의 관습을 조사하고, 각종 제도와 관습의 연원을 연구하기 시작했다. 이때 조선 통치를 위한 기초 자료로 《조선어사전》 편찬을 계획했다.

조선 총독부에서 펴낸 《조선어사전》.

박이양, 현은, 송영대, 김돈희 등 조선인 어문학자들이 자료수집위원회의 촉탁이 되었고, 어윤적이 조선 사서 심사 위원으로 위촉되었다. 초고는 박이양, 현은, 송영대, 김명연, 현얼 등 집무 위원 5명이 작성했다. 최종 단계에서는 원고 심사 위원 16명 중 이완응, 현헌, 어윤적, 정병조, 정만조, 박종열, 현은, 김한목, 윤희구, 한영원 등 10명이 조선인이었다.

이 사전은 원래 순수한 국어사전과 한일 대역사전의 기능을 모두 갖춘 것으로 기획되었다. 당시에는 순수 국어사전이 없었으므로 조선어 표제항에 조선어로 해설한 뒤, 일본인의 조선어 교육을 위해 일본어로 해설을 덧붙이려고 한 것이다.

1917년에 완성된 《조선어사전 원고》에는 조선어 표제항 하나에 조선어와 일본어 주석이 달렸다. 하지만 이후 간행된 《조선어사전 원고》에는 일본어 주석만 남았다. 그 결과 최종적으로 출판된 《조선어사전》은 원래 의도한 기능의 절반만 갖춘 대역사전에 그치고 말았다.

일제의 《조선어사전》은 1919년 10월 인쇄에 착수하여 1920년 3월 1000부를 간행했다. 이 사전에 수록된 글자 수는 5만 8639자로 한자어 4만 734자, 조선어 1만 7178자, 이두 727자가 포함되었다. 이 사전의 표기법은 기본적으로 '보통학교용 언문 철자법'을 따랐지만, 전통적인 표기 방식도 일부 포함되었다.

일제는《조선어사전》발간과 함께 통역관, 조선총독부 관리, 교육계 직원, 경찰, 부군 서기 등 일본인 관리를 대상으로 조선어 장려 정책을 폈다. 아울러 조선어 교육 교재를 개발하고 조선어 장려 시험을 실시했다. 이는 겉으로 보기에 조선인을 위한 정책 같았지만, 실상은 식민 지배 체제를 강화하기 위한 필수적인 조치였다.

돛대도 아니 달고 삿대도 없이

1921년 11월 26일 장지영, 권덕규, 이승규, 이규방, 임경재, 최두선, 이희승 등 주시경의 직계 제자와 사숙을 받은 제자들이 휘문학교에서 조선어연구회 발기회를 열었다. 뒤이어 신명균, 김윤경, 박순용, 정열모, 이상춘 등이 가세하면서 12월 3일, 조선어연구회가 정식으로 창립되었다. 이들은 대부분 경성 시내 사립학교 교사였다.

당시 일제는 민족주의자들이 교편을 잡은 사립학교를 불령선인의 소굴로 점찍었다. 때문에 조선어연구회는 다음과 같은 활동 목표를 내세워서 이 학회가 순수한 학술 연구 단체임을 널리 알리고자 했다.

첫째, 우리말의 바른 학리와 법칙을 찾고

둘째, 말과 글을 바로잡아 통일된 표준어의 사정을 꾀하며

셋째, 완전한 문법의 성립을 벼르고

넷째, 훌륭한 사전을 만든다.

조선총독부는 이런 한글학자들의 움직임을 의도적으로 묵인했다. 때마침 문화 통치를 선언한 즈음이고, 조선인을 일제의 신민으로 교육하기 위해서는 한글 철자법을 하루빨리 정리해야 했기 때문이다. 그렇듯 서로 이해타산이 맞아떨어진 결과, 권덕규는 그해 3월부터 총독부 학무국 언문철자법조사회 조사 위원이 되었다.

조선어연구회는 1923년부터 이듬해까지 발행한 《조선문 조선어 강의록》에 관립 경성고등보통학교 교유敎諭 이완응이 일본어로 쓴 〈조선어문법〉을 연재하고, 1926년 4월에는 《조선어 발음 및 문법》이라는 단행본을 출판했다. 1929년 이 책을 보완한 국어판 《중등교과 조선어문전》은 처음 당국의 검정을 받은 고등보통학교용 교과서로 널리 쓰였다.

조선어연구회는 이처럼 총독부의 일본인을 위한 조선어 교육에 협력하면서 수시로 시민을 대상으로 하는 한글 강습회와 강연회를 열고, 철자법에 관련된 토론회를 개최했다. 이들의 노력으로 표의주의 철자법이 등장하자, 박승빈의 조선어학연구회에서 반발하는 바람에 한글파와 정음파의 '철자 파동'이 일어나기도 했다.

조선어연구회는 1926년 11월 4일(음력 9월 29일)을 기하여 식도원에서 훈민정음 반포 480주년 기념식을 거행하고, 이날을 '가갸날' ˙˙로 해마다 기념하기로 결정했다. 가갸날 제정은 본격적인 국어 운동의 시작이었다.

■ 일제강점기에 보통학교 교원은 훈도訓導, 고등보통학교 이상 전문학교나 대학의 교원은 교유라고 불렸다. 훈도가 되려면 관공립 사범학교나 고등보통학교의 사범과를 졸업해야 했고, 교유는 대학 졸업 이상 학력을 갖춘 교원에게 자격이 주어졌다.

1926년 식도원에서 열린 조선어연구회의 가갸날 기념식 장면.

1927년 2월 8일에는 조선어연구회의 기관지《한글》이 창간되었다. 인쇄는 신명균의 평생 동지였던 중앙인서관의 이중건 사장이 맡았다. 〈첨내는 말〉에서 발행인 신명균은 '한글이 훈민정음의 아들이며, 2300만 민중의 동무로서 조선이란 큰 집의 터전을 닦기 위해 나왔지만 불행하

■■■《조선왕조실록》세종 25년 12월조에는 '세종이 28자를 만들었고 이를 훈민정음이라 하였다'고 기록되었다. 조선어연구회(조선어학회)에서는 이에 따라 음력 12월 말일을 양력으로 환산한 2월 1일을 가갸날로 기념했다. 한데 같은 책 세종 28년 9월조에서 '이달에 훈민정음이 이루어지다'라는 기록을 발견하고, 1926년부터 9월 말일을 양력으로 환산한 11월 4일로 기념일을 바꾸었다. 가갸날이란 명칭은 1928년부터 한글날로 바꾸었다. 1931년에는 음력으로 기념하던 한글날을 양력 10월 29일로 바꾸었다가 1934년 음력을 양력으로 고칠 때 잘못이 있었음을 알고 10월 28일로 바꾸었다. 그러다 1940년 발견된《훈민정음해례》상주본에서 훈민정음을 반포한 날이 9월 상한이라는 기록에 따라 한글날은 9월 상순의 마지막 날을 기준으로 잡아야 한다는 의견이 대두되자, 1945년부터 음력 9월 10일을 양력으로 환산한 10월 9일을 한글날로 확정했다.

게도 가난한 집에 태어났다. 장래에는 온갖 빛깔과 바람이 한 걸음씩 이루어질 것'이라면서 미래를 낙관했다. 조선어연구회는 이원규, 최현배, 이호성, 이윤재, 이극로, 양건식, 심의린, 박현식, 이치규, 남형우 등이 입회하면서 회원이 30여 명에 이르렀지만 재정이 확보되지 않아 연구 논문은커녕 회지 하나 제대로 발간하지 못했다. 《한글》 역시 9호까지 발행한 것이 고작이다.

"이래 가지고야 언제 사전을 만들 수 있겠나?"

이윤재는 답답한 마음에 탄식하며 1927년 계명구락부에서 설립한 조선어사전편찬소에 들어갔다. 하지만 그곳에서도 재정 부족과 연구자들의 개인 사정이 겹쳐 활동이 지지부진해지자 금세 뛰쳐나왔다. 답답한 현실이었다.

한동안 정체 상태에 빠진 조선어연구회 활동은 독일 유학을 마치고 돌아온 이극로 덕분에 활기를 되찾았다. 열렬한 민족주의자이자 독립운동가인 그는 귀국길에 미국 샌프란시스코San Francisco에서 강연회를 열고, 동포들에게 모국어를 유지함으로써 민족과 민족성을 보존하자며 열변을 토했다.

"독일과 영국이 폴란드와 아일랜드를 식민지로 지배했을 때 폴란드어와 켈트어를 말살했듯이 일본 제국주의자들도 민족 말살 차원에서 조선어를 말살할 것입니다. 한글 운동이야말로 민족자존을 위한 투쟁입니다!"

1929년 2월 14일 경성에 들어온 이극로는 한글 운동이야말로 국내에서 가장 시급한 독립운동이라 여기고 조선어연구회에 가입했다. 그와 함께 '국어사전 편찬, 한글 전용, 가로쓰기'라는 세 가지 목표를 정했다. 그는 조선어연구회의 간사장이 되어 경비 조달을 위한 섭외, 학회지 편찬 등 여러 방면에서 물불을 가리지 않고 뚝심 있게 밀어붙였다. 회원들은 그를 물불 혹은 소라고 불렀다. 그는 회원들과 조선어 사전 편찬을 재개하기로 결정하고 기초 작업에 뛰어들었다.

"정식으로 조선어사전편찬회를 만듭시다. 정계나 문화계 유력 인사를 동원하면 총독부에서도 딴죽을 걸기 힘들 겁니다."

"좋은 생각이오. 그럼 우리는 구체적으로 사전 편찬을 준비하겠소."

장지영, 이윤재, 최현배 등이 각자 조사한 어휘 카드를 취합하여 분야별로 정리한 다음, 빈약한 부분을 보충할 방법에 대한 논의가 이어졌다. 그러다 보니 새삼 김두봉이 상하이로 가져간 말모이 원고가 절실했다.

"옛날에 모아둔 말모이 어휘를 활용하면 시간을 많이 절약할 수 있을 텐데……."

"김두봉 형이 국내에 들어오면 문제가 쉽게 해결되지 않을까?"

"그건 불가능하지. 경무국에서 온전히 놓아두겠어?"

"맞는 말이군. 우리가 상하이로 찾아가 만나보는 수밖에 없겠네."

1929년 7월, 이윤재가 조선어연구회 대표로 상하이에 파견되었다. 그를 만난 김두봉은 학회 결성 움직임에 몹시 반가워하면서 말모이 원고를 정리하여 보내주겠다고 약속했다.

이윤재는 원고 정리 기간에 드는 생활비는 조선어연구회에서 부담하겠다는 뜻을 밝히고, 귀국한 뒤 중앙인서관 사장 이중건을 통해 200원을 부쳤다. 이후 말모이 원고가 조선어연구회로 우송되었는지는 알려지지 않았다. 여섯 달 뒤인 1930년 1월 상하이를 거쳐 귀국한 김양수가 조선어연구회 회원들에게 김두봉의 말을 전했다.

"한갓 조선 어문의 연구나 사전 편찬은 민족운동으로서 큰 의미가 없소이다. 깊게 연구하여 정리·통일된 조선 어문을 조선 민중에게 널리 선전·보급하는 일이 우선일 것이오. 그렇게 함으로써 조선 고유문화를 유지·발전시키고, 민족의식의 배양을 기할 수 있소이다. 아울러 조선 독립의 실력 양성도 가능할 것입니다."

김두봉의 말은 조선어연구회의 목적을 학술적인 것이 아니라 민중 계몽과 문화 독립운동의 차원으로 승화시키라는 뜻이었다. 이극로를 비롯한 여러 회원들도 같은 생각이었다. 그 무렵 김두봉은 상하이에서 보수적인 한국독립당에 참여하고 있있다.

1929년 10월 31일, 조선어연구회는 이극로, 신명균, 이윤재, 최현배, 이중화의 주도 아래 조선어사전편찬회를 출범했다. 편찬회는 안재홍, 조만식, 유억겸, 백낙준 등 지도층 인사들과 이광수, 주요한 등 문인, 이극로, 정인보, 이윤재, 김윤경, 이희승 등 한글학자를 포함하여 108명으로 구성되었다.

사전 편찬에 드는 자금은 서민호, 김도연, 김양수, 최순주 등이 이끌던 홍업구락부의 지원과 독지가 이우식의 도움으로 해결했다. 주시경의 말모이 사업이 불의의 사고로 중단된 이래 15년 만에 체계적인 조직과 자금을 갖추고 조선어 사전 편찬 사업이 재개된 것이다.

사전 편찬을 위해선 맞춤법 통일, 표준어 사정, 외래어표기법 통일이 급선무였다. 조선어연구회는 1930년 12월 총회에서 이윤재, 권덕규, 장지영, 이희승, 최현배 등 맞춤법 통일안 제정 위원 18명을 선출했다.

"저쪽 조선어연구회 때문에 골치가 아픕니다. 사람들이 헷갈리기도 하지만, 우편물까지 종종 섞여 들어가는 판국이니……."

1931년 1월 10일, 11회 정기총회에서 간사장으로 선출된 이극로가 어느 날 회원들에게 푸념을 늘어놓았다. 그 무렵 조선통신사 사장이던 일본인 학자 이토 간토伊藤韓堂가 태평로에 조선어연구회라는 학술 연구 단체를 설립하고, 일본인에게 조선어를 가르치고 있었다. 그들은 《조선어》라는 잡지까지 발행했다. 총독부의 묵인 아래 벌어진 어처구니없는 일이었다.

"자칫 상하이에서 오는 편지가 잘못 배달되기라도 하면 총독부에 트집 잡힐 텐데……."

"그러게 말입니다. 아예 우리 학회의 이름을 바꿀까요?"

"그럽시다. 저쪽 사람들이 불편하다고 먼저 고칠 턱이 없잖아요?"

"차라리 잘되었습니다. 이번 기회에 총독부 사람들을 털어냅시다."

창립 당시 조선어학회 회원

회원	직업
권덕규	조선일보사 편집국장 대리
김극배	이화여자고등보통학교 교원
김기홍	계성보통학교 교원
김선기	조선어사전편찬회
김영건	재류
김윤경	배화여자고등보통학교 학감
김재희	상업
김해윤	중앙불교전문학교
신명균	동덕여자고등보통학교 교원
심의린	경성사범부속학교 교원
이 갑	재류
이강래	배화여자고등보통학교 교원
이극로	조선어사전편찬회
이만규	이화여자고등보통학교 교무주임
이병기	휘문고등보통학교 교원
이상춘	송도고등보통학교 교원
이승규	휘문고등보통학교 교원
이윤재	연전, 중앙고보, 경신학교 강사
이제혁	여자공립보통학교 교원
이호성	수송공립보통학교 교원
이희승	이화여자전문학교 교수
장지영	양정고등보통학교 교원
정열모	김천고등보통학교 교장
정인섭	연희전문학교 교수
최현배	연희전문학교 교수

　이극로는 회원들의 동의를 받아 조선어연구회의 이름을 조선어학회로 바꿨다. 이듬해(1932년) 1월 9일에는 회칙을 새로 정하고, 설립 목적을 '조선 어문의 연구와 통일'로 확정했다. 학회에서 공식적으로 어문 통일 작업을 수행하겠다고 선언한 것이다.

　"첫째, 한글맞춤법을 통일해야 합니다. 둘째, 표준어를 조사하거나 심사하여 결정하고 외래어표기법을 제정해야 합니다. 이 작업은 분야마다 중요하지 않은 것이 없지만, 그 극단에 조선어 사전을 편찬하는 작업이 있음을 잊어서는 안 됩니다."

　이극로는 어문 통일 작업의 최종 목표가 조선어 사전 편찬에 있음을 분명히 했다. 때문에 조선어학회와 조선어사전편찬회가 면밀히 협조해야 한다는 것이다. 실제로 그는 두 단체의 작업 범위를 정리해주어 분란을 예방했다. 일례로 사전 편찬에서 어휘 수집과 주해를 다는 작업은 조선어사전편찬회의 상무편찬원이 맡고, 어음·어법·철자법 통일에 대해서는 조선어학회 회원이 맡도록 했다.

　사전 편찬 작업에는 일반인의 관심과 응원도 큰 힘이 되었다. 한의학자 조헌영은 경상도가 고향인데, '초醋'와 '초燭'의 발음이 다르다는 등 구체적인 방언의 특색과 음가까지 조언했다. 그의 아들 조동탁(시인 조지훈)은 조선어학회에 나와 사전 편찬 작업을 도왔다.

　조선어학회는 1932년 5월 기관지 《한글》을 창간하여 대외적으로 우리 말글에 대한 이론을 알리고, 지킴이들의 활동 내용을 전파했다. 이 잡지는 이전의 조선어연구회에서 신명균 명의로 발행한 《한글》과 대동소이하다. 1942년 5월까지 93호가 발간된 《한글》은 매달 600~3000부 발행했는데, 이극로의 고향 인사이며 조선어학회 재정 후원자인 이우식이 비용을 지원했다.

　학회가 활성화되면서 재정 부담도 늘어났다. 이극로는 상하이에 있을 때 이동휘가 선물한 사진기와 망원경, 결혼 예물로 아내가 받은 금비녀, 금귀이개, 금가락지를 전당포에 잡혔다. 물론 원금을 갚지 못해 찾아오지도 못했다. 일본인이 설치는 동안 월급 받는 직업에 종사하지 않겠다고 공언했으니 예정된 수난이었다.

한글맞춤법통일안 제정

1930년 12월 13일 조선어학회 총회의 결의에 따라 한글맞춤법통일안 제정 위원을 뽑고, 제정·수정·검토 작업에 들어갔다. 첫 제정 위원은 권덕규, 김윤경, 박현식, 신명균, 이극로, 이병기, 이윤재, 이희승, 장지영, 정열모, 정인섭, 최현배 등 12명이었다. 이들은 2년 동안 심의를 거듭한 끝에 1932년 12월 맞춤법 원안 작성을 마쳤다. 조선어학회는 김선기, 이갑, 이만규, 이상춘, 이세정, 이탁 등 6명을 증원하여 총 18명이 참여한 가운데 12월 26일부터 이듬해 1월 4일까지 고려청년회관에서 제1독회를 열었다.

　이때 제정 위원들의 고집 때문에 많은 일화가 있었다. '경상도 고집' 최현배와 정인승을 비롯하여 조선어학계의 권위자 이희승, 신명균, 이만규, 김선기 등은 한번 의견을 내놓으면 굽힐 줄 몰라 종종 사건을 만들었다. 특히 경성제대 조선어문학과 졸업생으로 조선어학회에 가입하여 어문 운동에 투신한 이희승은 조선어 교육을 전제로 문법서를 기획 · 연구한 여타 학자들과 일반직인 어학의 원리와 법칙으로 무장하여 선배인 최현배, 정인승 등과 맹렬한 토론을 벌이곤 했다. 독회 도중 제정 위원들끼리 토론이 격해지면 큰 소리와 삿대질이 오가기 일쑤였고, 분기탱천한 회원은 목침을 던지기도 했다. 하지만 다수결에 의해 결정되면 깨끗이 승복했다. 그래서 토의를 지켜보던 방청객들은 이렇게 감탄했다.

"모든 모임의 회의는 조선어학회처럼 해야 한다."

제1독회는 열흘 동안 격론을 벌였다. 민족의식이 강한 개성 사람들이 독회를 적극 지원했다. 개성 유지 공성학은 제정 위원 18명 전원의 숙식 등 경비 일체를 부담했고, 고려청년회관 이사장 황중현을 비롯한 유지들은 독회가 끝난 뒤 성대한 위로연을 베풀었다.

이 회의에서 표준말은 소리 나는 대로 적되 어법에 맞도록 하고, 표준말은 대체로 중류층에서 쓰는 서울말로 하며, 문장의 각 단어는 띄어 쓰되 토는 윗말에 붙여 쓴다는 등 64조에 달하는 원칙을 만들었다. 제1독회가 끝나자 수정 위원으로 권덕규, 김선기, 김윤경, 신명균, 이극로, 이윤재, 이희승, 장지영, 정인섭, 최현배 등 10명이 선정되어 6개월 동안 수정 작업을 벌였다.

1933년 7월 25일부터 8월 3일까지 화계사에서 제2독회를 열고 최종 정리를 마친 다음, 10월 19일 조선어학회 임시총회를 통해 이를 시행하기로 결의했다. 햇수로 3년, 총 125회 433시간에 걸친 회의를 통해 완성된 한글맞춤법통일안은 1933년 10월 29일 한글날을 맞아 명월관 기념식 석상에서 발표되었다.

다음 작업은 표준어를 결정하는 일이었다. 1934년 여름 표준어사정위원회가 구성되었다. 사정 위원은 총 40명이었는데 방언과 전문 용어, 특수 용어까지 결정해야 했으므로 국어학자가 아닌 문화계 전문가들이 상당수 포함되었다. 인원 구성도 서울 사람 50퍼센트, 나머지는 지방 출신으로 하되 인구 비례에 따르기로 했다. 음식, 바느질 등 가정생활의 특수 용어 사정을 위해 이화여전 가사과 교수 방신영과 이숙종이 참여했다.

당시 조선어학회에서 표준어와 관련된 어휘를 수집한 것이 대략 4000개였다. 표준말을 제정하는 데 원칙은 한글맞춤법통일안에 있는 "표준말은 대체로 현재 중류사회에서 쓰는 서울말로 한다"는 규정에 따랐다.

제1독회는 1935년 1월 온양온천에 있는 영천의원과 감리교 온천예배당, 제2독회는 우이동 봉황각에서 열렸다. 동아일보 1936년 8월 4일자 기사는 온양에서 열린 표준어 사정 제1독회에서 벌어진 재미있는 일화를 소개한다.

본래 표준어를 정하려면 많은 낱말을 추린 다음 그중에 하나를 골라야 한다. 의견이 구구하면 찬성하는 사정 위원들이 손을 들게 하여 다수결로 결정했다. 그러던 도중 '강아지'와 '개새끼'라는 동의어가 나오자 의장이 일어나 큰 소리로 외쳤다.

"먼저 강아지부터 손을 드십시오."

몇 사람이 손을 들자 의장은 다시 말했다.

"이번에는 개새끼 손을 드십시오."

남은 몇 사람이 손을 들었다. 그런데 의장이 좌중에 이모 씨가 어느 편에 손을 들었는지 아리송했다. 그래서 이렇게 물었다.

"이 선생은 강아지지요?"

"그러자 이씨가 대답했다.

"나는 개새끼입니다."

그러자 이전부터 대화가 우스워도 꾹 참고 있던 여러 위원들이 마침내 폭소를 터뜨렸다.

조선어학회에서 표준어 사정 작업에 열중하고 있다는 뉴스가 전해지자, 언론사에서 격려 기사가 쏟아져 나왔다. 반대로 방언이 사라지는 것을 안타까워하는 기사도 있었다. 표준어란 근대국가에서 국민과 원활한 의사소통을 목적으로 통일적인 용어를 제정하는 것인 만큼 방언이 타박 받고 다양한 표현이 사라지는 역효과가 나는 것은 어쩔 수 없는 일이었다.

그 무렵 언어학자 홍기문은 조선일보에 기고한 〈표준어 제정에 대하여〉를 통해 조선어학회가 과연 조선어를 선별·가공할 권한이 있는지 따져 묻고, 표준어 기준 가운데 하나인 중산층의 언어가 대부분 한자식이라는 점을 지적했다. 고유한 조선어는 지방의 농민이나 노동자들이 더 많이 간직하고 있다는 뜻이었다.

조선어학회는 이런 비난이 억울했지만 견뎌낼 수밖에 없었다. 그들은 중산층 이상의 말만 표준어로 제정하려고 한 것이 아니었기 때문이다. 그때까지 조선어학회는 철저한 어휘 조사를 통해 수집한 우리 말글을 조선어 사전에 반영하려고 노력했다.

"우리의 참뜻이 오해를 산다 해도 어쩔 수 없다. 이 작업은 우리 손으로 마무리해야 한다."

조선어학회는 1936년 7월 열린 제3독회를 끝으로 표준어 사정을 완성했다. 그해 10월 28일 서울 인사동 천향원에서 교육계, 종교계, 문예계, 언론계와 기타 명사 130여 명이 운집한 가운데 사정한 표준말 발표식을 거행했다.

3대 언어 규범의 하나인 외래어표기법 제정은 맞춤법이나 표준어 사정보다 오랜 시간이 걸리고 우여곡절도 많았다. 1931년 책임 위원 정인섭, 이극로, 이희승이 기초 작업에 착수했는데, 최종안이 확정된 것은 1938년이다. 그동안 세 사람 외에 최현배, 정인승, 이중화, 김선기 등도 작업에 참여했고, 국내 각계의 의견이 고루 참작되었으며, 해외 학자들도 협조했다. 하지만 외래어표

문세영의 《조선어사전》

조선어사전편찬회의 발기인 문세영은 1932년경부터 이윤재, 한징 등의 지도를 받으며 사전 편찬을 진행하여 1938년 7월 10일 조선어사전간행회 명의로 10만 어휘를 담은 《조선어사전》을 간행했다. 1681쪽, 초판 1000부. 12월 15일 재판 2000부.
이 사전의 출판 비용은 박문서관 주인 노익형이 부담했는데, 당시 언론은 이를 최초의 조선어 사전 편찬이라고 대서특필하며 문세영의 장거를 칭송했다. 이 사전은 이듬해 1만여 어휘를 추가한 증보판을 발행했다. 문세영의 《조선어사전》은 조선어학회와 별개로 개인이 완성한 최초의 국어사전이다. 그러나 이희승은 뒷날 이 사전이 이윤재의 연구 결과를 도용한 해적판이라고 비판했다.
문세영은 이 사전에 1940년 1만 어휘를 추가하여 1902쪽 분량으로 《수정증보 조선어사전》을 펴냈으며, 1942년 5월 20일 재판을 찍었다. 그는 광복 후인 1951년 《순전한 우리말사전》을 발간했으나, 한국전쟁 때 행방불명되었다.

기법 통일안은 1940년 6월에야 몇 가지 수정을 덧붙여 간신히 발표했다.

조선어학회는 훈민정음 창제 이후 500년 가까이 제대로 된 언어 규범이 없어 혼란스럽던 한글 체제를 바로잡고, 《조선말 큰사전》으로 대미를 장식하고자 했다. 그리하여 표준어 사정을 완료한 1936년부터 조선어사전편찬회에서 사전 편찬 업무를 인계받아 작업에 박차를 가했다. 그해 3월에는 이우식 등이 조선어사전편찬후원회를 조직하여 적극적으로 재정 지원에 나섰다.

둘

삭풍이 몰아치는
어둠 속에서

독립 만세의 씨앗을 뿌리다
대종교와 조선어학회

한글은 민족이다
국학자들의 어문 연구

한마음 다른 시선
국어 연구 단체의 갈등

일제의 침략을 극복하기 위해서는 단군 사상을 중심으로 국권을 회복해야 한다는 나철의 메시지는 방황하던 조선 지식인 사회에 환한 이정표와도 같았다. 그때부터 단군교는 독립지사들을 중심으로 급속히 퍼져 나갔다. 서일, 김좌진, 홍범도, 지청천, 이범석을 비롯한 무장 독립운동 세력과 신채호, 박은식, 정인보 같은 민족 사학자, 한글문화 운동을 일으킨 주시경, 지석영, 김두봉, 이윤재 그리고 민족 지도자 이시영, 신규식, 안재홍, 이동녕 같은 인물들이 적극적으로 단군교에 참여했다.

독립 만세의 씨앗을 뿌리다

대종교와 조선어학회

배재학당 재학 시절 감리교 신도가 되어 세례를 받았던 주시경은 외세의 침략이 외래 종교의 유입을 통한 민족성 파괴에서 비롯된다는 사실을 깨닫고 과감하게 기독교 신앙을 버렸다. 대신 국조 단군을 추앙하면서 민족의 위대한 역사를 드높이는 대종교에 귀의했다.

일제의 폭압적인 민족 개조 책동이 예상되는 상황에서 주시경은 동포들에게 민족의 긍지를 바탕으로 독립자존의 정신을 심어주려고 애썼다. 그는 틈만 나면 제자들에게 우리 말글이 단군왕검을 시조로 하는 반만년 역사의 토대에서 태어났다고 강조했다.

"우리 언어는 우리 인종과 지역에 적합한 특성이 있다. 우리 역사는 독창적 천재를 내는 민족적 혈통이 면면히 흘러 결국 정음을 창조한 것이다."

그는 한민족의 인종적 특성과 한반도의 자연적 특성이 조화롭게 어우러져 나온 보물이 한글이라고 생각했다. 태초에 한반도가 열리면서 이 땅에 자리 잡은 우리 민족에게 가장 알맞은 언어가 한글이라는 것이다.

"우리 선조들은 최고의 문자 한글로 찬란한 겨레의 문화를 꽃피웠다. 그러므로 한글을 지키지 못하면 우리 민족의 존립 기반이 사라질 것이다."

스승 주시경의 뒤를 이어 대종교에 투신한 정열모는 우리 민족의 지리적인 상황과 문화 발전을 한 꾸러미로 해석했다. 특히 그는 우리 문화를 백두산을 중심으로 한반도와 만주를 아우르는 고대 문명권으로 설정하고, 황허黃河 · 인더스Indus · 메소포타미아Mesopotamia · 이집트Egypt 문명과 함께 5대 문명으로 규정했다. 한반도를 통해 문명을 받아들인 일본 문화는 사전沙田 문화로 낮춰 보았다.

"모래밭은 물을 쉽게 빨아들이지만 금방 빠진다. 그처럼 자기 것 없이 남의 것을 맹종하는 일본 문화는 결코 우리 문화를 이겨낼 수 없다. 문화는 무력보다 힘이 세다."

그 무렵 기독교, 천도교, 유교, 불교 등 다양한 신앙이 있었지만, 일본의 역사 왜곡과 문화 침탈이 가속화하자 조선의 지식인들은 너도나도 단군의 개천 정신으로 민족을 일깨우려는 대종교에 투신했다. 당대 최고의 지식인 최남선은 대종교 2대 교주 김교헌*에게 감화를 받은 뒤 백두산에 대한 많은 글을 발표하여 겨레 얼을 일깨우고자 애썼다. 조선광문회를 설립한 뒤에는 김교헌에게서 건네받은 많은 고전을 간행하기도 했다.

한일합방 이후 조선에 몰려든 일본인들은 우리의 전통 유물을 닥치는 대로 수집하여 본국으로 가져갔다. 하지만 조선의 문화에 무지한 그들은 국보급 고전소실《유충렬전》의 한글 판목을 둥글게 잘라 여자들의 분첩 뚜껑으로 만들었고, 《오륜행실도》의 한글 판목을 해체하여 아로리(일본식 화로)를 담는 상자의 장식품으로 쓰기도 했다. 이처럼 대한해협을 건너간 우리 민족의 수많은 문화유산이 일본인들의 생활 도구로 전락했다. 이런

《유충렬전》 한글 판목을 잘라 만든 분통 뚜껑.

의미에서 고전을 되살리려는 조선광문회의 활동은 실로 의미심장한 일이다.

국내는 물론 국외에서도 민족문화를 지키려는 작업이 활발하게 펼쳐졌다. 민족주의 사학자 박은식은 1911년 4월 서간도 환런桓仁현 흥도천으로 건너가 대종교도 윤세복의 지원으로 고구려와 발해의 유적지를 답사한 다음 8개월 동안 고대사 관련 서적 6~7종을 간행하여 윤세복이 경영하는 동창학교에서 교재로 사용했다. 신채호도 1914년부터 윤세복의 초청을 받아 동창학교 교사로 일하면서《조선사》를 썼다. 당

■ 김교헌은 1914년 대종교의 연원을 정리한《신단실기神檀實記》와 대종교의 역사 인식을 밝힌《신단민사神檀民史》에서 단국檀國, 부여, 고구려, 백제, 신라, 발해, 예맥, 동옥저, 비류, 숙신, 삼한, 정안국, 요, 금 등 14개 왕조를 일통하는 단군족 배달족을 설명했다. 즉 민족사를 단군족 역사로 단일화하고, 요·금의 북방 민족국가까지 국사에 포함한 것이다. 또 북방의 여러 분파가 이합집산을 거듭하여 신라족이 고려족을 거쳐 현재의 조선족이 되었고, 발해족이 여진족과 금족을 거쳐 현재의 만주족이 된 것으로 도식화했다. 즉 남방족을 조선족으로, 북방족을 만주족으로 설명함으로써 만주와 한반도 전체를 민족사의 무대로 규정했다. 특히 발해를 민족사의 정통 왕조로 비중 있게 다뤘다. 김교헌이 체계화한 대종교의 민족주의 사학은 박은식과 신채호에게 이어졌다.

시 그는 만주에 널린 고대 유적지와 광개토왕릉비를 답사한 다음 이렇게 탄식했다.

"지안集安현을 한 번 돌아보는 것이 김부식의 고구려사를 만 번 읽는 것보다 낫구나."

이런 관점에서 신채호는 삼국시대를 서술할 때 가장 넓은 국토를 개척한 고구려를 최고로 꼽았다. 그는 당대 가장 강렬한 민족주의 사학자로서, 대종교에 투신하여 독립투쟁을 전개했다. 그가 1915년 대종교도 신규식, 이상설, 박은식, 조성환 등이 조직한 신한혁명단에 참가한 것은 우연이 아니다.

불굴의 독립지사이자 민중의 대변자 안재홍 역시 대종교 신도였다. 특히 그는 독립운동에 헌신하는 와중에도 조선어학회 동지들이 추진하는 국어 운동에 각별한 관심을 기울였다. 그는 한글날을 개천절과 마찬가지로 중시하면서 "국가적 의미에서 개천절이요 민족문화적 의미에서 '한글날'이니, 한글날은 국경절 아닌 국경절이다"라고 주장했다. 그는 또 조선어학회의 국어 운동이 실용적 측면을 넘어 민족의식의 고양으로 귀착되기 바라면서 다음과 같은 행동 강령을 제시했다.

첫째, 조선말을 옹호하고 예찬하라.
둘째, 조선글을 옹호하고 보급하라.
셋째, 간이하고 선미한 조선글을 보급하여 조선인의 문맹 타파 운동을

■ 〈자주정신의 제일보―의미심장한 가갸날〉, 조선일보 1926년 2월 4일자 기사.

대대적으로 빌어라.

넷째, 그리하여 조선 마음의 배양과 옹호에 노력하라.

스승 주시경의 유지를 받들어 말모이 편찬을 추진하다가 해외에 망명한 김두봉이나 조선어학회의 선봉장 이극로, 독립투사들의 지킴이 이인 등 대다수 조선어학회 회원들 역시 대종교인으로, 해외에서 활동하는 독립운동 인사들과 긴밀한 연락을 취했다.

을사오적을 처단하라 |

"탕!"

1907년 3월 5일 아침, 광화문 근처 사동 골목에서 난데없는 총성이 울려 퍼졌다. 입궐하던 친일파 군부대신 권중현을 향한 일발이었다. 하지만 총탄은 그의 심장을 비켜 나갔다. 을사조약 이후 처음 벌어진 을사오적 암살단의 매국노 처단은 도로에 그쳤고, 결사대원 18명이 현장에서 체포되었다.

이 사건의 주모자는 운양 김윤식의 제자 나인영이다. 그는 1891년 문과에 합격한 뒤 정7품 승정원 가주서에 임명되어 2년 가까이 관직 생활을 했고, 1895년 징세서장에 임명되었지만 고사하고 낙향한 인물이다. 그는 향리에서 을사조약이 체결되었다는 소식을 듣고 자신회自新會라는 조직을 만들어 동지들을 모았다. 그런 다음 동지들에게 을사오적(이완용, 권중현, 박제순, 이지용, 이근택) 처단을 목표로 참간장斬奸狀을 나뉘주었다.

'매국노를 죽이는 것은 하늘의 뜻이기에 살인을 허가한다.'

일제가 수사한 바에 따르면 을사오적 암살 계획에 동조한 인원은 직접 거사에 참여한 오기호, 이홍래, 강원상 등을 비롯해 무려 250명이다. 이들은 의거를 위해 돈을 낸 사람부터 객주상과 농민, 부녀자까지 다양한 계층이었고, 지역별로도 경성은 물론 호남, 영남, 충청도를 망라했다.

매국노 처단에 앞장선 열혈 의사 나인영이 대종교의 초대 교주 나철이다. 그 사건으로 현장에서 체포되어 재판에 회부된 뒤 10년 형을 선고받았다. 1907년 특별사면으로 자유의 몸이 되자, 그는 일본 정계의 미묘한 갈등을 이용하여 조선의 독립을 쟁취하고자 했다.

1908년 11월 24일 나철은 동료 정훈모, 이기, 홍필주, 오기호 등과 함께 일본으로 건너가 두 달 동안 흑룡회 대표인 우치다 료헤이內田良平를 비롯하여 마츠무라 류노스케松村雄之進, 오카모토 류노스케岡本柳之助, 도야마 미츠루頭山滿 등 일본 정계의 거물들과 만났다. 특히 도야마 미츠루는 아시아 국가들의 독립운동을 적극적으로 후원한 인물이다.

나철은 그들을 통해 일본이 조선을 부당하게 병합한 사실을 알리고, 조선의 독립과 조선인의 재산과 생명을 보호하기 위해 여러 가지 대책을 촉구했다. 하지만 동행한 정훈모가 동양척식회사의 이사가 되고 싶은 욕심으로 일진회와 은밀히 손잡고 방해 공작을 편 나머지 별다른 성과를 거두지 못했다.

그때부터 평화적인 외교 항쟁에 한계를 느낀 나철은 무장 독립 투쟁으로 방향을 바꾸었다. 청일전쟁과 러일전쟁에서 승리한 일본이 제국

주의의 길을 긷고 있어 조신의 운명
은 바람 앞에 촛불과 같았다. 실로 근
본적인 대책이 필요한 시기였다.

국가의 기틀을 튼튼히 하고 민족을
부흥하는 원동력은 민족의식을 일깨
우는 데 있다고 판단했다. 나철은
1909년 1월 15일 오기호, 이기, 김윤
식, 유근 등 10명과 함께 종로구 재동
에서 '단군대황조신위檀君大皇祖神位'를
모시고 〈단군교포명서〉를 공포함으
로써 국조 단군을 숭앙하는 단군교를

대종교 초대 교주 나철.

세상에 알렸다.˙ 이날을 중광절重光節이라고 한다. 우리 민족은 고조선
과 삼국시대를 거쳐 고려까지 단군을 모시는 민족종교가 이어져 내려
왔다. 하지만 고려 원종 때 몽골의 침략을 받아 맥이 끊겼다가 나철에
의해 비로소 부활한 것이다.

"나라가 망하고 백성이 흩어진 근본적인 원인은 오랫동안 모화慕華
교육을 받아 민족의식이 가려졌기 때문이다. 이제부터라도 민족에게
진실한 의식을 배양해 민족 부흥과 국가 재건의 원동력으로 삼겠다."

일제의 침략을 극복하기 위해서는 단군 사상을 중심으로 국권을 회

■ 나철은 1905년경 서대문역 근처에서 백두산에서 왔다는 백전佰佺 도인에게 대종교의 경전
인 《삼일신고三一神誥》와 《신사기神事記》를 받고, 1908년 도쿄에서 두일백杜一白 도인에게
〈단군교포명서〉를 받았다고 한다.

복해야 한다는 나철의 메시지는 방황하던 조선 지식인 사회에 환한 이
정표와도 같았다. 그때부터 단군교는 독립지사들을 중심으로 급속히
퍼져 나갔다. 서일, 김좌진, 홍범도, 지청천, 이범석을 비롯한 무장 독
립운동 세력과 신채호, 박은식, 정인보 같은 민족 사학자, 한글문화 운
동을 일으킨 주시경, 지석영, 김두봉, 이윤재 그리고 민족 지도자 이시
영, 신규식, 안재홍, 이동녕 같은 인물들이 적극적으로 단군교에 참여
했다.

　나철은 1910년 교명을 대종교로 바꾸고, 만주 북간도에 지사를 설치
함으로써 포교 영역을 넓혔다. 국권을 빼앗기고 일제의 식민지가 됨에
따라 수많은 조선인이 만주로 이주할 때였다. 윤세복은 환런현에 동창
학교를 설립하고, 대종교 포교와 민족 교육의 터전으로 삼았다. 그러
자 일제에 부역하여 부귀영화를 꿈꾸던 대종교의 2인자 정훈모는 나철
의 행보에 반기를 들고 1910년 7월 30일 단군교*의 이름을 고수하며
갈라져 나갔다.

■ 정훈모의 단군교에는 민영휘, 한규설, 유길준 등 친일파가 많았다. 나철이 교명을 바꾸고
근거지를 옮긴 이유도 교단 수뇌부의 친일 행각 때문이다. 단군교는 1912년에 다시 내분이 일
어나 교단이 둘로 나뉘었으나, 1915년 정훈모가 교단을 재정비했다. 하지만 단군교는 내홍이
끊이지 않고 총독부의 소수 종교 탄압이 강화되면서 1936년 해산명령에 따라 와해되었다.

우리는 단군의 자손이다 |

"한반도에서 일본 제국주의를 몰아내려면 체계적인 군대 조직이 필요하다."

1912년 대종교에 입교한 서일은 독립운동 단체 중광단을 설립하고, 1919년 대한정의단으로 개편한 뒤 군정회, 군정부, 대한군정서로 이름을 바꾸었다. 이어서 무장 독립운동 단체 북로군정서로 개편하여 부총재 현천묵, 사령관 김좌진을 임명했다. 국내에서는 1915년 이시영, 서상일 등

중광단과 대한정의단을 결성하고, 김좌진과 함께 청산리대첩을 이끈 서일.

대종교인들이 조선국권회복단이라는 비밀결사를 조직했다.

민족종교인 대종교가 만주로 이전하자, 망명한 대다수 독립지사들이 대종교의 신도가 되었다. 그들에게 대종교 입교는 곧 독립운동에 투신하는 것이었다. 그들은 대종교 교리에 따라 만주를 고토古土로 인식하면서 단군과 백두산을 민족의 시조요 발상지로 생각했다. 이런 대종교의 역사의식은 수많은 역사서 간행으로 이어졌다.

대종교 2대 교주 김교헌의 《신단실기》는 단군왕검을 포함한 고대사를 중심으로 저술한 역사책이다. 현지에서 지어 부르던 애국가에도 고대사에 대한 그들의 자긍심과 만주를 포함한 우리 영토에 대한 주권의식이 강하게 드러났다. 대종교의 역사의식은 신채호와 박은식은 물론, 만주의 기독교 학교까지 영향을 미쳤다.

한일병합으로 분개한 학생들이 일본日本이란 말을 쓰기 싫어 왈본曰本

이라고 글자를 짓밟아 발음할 만큼 저항 의식이 남달랐던 시절이다. 그런 분위기에서 지린吉林성 허룽和龍현 명동촌에 있던 기독교 계통의 명동학교는 교실마다 단군 초상을 걸어놓았다. 예배당에 십자기와 단군기를 함께 놓았고, 교가에도 단군을 묘사하는 가사가 담겼다.

> 흰 뫼가 우뚝코 은택이 호대한 한배검이 깃치신 이 터에
>
> 그 씨와 크신 뜻 넓히고 기르는 나의 명동.

이처럼 종교를 넘어 민족 이념으로 승화된 대종교 사상은 만주에 살던 동포들에게 구원의 메시지였다. 그리하여 신도가 폭발적으로 늘어나자 나철은 포교 지역을 네 개로 나누고 책임자를 파견했다. 노령의 북도본사는 이상설과 이시영, 북간도의 동도본사는 만주 무장 항쟁을 실질적으로 이끈 서일, 경성의 남도본사는 동아일보와 함께 백두산 성산 운동을 펼친 강우, 상하이의 서도본사는 신규식*과 이동녕에게 맡겼다.

대종교의 교세 확장에 주목한 일제는 1915년 조선총독부령 83호 종교 통제안을 공포하고, 모든 종교는 총독부에 신고하도록 했다. 그들

■ 대종교 서도본사 책임자 신규식은 나철과 의형제다. 그는 1912년 상하이에서 동제사를 세우고 신해혁명에 참여하면서 쑨원孫文을 비롯한 중국의 혁명가들과 교분을 쌓았다. 그들의 도움으로 중국에서 활동하던 독립지사들은 각처의 독립 단체를 한데 모았다. 1921년 2회 임시의정원 위원 29명 중 이동녕을 비롯하여 이시영, 김구, 조완구, 조성환, 차이석, 송병조 등 무려 21명이 대종교도였다. 상하이임시정부는 대종교 정신을 기반으로 움직일 수밖에 없었고, 단군 관련 기념일인 개천절이 임시정부의 국경일로 지정되어 오늘날까지 이어지고 있다.

온 1조 본령에서 종교를 신도, 불도, 기독교로 명시하고 여타 민족종교 단체를 유사종교 단체로 분류했지만, 대종교는 반일 조직으로 규정하여 포교를 금지했다.

"대종교는 불령선인의 아지트다."

국내에서 포교와 독립운동 자체가 불가능해지자 나철은 총본사를 지금의 지린성 허룽현 청파호로 옮기고, 해마다 국가에서 단군 제례를 행하던 황해도 구월산 삼성사로 향했다. 당시 그의 곁에는 주시경의 제자 김두봉이 수행하고 있었다.

1916년 8월 15일, 사흘 동안 단식기도를 마친 나철이 돌연 목숨을 끊는 사건이 벌어졌다. 암흑의 시대에 순교를 통해 구원과 대속의 상징으로 남고자 한 것이다. 그는 자결하기 전에 신규식을 통해 〈공고교도문恭告敎徒文〉을 남겼다.

위태롭기가 불로 뛰어드는 나방이나
우물로 추락하는 아이와 같다.
사람의 피와 살이 뚝뚝 떨어지고
산하는 유리 쪽으로 부서졌으며
모래 먼지가 비바람에 날린다.
날은 저물고 길은 궁한데
사람은 어디로 갈 것인가

교주 나철의 순교에 자극받은 대종교인들은 다시 한 번 독립의 의지를 불사르며 일제에 대한 저항을 다짐했다. 그 첫 결과물이 1918년에 발표된 〈무오독립선언서〉다. 여기에는 조선을 침탈한 일본에게 강력한 경고와 함께 민족적인 무력시위가 이어질 것이라는 내용이 담겼다. 이 선언서에는 김규식, 김좌진, 이승만, 박은식, 안창호 등 총 39명이 서명했는데, 그중 25명이 대종교인이었다.

> 일본의 합방 동기는 소위 범 일본주의를 아시아에서 실행함이니 이는 동아시아의 적이요, 일본의 합방 수단은 사기 강박과 불법 무도와 무력 폭행을 구비하였으니, 이는 국제법규의 악마이며, 일본의 합병 결과는 군경의 야만적 힘과 경제의 압박으로 종족을 마멸하며, 종교를 억압하고 핍박하며, 교육을 제한하여 세계 문화를 저지하고 장애하였으니 이는 인류의 적이다.

나철의 뒤를 이어 2대 교주가 된 김교헌은 1910년대 민족주의 사학을 선도하고, 대종교의 역사 인식을 정립한 인물이다. 그는 일찍이 통감부에서 규장각 부제학으로 근무했고, 한일병합 당시 일제에게 훈4등을 받고 1916년까지 취조국 위원, 토목국 촉탁, 조선반도사편찬위원회 촉탁 등 일제의 관리로 일한 경력이 있다. 그 때문에 대종교의 핵심 세력이던 혁신 유림들이 이탈하는 부정적인 면도 나타났다.

"조선총독부 출신을 지도자로 받들 수는 없다."

"우리는 강도 일본과 무력으로 맞서야 한다. 온건한 종교운동이나 문화 운동으로 어떻게 현실을 바꾸겠는가."

이런 신도들의 우려와 달리 김교헌은 적극적으로 독립운동을 펼쳐 나갔다. 그는 경성에 있던 남도본사를 주관하면서 종리와 교사를 연구했고, 신도들에게 항일 독립 의식과 민족의식을 고취하면서 시교당을 항일 독립운동의 교육장으로 활용했다. 3·1운동 이후에는 만주로 건너가 독립군 기지를 건설하고 동포들을 모아 군사훈련을 실시했다.

그 결과 1920년 6월 홍범도의 봉오동전투, 10월 김좌진의 청산리대첩이라는 큰 성과를 거두었다. 특히 청산리대첩에서 대한독립군은 일본군 3개 사단 1만여 명에 이르는 정규군을 물리침으로써 민족적인 자긍심을 일깨웠다. 1933년에는 지청천 장군이 동방 대전자령 전투에서 다시 한 번 일본군의 코를 납작하게 만들었다. 이들 독립군 지휘관은 모두 대종교인이다.

만주 일대에서 대종교도가 주도하는 독립군의 무력 항쟁으로 큰 타격을 받은 일본군은 잔혹한 토벌 작전을 펼쳤다. 그들은 대규모 병력을 만주에 집결시킨 다음 자신들에게 치욕을 안겨준 청산리 마을을 불태웠고, 1920년 간도 참변과 1921년 자유시 참변 등을 통해 수많은 조선인을 학살했다.

일제는 또 1925년 6월 11일 만주의 군벌 장쭤린張作霖과 '삼시 협정'·

■ 중국 관헌은 재만 한인이 무기를 휴대하거나 조선에 침입하는 것을 엄금할 것, 불령선인 단체를 해산하고 그 무장을 해제할 것, 불령선인 단체의 수령을 체포하여 일본 관헌에게 인도할 것.

을 맺고, 서일이 지도하는 대종교 휘하의 독립군을 압박했다. 이와 같은 양동작전으로 만주의 독립군 활동은 위축될 수밖에 없었다. 1932년에는 일본의 사주로 세워진 만주국에서 대종교를 불법 종교로 규정하는 바람에 운신의 폭이 더욱 줄어들었다.

조선어학회사건과 임오교변

1941년 태평양전쟁이 일어나면서 일제의 식민정책은 극한으로 치달았다. 징병과 신사참배, 창씨개명 등으로 국내에서 활동하던 항일 민족 세력의 입지는 더욱 좁아졌다. 그런 가운데 1942년 발생한 조선어학회사건으로 대종교 신도인 국어학자 이극로, 최현배, 이희승, 안재홍, 이윤재 등이 옥고를 치렀다.

조선어학회사건의 직접적인 빌미는 함흥 영생여학교 학생의 일기장으로 알려졌다. 하지만 일부 연구자들은 대종교 교주 윤세복과 조선어학회를 이끌던 이극로의 관계가 사건 발단의 핵심적인 계기라고 주장한다. 조선어학회사건으로 옥고를 치른 이인은 자서전《반세기의 증언》에서 이극로가 윤세복에게 감화를 받아 조선 독립을 목적으로 조선어학회를 세웠다고 증언했다. 실제로 그 무렵 이극로는 대종교의 창가 '한얼노래'를 작사하여 만주국 동경성*에 있는 총본사에 등기우편으로

■ 발해의 옛 도읍 터였던 영안寧安현 동경東京성.

발송했을 뿐만 아니라, 총본사에 다녀온 적도 있다.

과연 조선어학회는 대종교의 국내 비밀 결사였을까? 조선어학회 회원들은 대부분 주시경의 제자들이다. 나철의 대종교 사상에 영향을 받은 주시경은《국어문법》에서 한글의 기원이 단군 강림과 관계가 깊다고 주장했다. 그의 수제자 김두봉 역시 대종교 신도로서 초대 교주 나철을 수행한 적이 있고, 최현배도《조선 민족 갱

대종교 3대 교주 윤세복.

생의 도》와《나라 사랑의 길》에서 우리나라의 이상적인 길로 단군의 '한배 나라'를 실현하자는 주장을 펼쳤다. 이런 민족 사상을 계승한 회원들의 한글 운동을 일제가 고운 시선으로 바라볼 리 없었다.

조선어학회사건이 발생할 무렵, 일본은 진주만을 습격하고 대양 건너편의 미국과 치열한 접전을 벌이고 있었다. 전쟁의 불꽃이 아시아를 휩쓰는 참혹한 상황에서 만주의 대종교 세력은 총본산을 동경성으로 옮기고 발해농장을 건설했다. 연간 쌀 3000섬을 수확할 수 있는 규모로 건설된 발해농장은 일종의 둔전병 기지였다. 장총을 든 보초병의 삼엄한 경비 아래 수많은 독립군이 국내 진공을 목표로 피땀을 흘렸다. 이 계획은 교주 윤세복이 입안하고, 자금 조달과 교육은 중외일보 사장이던 백산 안희제가 맡았다. 겉으로 보면 종교 단체의 집단 거주지 같지만, 내용은 독립 전쟁을 준비하는 군사학교였다.

당시 동경성은 대종교의 집결지였다. 일제는 그곳에 있는 대종학원

의 민족 교육, 발해농장의 독립군 기지, 대종교의 성전인 천진전 건축에 주목했다. 그리하여 교단 내부에 교인을 가장한 밀정 조병현을 투입, 교계의 동향과 교내 간부들의 언행을 정탐하기에 이른다.

조병현은 당시 이극로가 천진전 건축에 관련하여 교주 윤세복에게 보낸 편지에서 〈널리 펴는 말〉이라는 원고를 빼돌려 일경에 바쳤다. 그러자 일경은 이 원고의 제목을 〈조선독립선언서〉로 바꾸고, 내용 맨 마지막 부분에 있는 '일어나라 움직여라'라는 표현을 '봉기하자 폭동하자'라는 일본어로 번역하여 조선 독립을 위한 무장투쟁을 촉구하는 증표로 삼았다.

'대종교는 조선 고유의 신도神道를 중심으로 단군 문화를 다시 발전시킨다는 기치 아래, 조선 민중에게 조선 정신을 배양하고 민족자결의식을 선전하는 교화 단체인 만큼 조선 독립이 최후의 목적이다.'

일제는 조선어학회 회원들을 일망타진하여 홍원경찰서 유치장에 가둔 지 한 달여 만에 전가의 보도 같은 치안유지법을 앞세워 대종교 제

■ '종교는 믿는 마음으로만 되는 것이 아니다. 일정한 형식을 갖추어야 하며, 형식은 존엄을 보전할 만한 체면을 잃지 아니하여야 한다. 사람의 이상은 소극적으로 지키는 데 있는 것이 아니라, 적극적으로 나아가는 데 있다. 그런데 이제 우리는 체면을 유지할 만한 천전과 교당도 가지지 못하였으며, 교회의 일꾼을 길러낼 만한 교육기관도 없다. 이는 우리에게 그만한 힘이 없는 것도 아니요, 성력이 아주 부족한 것도 아니다. 그동안 모든 사정이 우리의 정성과 힘을 다 발휘할 기회를 열지 못하였던 까닭이다. 그런데 이제는 때가 왔다. 우리는 모든 힘을 발휘하여 대교의 만년대계를 세우고 나아가야 한다. 이 어찌 우연이랴. 오는 복을 받아들이지 아니하는 것도 큰 죄가 되는 것을 깊이 깨달아야 한다. 만나기 어려운 광명의 세계는 왔다. 반석 위에 천전과 교당을 짓자! 기름진 만주 벌판에 대종학원을 세워서 억센 일꾼을 길러내자! 우리에게는 오직 희망과 광명이 있을 뿐이다. 일어나라 움직여라! 한배검이 도우신다.' ―이극로의 〈널리 펴는 말〉 중에서.

100

기 작전에 돌입했다. 그들은 만주와 한반도 전역에 일세 검거령을 내리고, 교주 윤세복을 비롯하여 대종교 간부 25명을 체포했다. 임오교변壬午敎變이다.

그 결과 교주 윤세복은 무기징역, 나머지 간부들은 7~15년의 중형을 선고받았다. 그들은 만주의 악명 높은 정치범 수용소인 액하감옥에 갇혀 전기 고문이나 물고문, 우물에 빠지는 등 악랄한 고문을 당했다. 이때 안희제와 나철의 두 아들, 권상익, 이정 등 10명이 목숨을 잃으면서 대종교는 큰 타격을 받았다.

한글은 민족이다

국학자들의 어문 연구

개화기에서 일제강점기까지 유길준, 이능화, 주시경, 지석영 등 내로라하는 학자들은 자신들의 전문 영역 외에도 국문학, 국어학, 국사학의 경계를 자유롭게 오갔다. 이들을 통틀어 국학자라고 부른다. 이들의 후배 격인 신채호, 정인보, 안재홍, 권덕규, 안확, 문일평 등도 마찬가지다.

유길준은 1909년 《대한문전》을 통해 조선어 문법에 대한 연구 결과를 처음 발표한 국어학자다. 최광옥이 1년 앞선 1908년 《대한문전》이라는 문법서를 간행했지만 안확과 김윤경, 이희승 등이 기록한 바에 따르면 유길준의 연구를 표절한 것이었다. 영어와 프랑스어, 중국어, 일본어에 두루 능통했던 이능화는 역사, 종교, 민속 등 각 분야에서 수많은 저서를 남겼고, '근대 의학의 선구자'로 일컬어지는 지석영은 한글 보급에 힘쓴 공로가 인정되어 1910년 고종에게 팔괘장과 태극장을 받았다.

조선일보 주필이던 역사학자 문일평은 가장 한국적이고 실용석이며 민중적인 정신 체계를 '조선심朝鮮心'이라고 규정했다. 조선심이란 가장 조선적인 것을 의미하고, 조선심의 결정이 훈민정음으로 나타났다고 보아 세종대왕을 조선심의 대표자로 여겼으며, 실학자들의 실사구시實事求是 정신을 조선심의 재현으로 평가했다. 그는 "조선인은 온갖 보물을 다 내놓을지라도 조선 문화의 은인인 세종대왕을 내놓을 수는 없다"고 단언했다.

국학자들은 우리 겨레의 역사나 문학, 언어 등이 민족정신을 일깨우고 민족의 순수성을 지키는 근본이라고 생각했다. 이들은 국학 연구를 표방하는 진단학회, 우리 말글을 지키고 발전시키는 조선어학회, 기독교 친목 단체인 수양동우회 등 각종 민족 단체에서 함께 활동했다. 또 조선어를 말살하려는 일제의 정략에 대항하여 한글맞춤법 제정, 국어사전 편찬, 한글 보급 운동, 문학사와 소설사 정리, 역사책 편찬 등을 통해 민족의 유구한 전통을 지켜내고자 했다.

하지만 일제의 강제 병합과 함께 시작된 무단통치 시기에 국학 분야에서 한글에 관련된 논문은 다섯 편에 불과했다. 1920년대 문화정치를 앞세운 일제가 교육령을 통해 조선어 말살 책동을 구체화하자, 동아일보는 1922년 4월 1일 사설을 통해 조선어 연구와 전파를 강력하게 촉구했다.

우리 조선에서 어학 연구하는 사람이 몇이나 되고, 어떤 방면을 연구하고 있는가? 문호를 개방한 지 벌써 수십 년이 지났는데 내외 국어학을 연구하는 사람은 찾아볼 수 없다. 간혹 있다 해도 과학적·문헌학적 연구는 고사하고 실용적 방면, 곧 말하고 적는 것조차 자유롭고 정확하게 하는 사람이 몇 되지 않는 형편이다.

'이 기사는 우리를 향한 채찍이로구나.'

새삼스럽게 마음을 다잡은 어문학자들은 문자·사류·철자·정서 분야를 중심으로 연구에 몰두했다. 이때 박승빈, 권덕규, 정열모, 사공환, 안확, 최현배, 이윤재, 어윤적, 이병기 등은 동아일보와 조선일보, 《정음》《동명》《신민》《신생》《동광》《한글》《학지광》 등 신문과 잡지의 지면을 최대한 활용하여 논문 190여 편을 발표했다.

1930년대에는 경성제국대학에서 조선어문학을 전공한 학자들이 대거 배출되면서 국어 연구의 전성기를 맞이한다. 이들은 조선어학회, 조선어학연구회, 진단학회, 조선음성학회 등을 조직하고 기관지를 발행하며 국어 연구를 주도했다. 당시 철자와 정서, 어휘, 어원, 의미 등을 중심으로 논문 777편이 발표되었는데, 신문과 잡지에 실린 경우도 많았다. 학술적인 주제를 놓고 공개적인 토론회도 자주 열렸다. 가장 인기가 높았던 것은 이극로, 이희승, 이윤재 등이 주도하는 한글파와 박승빈, 김진동, 고재휴 등이 주도하던 정음파의 철자법 논쟁이다.

일제의 탄압이 최고조에 달한 1940년대 초반에는 조선어학회사건, 진단학회 해산 등 정치적인 탄압으로 어문 연구 역시 벽에 부딪혔다. 그 와중에도 양주동의 《조선 고가 연구》, 최현배의 《한글갈(정음학)》이 출간되어 구색을 맞췄다. 일제강점기의 어문 연구는 1910년대 침체기를 벗어나 1920년대 정음의 어원 연구로 진흥의 기반을 다졌으며, 1930년대 이래 철자 논쟁과 고어·향가 해독 연구 등으로 성과를 이루었다.

권덕규의 국어 연구

권덕규는 1920년대 국어학과 관련된 논설 40여 편을 발표하며 국어학의 영역에서 어원론을 논의한 대표적 학자다. 그는 조선어의 독창성과 선구성, 우수성을 강조했다. 고대 한문 전적에 해박하여 '살아 있는 자전字典'이라 불린 그는 주시경과 함께 국어학의 기초를 다진 일제강점기 국어학자이자, 통사 《조선유기朝鮮留記》를 쓴 민족 사학자다.

1923년 광문사에서 간행한 《조선어문경위朝鮮語文經緯》는 권덕규의 국어학에 관한 대표적 저술이다. 이 책은 전체를 60과로 나눈 국어 교습서로, 음운과 문자, 어원, 리언俚言, 향가 등과 횡서(가로쓰기)의 편리함에 대해 논했다. 아울러 한문의 6서, 조선어, 중국어,

《조선어문경위》

만주어, 일본어, 몽골어 등의 어휘 비교에 대한 이론을 제시하고 자신의 주장을 논술했다. 그는 이 책에서 임진왜란 때의 무장 정평구鄭平九가 세계 최초의 비행기 비거飛車*를 발명했고, 그의 이름이 평구(팽이)의 유래어가 되었다는 내용을 실어 우리 민족이 세계 1등 국민임을 암시했다.

권덕규는 1919년 12월 24일부터 이듬해 1월 7일까지 9회에 걸쳐 매일신보에 〈조선어문에 취하야〉라는 논설을 연재했다. 여기에서 그는 이전에도 우리 고유의 문자가 있었으며, 그것을 정비·추가해서 훈민정음을 만들었다는 학설을 발표해 관심을 끌었다.

1920년 5월 8~9일 동아일보에 환민桓民, 한별이라는 필명으로 기고한 논설 〈가명인두상에 일봉〉이 큰 반항을 일으켰다. 이 글에서 권덕규는 모화사상에 젖은 조선의 유교와 유림을 가짜 명나라 사람들이라고 비난하면서, 이름은 조선인이나 실상은 중국인의 일족에 불과하다고 비판했다. 이 논설로 전국의 유림이 들고 일어나 6월 1일 동아일보 사장 박영효가 사임하는 사태를 낳았지만, 그는 서른에 당대 최고 논객으로 자리매김했다. 그 무렵 대종교에서 김규식을 고위직에 임명하려 하자 대종교에 공자를 욕보이는 사람이 있다며 거절했는데, 그가 바로

■ 비거는 임진왜란 당시(1592년) 진주성이 일본군에게 포위되었을 때 무관 정평구가 만들었다는 세계 최초의 비행기다. 외부와 연락을 취하고 적진에 화약을 투하할 수 있는 '나는 수레'라 하여 붙은 이름이다. 이규경의 《오주연문장전산고》에는 이 비거가 대나무로 동체를 만들고 명주로 날개를 씌웠는데, 따오기 같은 모양으로 바람을 일으켜 공중에 떠올라 사람을 태우고 날았다고 기록되었다. 신경준의 《여암전서》에도 비슷한 내용이 실렸지만, 설계도가 전해지지 않아 국제적으로 공인받지 못한 상태다. 비거는 현재 공군사관학교 박물관, 국립과천과학관에 가상 실물로 제작·전시되고 있다.

권덕규다.

그는 청빈과 고절을 꾸준히 지키면서도 기상천외한 행동으로 숱한 일화를 남겼다. 언젠가 살림이 궁해서 집을 팔았는데, 갑자기 수중에 많은 돈이 생기니 앞뒤 가리지 않고 죄다 술값으로 날렸다. 친구들이 "자네 집을 어쨌나?"라고 물으니 "흥, 집? 집이란 놈이 내 뱃속으로 들어갔네" 하고 소리쳤다. 그러고는 "네 이놈 집아, 지금까지는 내가 네 안에 살았지만, 이제는 네가 내 안에서 사는 거다"라며 앙앙불락했다고 한다.

안확의 비교언어학 |

대종교도 안확*은 《조선 문학사》에서 단군 시대에는 덕화의 종교 기풍으로 백성이 두려움의 기도와 기쁨의 노래를 누리고 살았으며, 남녀가 사랑하고 임금과 신하가 화목했다고 주장했다. 이런 고대의 사상으로 우리 말글이 세계 언어 가운데 모음이 가장 발달하고 경어가 많아, 온화하고 순후한 민족성이 생겨났다는 것이다.

안확은 국한문체로 쓰인 유길준의 《서유견문》을 읽은 뒤 한글에 관

■ 자산自山 안확安廓은 마산 창신학교 교사로 재직하다가 1914년 일본으로 건너가 니혼日本대학에서 정치학을 공부했다. 1916년경 마산으로 돌아온 그는 윤상로, 이시영 등이 조직한 조선국권회복단 마산지부장을 맡아 3·1운동 때 마산 시위를 주동했다. 1921년부터 경성에 머물며 조선청년회 기관지 《아성》의 편집인 등으로 활동했다. 1928년부터는 이왕직 아악부에서 촉탁으로 일하며 음악과 국문학에 관계된 왕실 소장 자료를 통해 훈민정음의 악리기원설樂理起源說, 가시 장르 설정(삼대목체, 정읍체, 첩성체, 경기체, 장편, 시조) 등의 업적을 남겼다.

심을 기울이기 시작했다. 민중을 의식한 새로운 문체에 감동했고, 그 안에 실린 서양의 찬란한 물질문명에 감탄했다. 그는 조선 어학의 신기원을 개척했다는 최광옥의 《대한문전》이 유길준의 연구 결과를 표절했다는 사실을 폭로하기도 했다. 그는 또 우리 말글에 대한 주시경의 여러 저술에서 영향을 받아 문법을 연구한 끝에 《조선 문법》을 썼다.

그런데 안확은 일본 유학 시절 언어학을 공부한 뒤 종래의 태도를 바꾸어 주시경을 향해 날을 세웠다. 《조선 문학사》의 부록인 《조선 어원론》에서 그는 주시경과 제자들이 현대의 수많은 외래어를 모두 폐지하고 고대어를 사용하자고 주장하는 것이 '주씨 일파의 곡설曲說, 우담치설愚談痴說'이라며 비판했다.

"실로 고어학에 무지한 자들 같으니라고. 우리말이 중국어와 만나 한자어가 늘어나면서 국어 발달에 얼마나 기여했는데……."

그럼에도 국어 연구가 우리 민족의 고유한 정서를 탐구하는 애국 운동이라고 판단하여 한글의 우수성을 강조하면서 훈민정음의 기원 문제, 언문 명칭 문제, 맞춤법 문제 등에 관심을 기울였다. 특히 그는 훈민정음을 만든 원리로 세종대왕이 음악을 정리하면서 시작되었다는 악리기원설을 제시했고, 일본인들이 주장한 범자梵字 모방설이나 몽골자 모방설을 일고의 가치도 없다고 비난했다. 조선어학회에서 정음을 한글이라고 부르는 것을 반대하기도 했다. 정음은 민중이 사용하던 구어口語를 적기 위해 만들었으니 언문이란 단어가 적합하다는 것이다.

"쓸데없는 감정 때문에 시간 낭비하지 말자고. 가령 언문이란 명사가 스스로 비하해서 나왔으니 정음이니, 본문本文이니 하는 의견은 부질없다."

아울러 그는 한글 전용을 주장하는 조선어학회의 견해에 언어와 문자를 구별하지 못한다고 타박하면서 국한문혼용을 찬성하는 입장을 취했다. 맞춤법 문제도 민중의 편의가 우선이라며 소리 나는 대로 쓰던 전통적인 맞춤법에 손을 들어주었다.

국사학 분야에서 안확은 1923년 간행한 《조선 문명사》를 통하여 문명 진보론의 관점으로 조선 역사를 해석했다. 외래문화를 수용하는 데 긍정적인 입장을 취한 그는 이 책에서 한 나라의 문명은 그 나라의 고유 문명보다는 외래문화를 풍성하게 들여와 절조 있게 사용할수록 발전할 수 있다고 주장했다. 그런 의미에서 한글 철자법을 정할 때 서양의 음성학 원리와 조선어 음의 개성을 조화시켜야 한다고 역설한 것이다. 고유한 문화를 발전시키기 위해 외래문화의 접목을 강조한 학자는 안확이 유일하다.

"다른 나라와 비교하여 우리의 장점을 찾아내는 것이 독립을 이루는 지름길이다."

그는 이와 같은 신념을 바탕으로 국학 연구에 몰두했지만, 1930년대 들어 일본의 식민 통치가 강화되자 북간도, 연해주, 중국 대륙, 미국 하와이 등지를 전전하면서 민족사의 유적지를 찾고 독립운동가들과 접촉했다. 7년 뒤 귀국한 그는 정인보를 비롯한 민족주의자들과 교분을 나누며 고구려 문학, 시조, 향가, 미술사 등 다양한 국학 분야를 섭렵했다. 이때 그는 어문 연구 분야에서 특별한 견해를 남겼다.

"조선 일반 학계의 정황이 아직 천박하다. 더욱이 언어 연구는 성과가 미미해서 사전 한 권도 없고, 문법도 완전치 않다. 성음학이나 언어학 분야는 이름조차 나오지 않은 상태다. 그동안 몇몇 학자가 없는 것은 아니지만, 그들의 연구는 좁은 분야에서 분분할 따름이니 어찌 걱정되지 않겠는가."

안확은 이렇게 탄식하면서 하루빨리 사전을 발간하고 성음학과 언어학 분야에 연구 성과를 내놓아야 한다고 역설했다. 특히 학자들이 다양한 외국어를 익혀 몽골어, 만주어, 일본어, 터키어 등을 망라하는 우랄어족과 한글을 통합·비교해야 한다고 주장했다.

"비교언어학이야말로 언어 연구의 진면목인데, 요즘 학자들이 외국어를 모르니 무슨 연구가 되겠는가. 남의 말을 알아야 우리말이 얼마나 귀하고 편리한지 알 수 있지 않은가."

신채호의 이두 연구 |

신채호는 《조선 상고사》 2편 수두* 시대 1장 고대 총론에서 우리 민족이 우랄어족의 갈래에서 나왔다고 주장했다.

'고대 아시아 동부의 종족이 우랄어족과 지나어족으로 나누어졌다. 조선족과 흉노족이 전자이고, 한족과 묘족, 요족 등이 후자다. 조선족이 분화하여 조선, 선비, 여진, 몽골, 퉁구스 등으로 나뉘었고, 흉노족이 이합집산 하여 돌궐·헝가리·터키·핀란드 족이 되었다. 지금 몽골, 만주, 터키, 조선의 언어에 같은 표현이나 물건의 이름이 있는 것은 몽골제국의 지배를 받은 탓도 있겠지만, 고사를 참고하면 조선이나

■ 수두란 삼한 시대에 있던 '소도(蘇塗)'의 음역이다.

흉노 사이에도 관명, 지명, 인명에 같은 것이 많으니 고대에는 하나의 어족이었음이 분명하다.'

1907년 11월 6일부터 대한매일신문 주필로 활동한 신채호는 1910년 5월까지 각종 논설과 칼럼을 통해 친일파를 신랄하게 비판하는 등 애국적인 언론 활동을 했다. 그는 국어학계 인사들에게 조속히 문법을 통일하라고 다그치면서

뤼순旅順 감옥에 수감되었을 때의 신채호.

주시경이 참여하던 국문연구소를 향해 쓴소리를 내뱉었다.

"실상에 소용이 없고 시세에 적당치 못한 일을 중단하고 백성의 지식 발달에 유익한 책자와 자전을 편찬하는 것이 어떻겠소?"

그는 고대에도 우리 문자가 있었다는 일부의 주장에 아무 증거도 없는 학설로 혹세무민하지 말라고 꾸짖으면서 우리 문자는 1기 이두문, 2기 구결문, 3기 언문으로 변천을 겪었다고 주장했다. 그는 설총이 이두를 지었다는 종래의 학설도 강하게 부정했다.

"그것은 완전한 망설이다. 진흥왕순수비에 이두로 쓴 부분을 보지 못했는가."

신채호는 세종대왕이 창제한 훈민정음의 자모가 이두에 비하면 음과 형이 매우 아름답고 배우기도 쉽지만, 한문을 숭상하는 풍조 때문에 한글 문학이 정체된 현실을 개탄했다.

"명사들은 언문 소설을 짓지도, 읽지도 않는다. 세간의 언문 소설은 무식하고 한가한 작자들이 쓴 것이라 내용에 깊이가 없다. 선진 제국

들의 문학이 발달한 이유는 많은 작가들이 나서서 우수한 시와 소설, 극본, 각종 문예 작품을 생산하기 때문인데, 최근 우리 주변에 작가 대접을 받을 만한 사람이 참으로 드물다."

평생 상고사 연구에 심혈을 기울인 신채호는 이두를 매우 중시했다. 이두를 알아야 사료에 한자로 기록된 인명이나 지명, 관명, 옛 풍속이나 제도를 올바로 해석할 수 있다고 믿었기 때문이다. 그는 1924년 10월 20일부터 11월 3일까지 동아일보에 〈고사상 이두문 명사 해석법〉을 연재했다. 여기에서 그는 이두를 해석하는 다섯 가지 방법을 내놓으며 이두로 쓰인 국명, 관명, 지명 등을 통해 사라진 역사의 대사건을 발견할 수 있다고 주장했다. 이두야말로 조선사 연구의 신비로운 자물쇠라는 것이다.

안확은 신채호의 이런 견해를 탁월한 식견이라고 상찬하면서도 일면 주관적인 주장이 많아서 학문적으로는 한계가 있다고 깎아내렸다. 역사는 자국과 타국의 기록을 비교·분석하고 다양한 문화의 변화를 함께 추적해야 하는데, 그가 이두라는 문자 해석에만 집착하고 있다는 것이다.

이극로와 구술 아카이브 ┃

1930년대 전반기에는 홍기문과 고재휴 등에 의하여 비교언어학적인 어원 연구가 빛을 발했다. 아울러 이극로의 음성 연구, 이숭녕의 고어에 대한 음운 연구, 양주동의 향가 해독 등은 괄목할 업적이라 할 수 있다. 후반기에는 이희승, 정인섭, 김선기 등이 음성학 부문에서 큰 성과를 거두었다. 그 가운데 조선어학회를 선도하던 이극로와 프랑스 소르본대학 _{Université de la Sorbonne} 구술 아카이브 _{Archives de la Parole}의 관계가 인상 깊다.

독일에서 유학 중이던 이극로는 1925년 11월 런던대학 _{University of London} 정치경제학부를 청강하고, 이듬해에는 파리대학 _{Université de Paris} 음성학부와 런던대학에서 조선어 소리를 연구했다. 당시 그는 음성학의 최고 권위자인 대니얼 존스 _{Daniel Jones} 교수를 만나 조선어 음성에 대한 의견을 교환했다. 부전공으로 언어학을 공부했지만 그는 놀랄 만한 집중력으로 실험 음성학적 방법론을 익혔고, 1947년 이를 우리말 연구에 적용한 《실험 도해 조선어 음성학》을 출판함으로써 국어학사에 큰 족적을 찍었다.

이극로는 또 1928년 5월 15일 소르본대학에서 언어학자 페르디낭 브루노 _{Ferdinand Brunot}의 구술 아카이브 작업에 참여하여 한글 창제의 내력, 조선어의 자모음과 조선 말소리의 용례, 천도교 교리서 일부를 낭독·녹음하여 우리말의 우수성과 민족종교의 근거를 남겼다. 현재 프랑스국립도서관 웹 사이트

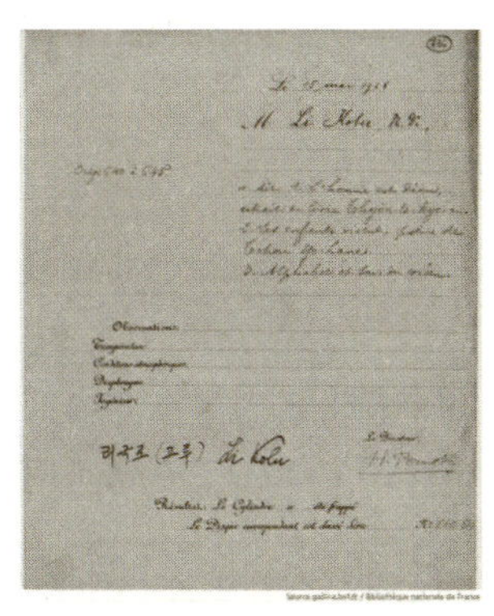

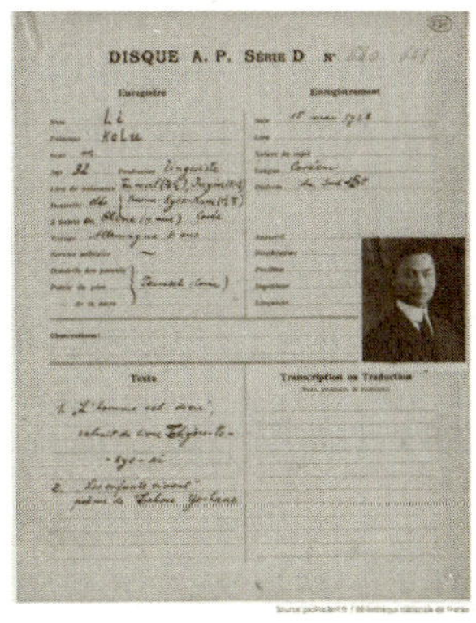

구술 아카이브에서 녹음자 기초 사항을 기록한 문서. 이극로의 사진과 서명이 있다.

데이터베이스에서 이극로의 목소리를 들을 수 있다.

1911년 설립된 구술 아카이브는 1938년까지 프랑스 파테 프레즈^{Pathé Frères} 축음기 회사의 협력을 통해 각국의 언어와 방언, 민담, 설화, 노래 등을 '연구자의 실수나 주관 등의 개입 없이 있는 그대로 보존하기 위해' 설립된 자료 보존 기관으로, 당시 취입된 세계 각국의 음향 자료 60만여 점을 소장하고 있다.

프랑스국립도서관 웹 사이트의 디지털 아카이브 자료에는 녹음 당시의 기초 조사 사항을 기록한 원본 기록표까지 고스란히 보존·공개된다. 여기에 따르면 이름을 'Li Kolu'라 하여 아호인 고루를 썼고, 나이는 32세, 출신지는 경남 의령군 듬실이다. 9년 동안 중국에 거주한 뒤 다시 6년간 독일에 머물렀다고 씌어 있다. 직업은 언어학자^{Linguiste}로 조선어 남동 방언을 구사한다.

한편 1935년 4월 이희승, 정인섭, 김선기 등이 주도하여 조선음성학회를 조직했다. 이 학회는 세계 학회와 유대를 갖는 한편, 한국어에 대한 국제적 관심을 제고했다. 회원으로는 김상용, 김성수, 김억, 김윤경, 양주동, 이극로, 이숭녕, 조용만, 최현배 등 20여 명이 포진하고 있었다.

조선음성학회는 국어교육에서 정확한 발음과 독법을 지도하기 위해 음반을 제작했다. 음반은 OK축음기주식회사에서 제작한 것으로, 정인섭이 재료 선택과 음성 지도, 심의린이 아동 감독과 독법 지도, 이종태가 작곡과 음악 지도를 맡았다.

1935년 7월 런던에서 열린 2회 국제음성학대회에 참석한 김선기는 〈조선어 음의 만국 음성 부호 표기〉〈실험음성학으로 본 조선어의 악센트〉라는 논문을 발표했다. 이때 이극로도 이희승, 정인섭과 함께 한글 음성에 대한 논문을 발표했다. 이듬해 8월 정인섭은 덴마크 코펜하겐Copenhagen에서 개최된 세계언어학회에 참가하여 〈조선 어문과 구미 어문의 비교〉라는 논문을 발표했다.

외국인들의 어문 연구 |

일제강점기에 국어 연구 성과는 총 1561편이 있는데, 그중에 한국인이 1201편, 일본인이 273편, 서양인이 87편이다. 일본인의 연구 성과가 많은 것은 일제의 조선 침략과 불가분의 관계가 있다.

일본인들은 근대적인 학술 연구 방법을 이용하여 조선어 연구를 한 차원 높였다는 평가를 받는다. 하지만 그들은 본국의 식민지 지배 정책에 따라 계통과 회화 부문에 집중한 반면, 철자와 교육, 사전 부문은 철저히 외면했다.

일본인 학자 가운데 대표적인 인물은 오구라 신페이다. 1907년 도쿄제국대학 언어학과를 졸업하고, 조선총독부 관리와 경성고등보통학교 교유를 거쳐 경성제국 대학에서 조선어를 담당한 그는 이희승, 이숭녕, 김사엽 등의 은사다. 그는 1920년 《조선어학사》, 1929년 신라 향가 25수를 최초로 번역한 《향가 및 이두의 연구》를

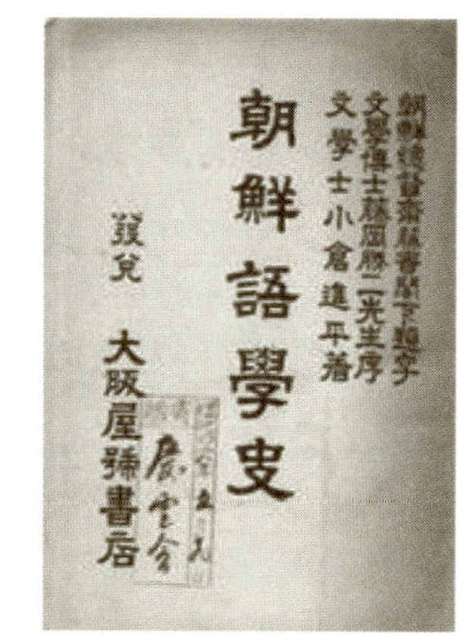

오구라 신페이의 《조선어학사》 속표지.

출간하여 제국학술원 은사상을 받았다.

그밖에 1924년 《용비어천가》를 주해한 마에마 교사쿠前間恭作, 신라 화랑도를 연구한 아유가이 후사노신鮎貝房之進, 조선 방언 연구의 권위자 고노 로쿠로河野六郎, 가나자와 쇼사부로金澤庄三郎 등이 유명하다.

서양인의 국어 연구는 구한말과 일제강점기에 선교사와 외교관을 중심으로 진행되었다. 그들은 어휘, 문자, 계통, 회화 등에 관심을 보였지만, 그 수준은 일본인 연구자들과 비교가 되지 않을 정도로 초보적이었다. 대표적인 성과로 언더우드의 《일용 조선어》《선영사전》, 독일인 신부 에카르트Andreas Eckardt의 《조선어 교제문전》《언문 기원》, 핀란드의 세계적 알타이어학자 람스테트Gustaf J. Ramstedt의 《조선 및 일본의 2단어에 대하여》《조선어론》 등을 들 수 있다.

한마음 다른 시선

1920년대 식민지 치하에서 우리 민족의 문화는 점차 황폐해졌다. 교육 기관에서는 일본어가 국어가 되고, 우리말은 조선어라는 제2외국어가 되었다. 학생들이 취직하려면 일본어를 공부해야 했으므로 조선어는 점점 외면당했다. 신문이나 잡지에서 한글은 맞춤법과 띄어쓰기가 제멋대로여서 한문보다 해석하기 어렵게 느껴질 정도였다.

이렇듯 정제되지 않은 한글을 하루빨리 표준화하여 많은 사람들이 우리 말글을 쉽게 이해하고 사용할 수 있도록 하는 것이 조선어학회 회원들의 소망이자 사명이었다. 하지만 당시 한글 연구는 조선어학회의 전유물이 아니었다. 조선어학회의 표의주의 표기법에 맞서 박승빈이 이끄는 조선어학연구회는 훈민정음의 기본 취지에 걸맞은 표기법을 주장함으로써 양대 학회의 의견이 첨예하게 대립했다.

"우리말을 소리 나는 대로 쓰는 것은 좋다. 하지만 기본적으로 어법에 맞아야지."

"어법도 중요하지만 여태까지 사람들이 잘 쓰고 있는 글을 구태여 더 어렵게 만들 까닭이 없지 않은가."

이렇듯 상반된 관점은 각 회에서 발간한 잡지의 이름에도 분명하게 드러났다. 조선어학회의 기관지 《한글》은 큰 글이라는 뜻으로 글에 초점을 맞췄지만, 조선어학연구회의 《정음》은 바른 소리란 뜻으로 소리에 초점을 맞췄다. 전통의 재창조인가, 전통의 계승인가 하는 싸움이었다.

"훈민정음과 500년 동안 내려온 표음주의 전통을 계승해야 한다. 소리는 현실적인 말의 기록이다."

이런 조선어학연구회의 주장에 조선어학회는 고개를 저었다.

"말은 시대에 따라 변하므로 표기법 또한 전통을 존중하면서 현실에 맞게 고쳐야 한다. 언어에는 민족의 품위까지 담아야 한다."

이들이 한글 표기법에서 가장 치열하게 대립한 부분은 세 가지다.

첫째, 겹받침 문제다. '밝다' '점잖다' '짊어지다' 등은 소리와 글자가 다르다. 이를 '발따' '점잔타' '질머지다'로 쓰는 것이 옳은가 하는 논쟁이다.

둘째, 읽는 소리대로 쓰면 안 된다는 원칙이다. '좋았다' '있으면' '밖에서' 등은 입말과 다르기 때문에 외워서 써야 한다. 한쪽에서는 '조아따' '이쓰면' '바께서'로 쓰는 것이 훨씬 쉽지 않느냐고 주장하는 반면, 반대쪽에서는 '좋' '있' '밖'이라는 어간을 정하고 어미를 상황에 따라 맞추어 쓰는 것이 현대적인 어법에 맞는다고 주장했다.

셋째, 소리가 구별되지 않는 철자 문제다. '때'와 '떼', '꽃'과 '꼿', '맞'

과 '맛' 등이 대표적이다. 한쪽에서는 이를 '때' '꼿' '맛' 등으로 통일하면 훨씬 편리하다고 주장했지만, 반대쪽에서는 우리말을 단순화하고 순수한 의미를 파괴하기 때문에 용납할 수 없다고 목소리를 높였다.

정면 승부 |

조선어학회와 조선어학연구회의 상반된 견해는 한글맞춤법통일안을 완성하는 데 커다란 장애로 등장했다. '언문 철자법' 개정이 필요했던 조선총독부에서는 일본어의 어법과 흡사한 조선어학회의 주장에 찬성하는 쪽이었다. 반대로 기독교계에서는 오래전부터 표음주의적인 한글 성경을 사용하고 있었으므로 조선어학연구회 쪽에 기울어졌다. 바

동아일보에 실린 한글 토론회 광경.

야흐로 양측이 전통의 혁신이냐, 계승이냐를 놓고 한판 승부를 벌여야 할 순간이 도래하고 있었다.

이윽고 동아일보사에서 조선어학회와 조선어학연구회의 대결을 주선했다. 한글맞춤법통일안이 발표되기 1년 전인 1932년 11월 7일 오후 3시, 장소는 동아일보 3층 강당에서 조선어 표기법 통일안에 대한 토론회가 열렸다. 이날부터 사흘 동안 정음파와 한글파가 조선어 표기법 통일안을 놓고 치열한 논쟁을 벌였다.

조선어학회에서는 최현배, 이희승, 신명균, 조선어학연구회에서는 박승빈, 정규창, 백남규가 참여했다. 방청객 300여 명이 빼곡히 들어선 가운데 토론장에는 아연 긴장감이 돌았다. 전체 한글 토론의 논제는 된소리 표기, 겹받침과 ㅎ 받침을 포함하여 전반적인 받침 표기 문제, 어간과 어미 표기 문제였다. 토론은 양측 대표의 발제 강연에 이어 질의응답 형식으로 진행되었다.

첫째 날은 된소리 표기에 관한 논쟁으로, 신명균과 박승빈의 대결이었다. 신명균은 된소리는 같은 철자를 두 번 쓰는 병서를 해야 한다고 주장했다.

"ㄲ, ㄸ, ㅃ, ㅆ, ㅉ과 같이 표기하면 시각적으로도 좋고 배우기 편하며 소리가 단단하다는 인상을 줄 수 있으므로, 된소리라는 느낌이 잘 나타납니다. 훈민정음 창제 당시의 ㅺ, ㅼ, ㅽ, ㅾ은 우리말의 된소리를 표기한 것이 아니라 모두 ㅅ 소리가 나는 것이니 이는 ㄲ, ㄸ, ㅃ, ㅆ과 다른 소리입니다."

이 주장은 당시 사람들이 쓰던 표기법에 대한 전면적인 개정을 뜻했다. 그러자 박승빈은 종진의 ㅅ 계열 된소리 표기를 지켜야 한다고 주장했다.

"역사 문헌을 통해 각자병서各字並書, 쌍서 된 낱말은 우리말이 아니라 한자음을 나타내기 위한 것이오. 우리말의 된소리는 바로 이 ㅅ 계열의 합용병서合用並書로 된 낱말입니다."

박승빈의 주장대로 당시에는 '있습니까'는 '잇습니쌔'로, '가끔'은 '가ㅅㅡㅁ'으로 표기했다. 이들의 주장은 나름대로 논리적 근거가 있었지만, 문자를 바라보는 관념 자체가 달라서 합의점을 찾기 어려웠다. 조선어학연구회는《용비어천가》《훈몽자회》등을 통한 문헌 고증으로 전통을 계승하려는 입장이었고, 조선어학회는 현대적인 음운론과 어법을 적용하자는 실용주의적인 입장이었기 때문이다.

둘째 날은 받침에 대한 논쟁이었다. 조선어학연구회에서는 정규창, 조선어학회에서는 이희승이 주제 발표를 했다. 당시 이희승은 조선어학회 간부로 조선어 표기법 통일안 제정에 실질적인 역할을 맡았다.

"어법상 편리성, 음성학상의 원리, 역사적 근거에 따라 조선어에 겹받침을 써야 하고, ㅎ도 받침으로 써야 합니다. 동사의 어간과 어미를 엄격하게 구분하고, 명사도 어간과 토를 구분해야 합니다. 따라서 겹받침과 ㅎ 받침은 표기에 반영해야 마땅합니다."

이 주장에는 현대 문법 인식이 뚜렷하게 반영되었다. 하지만 정규창은 우리말의 음절성과 역사성에 근거하여 이희승의 견해를 반박했다.

"원래 겹받침으로 소리 나지 않은 것을 그 소리가 있다고 하여 표기법으로 반영하는 것은 아동교육이나 문맹 퇴치 운동에 역행합니다. 우리 조선어는 상형문자가 아니라 표음문자라는 걸 명심하시오. ……받침이란 붙은 윗말에 어떤 음성 영향을 주어 변화를 일으키는 것인데, ㅎ은 그것이 붙은 윗말에는 아무런 영향도 주지 못하고 뒤 음절에 섞여 격음으로 바뀌게 할 뿐입니다. 따라서 ㅎ은 받침으로 쓸 수 없고, 격음이 나는 부분에 이를 표기하는 특별한 기호를 붙입시다."

"대체 어쩌자는 겁니까?"

"조ㄱ밥, 봄ㅅ바람, 이렇게 말이오."

"그것은 현대 문법과 전혀 다릅니다. ㅎ은 발음상 다른 조음기관들은 움직이지 않고 연골성문이 마찰하면서 휘파람 소리가 나듯 발음하므로 조음기관 작용으로 발음되는 다른 음성과 동시에 낼 수 있습니다. 자, 보시지요."

이희승은 종이를 입에 대고 '가' '까' '카' 발음의 떨림이 어떻게 다른지 보여주었다. 그러자 방청객들은 그의 실증적이고 논리적인 주장에 감동한 나머지 박수갈채를 보냈다.

이때 박승빈이 역사적으로 ㅎ 받침은 쓰인 적이 없다고 반대하자, 흥분한 이희승은 "박 선생께서 ㅎ 받침 대신 격음 부호를 만들어 '됴ㄱ고'라고 쓰자고 하니 대체 그 ㄱ 갈구랭이는 어디에서 나온 것입니까?"라고 반박하여 장내의 폭소를 이끌어냈다.

셋째 날은 어미 활용 문제를 다뤘다. 이 문제는 한글 표기법의 대원칙을 정하는 주요 쟁점이었다. 장차 한글맞춤법통일안이 표음주의냐, 형태주의냐를 선택하는 최후의 결전이었다.

발제 강연에서 박승빈은 일본어에 보이는 단 활용설을 적용하여 우리말의 어미 활용은 표음주의를 따라야 한다고 주장했다. 예를 들어 '먹다'라는 동사를 활용할 때 '머그니' '머그며' '먹지만' '머거'와 같이 변하고, 이때 나타나는 모든 활용 형태 '머그' '머거' '먹'을 용언의 어근으로 봐야 한다는 것이다. 이에 따르면 동사는 '먹으며' '많으며'가 아니라 '머그며' '만흐며'로 써야 한다. 이 방법대로라면 굳이 동사의 겹받침을 쓸 필요가 없다.

최현배는 용언의 어간과 어미를 명확히 구분해야 한다고 주장했다. 표기법은 품사에 기준을 두어야 한다. 동사의 활용에서 뜻이 있는 변하지 않는 부분은 어간이며, 문법적 기능을 담당하는 나머지 부분은 어미다. 그의 주장대로라면 '먹으며' '앉으며' '많으며'처럼 어간의 겹받침은 필수적이다. 최현배는 편의주의보다 엄격한 문법적 관점으로 낱말 하나하나가 관념의 덩어리라고 주장한 것이다.

"표기법의 역사를 봐야 합니다. 문자는 결코 소리만 적은 것이 아니라 관념의 덩어리입니다. 문자는 말을 적은 것이요, 말이란 사상을 표시하는 것입니다. 날아가는 소리를 잡아두는 것이 문자지만, 아무 뜻 없는 소리뿐만 아니라 결국 사상을 적는 것입니다."

조선어학회와 조선어학연구회의 철자법 논쟁에 대하여 뒷날 사회주의 계열의 국어학자 홍기문은 조선일보에 기고한 논설에서 양측을 동시에 비판했다.

'먹어'를 '머거'로 쓰고, '깠다'를 '짜짜'로 쓰는 것이 좋은가? 반대로 '머거'를 '먹어'로 쓰고, '짜짜'를 '깠다'로 쓰는 것이 좋은가? '먹어'와 '머거'는 다른 음을 내는 것이 아니며, 더구나 된시옷과 쌍서는 조그만 차이일 뿐이다. 어느 편으로 어떻게 쓰든지 하등의 구애가 있을 리 없다. 물론 어느 편으로 어떻게든 그 서사 방법을 통일하는 것은 필요하나, 저렇게는 못 쓰고 꼭 이렇게 써야 한다는 간불용발間不容髮의 철칙을 발견치 못한다.'

홍기문은 이 글에서 철자법이 사회 구성원들이 정한 약속이라면, 그와 관련된 논쟁은 최소화해야 한다고 주장했다. 아울러 예전부터 써온 철자법이 있다면 비록 언어학적 일관성이 부족해도 받아들이는 것이 순리가 아니겠느냐고 되물었다. 그는 내심 조선어학연구회의 손을 들어주고 싶었던 것이다.

논쟁의 끝 |

두 학회의 논쟁이 끝나고 1년이 지난 1933년 10월 29일, 조선어학회가 한글맞춤법통일안을 발표했다. 그와 함께 사회적으로 표기법의 규범을 준수하자는 홍보 활동과 강연회를 열었지만, 실제 변화는 지지부진했다. 신문이나 잡지에서는 여전히 된시옷으로 경음을 표기하고, ㅅ으로 시제를 표현했다. 일반인도 마찬가지였다. 그러자 사회 일각에서

■ 홍기문, 〈조선어 연구의 본령〉, 조선일보 1934년.

우려의 목소리가 나왔다.

"조선어학회의 노력을 헛되이 해서는 안 된다. 한글 운동이야말로 문화 운동의 선두주자 아닌가."

그때부터 언론계에서 조선어학회와 한글맞춤법통일안을 적극적으로 홍보하고 나섰다. 조선일보는 한글맞춤법통일안을 특별 부록으로 제작하여 독자들에게 배포하는 한편, 한글맞춤법통일안을 통한 조선어 보급의 중요성을 강조하는 기사, 이극로의 대담 기사를 내보냈다. 동아일보에서도 〈철자법 통일, 조선문 발달의 기초 조건〉이라는 사설을 실었다. 그러자 조선어학연구회 측에서 회원들을 동원하여 격렬한 반대 운동을 벌였다.

이들의 주장은 이전의 토론회에서 나온 의견과 하나도 다르지 않았다. 마르크스주의 철학자 신남철은 민중이 쓰기에 불편하지 않고 말소리의 이치가 들어맞는다면 굳이 새로운 철자를 쓸 필요가 없지 않겠느냐고 주장했다. 이에 맞장구치듯 김명식은 조선어학회의 철자법은 여태까지 잘 써오던 경음 부호 된시옷을 쌍서로 바꾸어 자수만 늘였다고 비판했다.

1934년 6월 22일 조선어학연구회는 윤치호, 조병상, 고원훈 등 자신들을 지지하는 각계 인사 100여 명을 동원하여 〈한글식 철자법 반대 성명서〉를 발표했다.

"이대로 저들이 활개 치게 내버려두면 우리의 노력이 수포로 돌아갈 수 있겠다."

자못 경각심을 품은 조선어학회는 종교계, 언론계, 교육계, 출판계를 망라하는 다수의 인사들을 끌어들여 한글맞춤법통일안을 지지하는 성명을 발표하도록 했다. 여기에는 사회주의계 인사로 김기진과 배성룡, 비타협 민족주의계 인사로 한용운, 이종린, 여운형, 김지환, 김교신, 유진태, 조헌영, 정세권, 이인이 참여했고, 타협 민족주의계 인사로 최린, 양주삼, 송진우, 방응모, 유억겸, 김성수, 김활란, 조동식, 김동환, 이병도 등이 참여했다. 특히 《성서조선》의 발행인 김교신은 1934년 《한글》에 다음과 같은 글을 실었다.

세계 문자 가운데 제일 훌륭하다고 하는 우리 한글이언만 수백 년 동안 거두고 기르는 사람이 없어 그 아름다운 값을 발휘하지 못하던 것을 조선어학회의 손으로 갈고 닦아 이제 통일안을 제정·발표하였으니, 우리 어학사상에 얼마나 빛나는 일인가. 이 방면에 수십 년 동안 전심 연구하여 온 전문가를 믿고 통일안을 좇아 씀으로써 우리글의 통일은 완성되리라고 믿습니다. 만일 이 통일안이 잘못되었다든가 어렵다든가 해서 쓰기를 게을리한다면 우리글의 정리·통일은 영원히 바라지도 못할 것입니다. 그러므로 우리는 그 전문가들을 따르는 것이 가장 옳은 길이라고 생각합니다. 내가 주간하는 《성서조선》은 물론 이 통일안을 그대로 씁니다.

사회주의 계열의 김기진도 같은 지면에서 지지 의사를 표명했다.

우리는 마땅히 조선어학회의 통일안을 지지하는 동시에 이 밖의 모든 어문운동은 배격해야겠다. 왜냐하면 조선어학회는 이 땅에서 조선어 연구에 가장 권위 있는 이들이 모인 기관이요, 통일안을 만들기까지 오랜 시일을 두고 연구·발표된 것이니 더 이상 뛰어난 안이 없기 때문이다.

　양측의 분쟁은 1934년 7월 9일 문필가 78명이 '조신 문예가 일동' 명의로 발표한 〈한글 철자법 시비에 대한 성명서〉로 사실상 종결된다. 조선어학회의 한글맞춤법통일안을 지지하는 이 성명서에는 당시 문단을 주름잡던 김동인, 양주동, 이태준, 채만식, 정지용, 이광수, 이은상 등의 이름이 새겨졌다.

　이때부터 한글맞춤법통일안은 중요한 신문과 잡지, 단행본, 소설에 사용되었고, 경성에 있던 대형 인쇄소 7개가 통일안에 맞춰 활자를 준비했다. 비로소 자신감을 얻은 조선어학회는 1935년 2월 23일 임시총회를 열고 조선어학연구회의 한글맞춤법통일안 방해 책동에 정면으로 대응했다. 이극로는 이전에 박승빈에게 민족어 규범을 수립하기 위해 한글 철자법 통일안 제정과 표준어 사정을 함께하자고 요청했다가 거절당한 사연까지 폭로했다.

　이윽고 조선어학연구회의 표음주의적 맞춤법을 지지하던 기독교계에서도 조선어학회의 한글맞춤법통일안을 받아들이기 시작했다. 여기에는 '한글 목사'라고 불리던 장로교 강병주 목사의 노력이 주효했다. 장로교 본부의 종교교육부에 있던 그는 장로교, 감리교, 성결교, 구세군 등의 출판 관계자들에게 새로 만든 맞춤법을 채택하라고 적극 권장했다. 아울러 1935년 12월에 발간된 《한글》 29호 뒤표지에 '한글맞춤법통일안보급회' 이름으로 《신약전서》를 발간하겠다는 광고를 내기도 했다.

　조선어학회는 이후에도 한글맞춤법 연구를 계속하여 1940년 10월 20일 《개정한 한글맞춤법통일안》을 발간했다. 여기에서는 '맞후다'가 '맞추다'로, '마춤법'이 '맞춤법'으로 고쳐지고, 사이시옷을 쓰는 등 가시적인 성과가 있었다. 이 한글맞춤법통일안은 해방 이후 남북한에서 그대로 적용되었다.

조선어학연구회의 실체 |

조선어학연구회는 1931년 12월 10일 국어학 연구, 국문 기사법 정리를 목적으로 조직되었다. 이긍종, 신남철, 정규창, 백남규 등 다섯 명이 간사로 활동했고, 윤치호와 임규도 참여했다. 〈조선어학연구회 취지서〉에 따르면 이 학회는 철저하게 박승빈의 연구를 뒷받침하기 위해서 조직되었다.

> ……박 선생의 학설은 훈민정음을 근원으로 한 역사적 제도에 의거하고, 근대과학의 귀납적 연구 방법을 취하여 논리가 극히 엄정하며 증명은 극히 면밀하다. 또 체계가 정연하고 규례가 간명하며 철자가 평범하므로 사람들이 쓰기에 아주 편하다. 그리하여 우리 후학들은 오랫동안 드리웠던 안개가 걷히고 안계가 청량해진 느낌을 받았다.

조선어학회와 조선어학연구회의 대립은 조선광문회 시절 동지였던 주시경과 최남선이 결별하면서 시작되었다. 이후 최남선은 계명구락부의 간부로 조선어 사전 편찬 작업을 지휘했는데, 조선어학연구회의 박승빈, 임규 등이 회원으로 활동하고 있었기 때문이다. 주시경 사후 조선어 연구가 지지부진해지자 이윤재가 계명구락부에 들어간 것도 이런 이유에서다.

조선어학연구회는 조선어학회의 기관지 《한글》에 대항해 1934년 2월 15일 《정음》을 발행했다. 그해 6월 27일에는 조선문기사정리기성회를 조직하여 조선어학회와 정면으로 맞섰다. 하지만 이들의 한글맞춤법 통일안 반대 운동은 실패로 돌아갔다.

조선어학연구회 구성원들이 계몽 단체이자 사교 단체인 계명구락부를 모태로 하여 국어 연구의 전문성에 문제가 있었고, 연구회의 반대 의견이 지나치게 박승빈 개인 이론에 의존하는 등의 한계 때문이었다. 따라서 체계적인 대안 없이 반대를 위한 반대를 한다는 부정적 인상을 주었으며, 조선어학회와 비교할 때 이렇다 할 업적을 남기지 못한 것으로 평가된다.

조선어학연구회의 《정음》은 1941년 4월 26일 37호로 폐간될 때까지 10여 년간 국어 연구의 기반을 다졌다. 아울러 조선광문회에서 조선어사전 원고를 인수하여 편찬 사업을 계속한 것은 민족문화 보전이란 면에서 의미 있는 전적으로 평가된다.

박승빈은 관비 유학생으로 일본 주오中央대학 법과를 졸업한 뒤, 1908년 평양지방법원 검사를 거쳐 이듬해 변호사가 되었다. 1919년 7월 변호사 이기찬, 박병철, 심우섭, 고희준, 채기두, 고원훈과 함께 일본에 가서 자치 청원서를 소야에 제출했으나, 일본 정부가 접수하지 않자 귀국한 뒤 사이토 총독 일행을 환영하는 망동을 저질렀다. 1921년에는 친일

박승빈

단체인 유민회의 평의원이 되었다. 1924년 1월 중순 최린, 김성수, 송진우, 이종린, 조만식 등과 극비리에 연정회 결성에 참여하여 일제의 지배를 인정하는 대가로 자치 운동을 전개했다. 이후 1925년부터 1932년까지 보성전문학교 교장으로 활동했다.

1918년 계명구락부가 조직되자 민영휘의 아들 민대식, 고원훈과 함께 이사로 활동했고, 1928년 조선물산장려회 임원으로 윤치호, 최남선과 함께 활동했다. 1938년 2월 4일 미나미 지로 총독과 나눈 회견에서 그는 계명구락부가 조선인의 생활 개선을 목적으로 양력과 색채 사용을 장려하면서 정치에 관여하지 않는 단체라고 말했다. 이런 행동거지로 볼 때 박승빈은 전형적인 타협적 민족주의자라고 할 수 있다.

셋

겨레를 눈뜨게 하라

조선에는 한글이 있다
기독교선교회의 한글 전용

배우자, 가르치자
동아일보의 브나로드운동

아는 것이 힘, 배워야 산다
조선일보의 문자 보급반 운동

1930년대 언론은 한글의 중요성을 일깨우는 논설과 기사를 많이 실었다. 특히 조선일보의 문자 보급반 운동과 동아일보의 브나로드운동은 '언론을 통한 레지스탕스'라는 평가를 받았다.

1920년대 만주 벌판에서 행해진 무장투쟁은 눈에 보이는 승리로 동포들을 열광시켰지만, 그 성과는 미미했다. 오히려 일본의 대대적인 보복전으로 간도 이주민 수십만 명이 학살당하는 참변을 불러왔다. 반면 조선일보와 동아일보가 중심이 된 한글 보급 운동은 문자를 통해 배달민족의 얼을 지켜낸 간접적인 독립운동이다. 이 운동은 효과가 금세 나타나지는 않았지만, 민족의 지적 능력을 향상하고 우리 문화와 역사에 대한 자부심을 심어줌으로써 일제의 교묘한 동화정책에도 버틸 수 있는 저력을 이끌어냈다.

조선에는 한글이 있다

17세기 초, 서학이란 이름으로 조선에 들어온 천주교 교리서는 한자로 쓰여 지식층만 읽을 수 있었다. 그러다 한글로 번역한 교리서, 기도서 등이 등장하면서 서민층을 전도하기 시작했다. 서학에 대응하여 일어난 동학에서도 1881년 포교용 가사집 《용담유사》를 한글로 간행하여 신도에게 전파했다. 서민과 부녀자에게 신앙을 전파하기 위해서는 한글이 제격이었다.

1779년경 천주교인들은 정약전의 《십계명가》, 이벽의 《텬쥬공경가》, 김원성의 《경세가》 등 한글로 쓴 천주가사를 몰래 읽었다. 1790년에는 천주교인 최창현이 《성경직해》를 한글로 번역했다. 조선 땅에 처음 발을 디딘 중국인 선교사 주문모周文謨는 1801년 정약종의 《주요교지》를 간행했고, 한글로 번역된 천주교 관련 서적 수십 권을 간행하여 신도에게 배포했다.

1832년 중국에서 선교 활동을 하던 독일인 귀츨라프^{Karl Friedrich}

앵베르 주교.

August Gützlaff가 서해안을 여행하다가 충청도의 고대도에 상륙했을 때 주기도문을 한글로 번역했다. 얼마 후 중국으로 돌아간 그는 선교 잡지 《Chinese Repository》에 한국어 관련 논문 〈On the Corean Language〉를 발표했다. 1864년에는 한성부에 있는 목판인쇄소 두 곳에서 교리서 네 권을 간행하는 등 한글 교리서의 수요가 크게 늘었다. 1838년 12월 1일 조선에서 선교하던 앵베르Laurent Marie Joseph Imbert 주교는 포교성성布教聖省에 다음과 같은 서한을 보냈다.

조선 사람들은 그들의 모국어가 하느님께 기도드리는 데 적합한데도 자기 고유의 말을 멸시한다. 한문 서적만 사용하고 번역하지 않은 상태로 발음만 옮겨 뜻도 모르면서 기도하고 있다.

프랑스 선교사 달레Claude Charles Dallet는 조선 정부의 큰 학교 여덟 곳에서는 중국 문학과 중국 과학을 연구할 뿐 조선어는 업신여긴다며, 조선어 사전이 없어서 뜻을 모르는 조선말을 이해하려면 그것에 해당하는 한자를 알거나 아는 사람에게 물어봐야 한다고 탄식했다. 그때까지 조선의 지식층이 한자만 중시했음을 알 수 있다.

하지만 한글은 누구나 문자 생활을 할 수 있는 쉬운 글자였기에 천주교 선교사들은 포교에 앞서 한글을 배우고 전도서를 한글로 번역하는 작업에 열중했다. 조선의 서민이 사용하는 문자, 한글에서 포교의 열쇠를 찾은 셈이다. 선교사들은 한글의 우수성과 독창성을 이용함으로써 여자와 백정 등 하층민까지 글을 읽고 쓸 수 있는 문자혁명을 선도했다.

존 로스의 성경 번역 |

일찍이 미국에서 중국의 만주 지역 선교사로 건너온 뒤 《중국어 첫걸음Chinese Primer》을 만들어 선교 활동을 해온 존 로스John Ross는 의주 근처에 사는 조선인들과 조우하면서 조선에 관심을 기울였다. 그는 조선에 복음을 전하기 위해 조선어를 공부하고, 성경을 번역하기로 결심했다.

선교사 존 로스.

때마침 압록강을 건너가다가 배가 뒤집혀 알거지 신세가 된 조선인 청년 이응찬이 그의 품 안에 들어왔다. 로스는 그를 개인교수로 삼고 열심히 조선어를 공부하여 1877년 상하이에서 문법 · 회화 교재 《조선어 첫걸음A Corean Primer》을 간행한다. 이 책은 영어로 처음 쓰인 89면짜리 조선어 회화 교재다. 한글 문장 밑에 알파벳으로 독음을 달고 다시 영어로 번역했는데, 회화 문장에 평안도 사투리가 많이 포함된 점이 재미있다.

너를 밋디 못하갓다.

nural mitdi mothaghatda.

(With) you keep pace (I) cannot.

어듯케 왔슴마.

udutke wassumma?

How have you come?

걸어왔슴메.

guru wassumme.

Walking come.

멧 니 길이나 감마.

menni girina gamma?

Many li road walked?

팔습오 리 감메.

palsupori gamme.

85 li come.

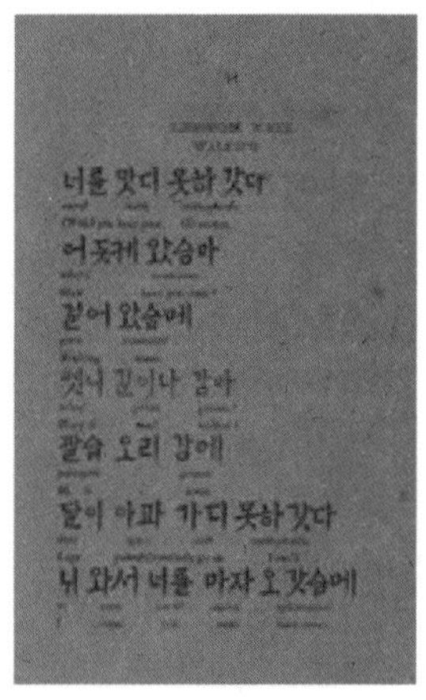

《조선어 첫걸음》 본문.

　로스는 이 책의 서문에서 '공적이든 상업적이든, 특히 선교의 목적
으로 조선과 접촉하려는 사람들을 위한 조선어 입문 교재로 만들었다'
고 밝혔다. 그는 중국어와 조선어를 비교하면서 많은 조선어 단어가
중국어에서 유래되었다고 설명한다. 아울러 인칭대명사, 동사, 부정,
긍정 등 조선어 문법과 함께 조선어 알파벳(자음과 모음)에 대해 설명한
다. 본문은 1과 도서관(Library)으로 시작해 23과 영혼(Soul)으로 끝난
다. 선교사들은 조선어 단어를 채집하는 단계를 뛰어넘어 이론적으로

교육할 수 있는 단계에 이른 것으로 보인다.

로스는 이응찬의 도움으로 1881년 최초의 기독교 한글 전도 문서 《예수성교요령》《예수성교문답》을 간행하고, 본격적으로 성경 번역을 시작했다. 1879년에 안식년을 맞아 미국으로 돌아가자 매킨타이어John Macintyre가 작업을 이어받아 진행했다.

이때 한글 성경 번역은 이응찬이 1864년 중국에서 간행된 한문 신약 성경 《신약전서 문리》를 한글로 번역하면 로스와 매킨타이어는 헬라어 성경과 흠정역성서KJV*, 흠정역성서를 개역한 영어 개역 성경English Revised Version 등을 검토한 다음 번역문을 결정하는 방식으로 진행되었다. 이 번역본은 한문 투 어휘가 적고 구어체가 많이 사용되었으나, 평안도 방언이 포함되었다는 것이 약점으로 지적된다. 하지만 이 성경은 1900년 《신약전서》가 출판되기까지 국내에서 유일한 신약성경 번역본이었다.

1882년 3월 24일 《예수성교 누가복음전서》 3000권이 선양瀋陽의 문광서원에서 간행되었고, 5월 12일에는 《예수성교 요안복음전서》가 간행되었다. 두 복음서는

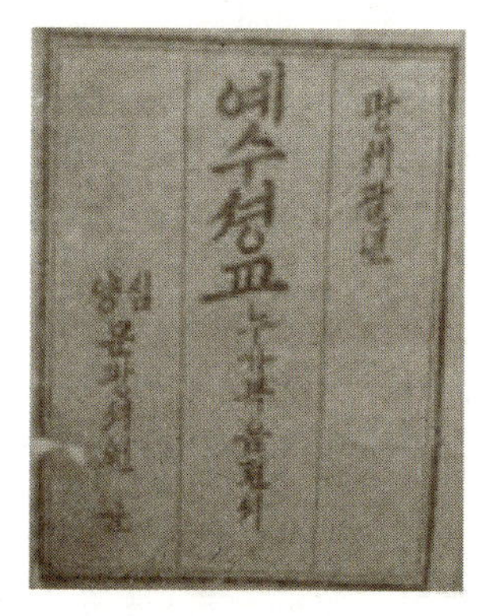

《예수성교누가복음전서》

■ 흠정역성서(欽定譯聖經, Authorized King James Version), 곧 '권위 있는 킹 제임스 성경'은 영국 국왕 제임스 1세가 성공회에서 사용할 수 있는 표준 성경을 번역하라는 명령을 내리자 성공회가 1604~1611년 번역한 기독교 성경의 영어 번역본이다. 흠정이란 '임금이 몸소 제정함'이란 뜻으로, 19세기 말까지 영국 성공회에서 사용된 유일한 공식 영어 성경이다. 전 세계에서 가장 많이 팔린 성경이자, 영문학의 금자탑으로 알려졌다.

장은 구별되었지만 절 표시나 구분이 없고, 띄어쓰기를 하지 않았다.
단 하느님, 쥬ㅜ, 예수, 키리스토 등 신의 칭호 앞뒤에는 여백이 있다.
이들이 번역한 성경은 한국인 권서勸書*나 여러 전도인들에 의해 만주
지역과 평안도 일대에 배포되었다.

기독교 선교사들의 한글 보급 ㅣ

1885년 조선에 들어온 미국 북감리회 소속 선교사 아펜젤러^{Henry Gerhard}
^{Appenzeller}와 언더우드는 1896년 영문 선교 잡지 《THE KOREAN REPO-
SITORY》에서 한글이 '민중의 글자(People's Alphabet)'라며 이를 통해
조선의 서민과 부녀자에게 복음을 전할 수 있다고 기뻐했다.

> 선교사들이 조선에 도착해보니 교육받은 사람들은 대개 한자를 쓰고,
> 대다수 여인들은 문맹이었다. 조선에는 언문이라는 쉬운 글자가 있는
> 데, 이를 사용하는 사람이 거의 없었다.
> 모든 책은 한자로 쓰였는데, 이는 영국이나 미국에서 라틴어로 출판하
> 는 것과 마찬가지였다. 선교사들은 성경과 찬송은 물론 모든 기독교 서
> 적을 조선의 글로 출판하여 쉽게 읽을 수 있게 할 뿐만 아니라, 문맹도
> 퇴치하는 것이 가장 시급한 일임을 깨달았다.

■ 성경을 등에 지고 조선 팔도를 다니며 서책을 보급하던 사람을 말한다.

138

언문은 아주 쉬워서 여자들도 쉽게 배울 수 있는 글이다. 성경과 찬송을 언문으로 출판하는 일을 두고 우리는 한동안 열띤 토론을 벌였다. 조선어로 출판하면 우리 선교 사업에 상상도 못 할 결과를 얻으리라는 결론에 다다랐다. 그렇게 하면 글을 모르던 남녀노소가 머지않아 글을 깨우쳐서 읽고 쓸 것이다.

유식한 사람들이 한자 성경을 읽을 때, 그들은 한글로 된 성경을 읽을 것이다. 이는 선교사들에게 내려주신 하나님의 크신 선물이다. 선교사들도 몇 시간만 언문을 배우면 한글로 된 찬송과 성경을 읽는 것은 물론, 조선어도 배울 수 있다.

그들은 일본 유학생 이수정˙이 이두 토를 달아 1884년 요코하마에서 간행한 《현토한한신약성서》와 이듬해 간행한 《신약마가젼복음셔언해》를 조선으로 들여왔다. 이를 토대로 1887년 성서번역위원회를 조직한 선교사들은 신약 전체를 완간한 《예수성교젼셔》를 출판했다. 이어 《구약젼셔》가 완역되자, 신구약을 묶어 《성경젼셔》로 간행했다. 언더우드

■ 이수정은 한국인 최초의 성서 번역가로, 임오군란(1882년) 당시 명성왕후를 구한 공으로 일본 유학의 특전을 받았다. 원래 그가 일본에 간 목적은 신 농법 연구였지만, 요코하마에서 쓰다 센津田仙 박사에게 감화되어 1883년 도쿄에서 세례를 받고 기독교인이 된다. 얼마 후 그는 일본 주재 미국성서공회 총무 루미스Henry Loomis 목사의 부탁을 받아 한문 성서를 번역하기 시작했다. 그가 처음 번역한 〈마가복음〉은 선교사들에 의해 국내에 반입되었고, 초기 공식적인 한글 성서로 자리 잡았다. 그 후 〈마태복음〉〈마가복음〉〈누가복음〉〈요한복음〉〈사도행전〉 등을 번역하고, 1884년 미국성서공회의 지원으로 요코하마에서 간행했다. 온건 개화파 민영익과 가까웠던 그는 갑신정변 이후 일본으로 망명한 김옥균 등 급진 개화파와 반목하여 두 차례나 피습되었다. 1886년 5월 본국의 명령으로 귀국한 뒤 곧 세상을 떠났다. 사망 원인으로 자연사, 암살 기도의 후유증, 순교 등이 제시되지만 명확한 진실은 밝혀지지 않았다.

는 1890년 《한영문법》《한어자전》 등을 간행했고, 대한기독교서회를 조직하여 기독교 문서를 한글로 간행했다.

1889년 조선에 들어온 캐나다 장로회 선교사 J. S. 게일 역시 1909년 펴낸 《전환기의 조선》을 통해 조선에서는 교육받지 못한 사람도 한 달 남짓 한글을 공부하면 성경을 읽을 수 있다고 감탄했다. 그는 1892년 성서 번역에 참여하여 〈마태오의 복음서〉〈에페소인들에게 보낸 편지〉 등을 번역했다. 게일은 1897년 한국 최초의 《한영자전》을 간행했으며, 《신구약성서》와 《천로역정》을 조선어로 발간했다. 또 조선인의 교육을 장려하기 위하여 이원긍, 유성준, 김정식과 한국 교육기관의 효시인 '교육협회'를 창립했다. 《춘향전》《구운몽》 등을 영역하여 조선의 언어와 풍습을 세계에 널리 알리기도 했다.

한글 성경을 간행·보급함에 따라 유교적 봉건 체제에서 오랫동안 소외된 한글이 민중 속으로 뿌리내리는 도화선이 되었다. 또 배재학당, 경신학교, 이화학당 등 기독교계 학교에서 한글 성경을 가르침으로써 한글문화를 만들었다.

한글 전용 원칙을 확립한 네비어스 선교 정책

초기에 국내에 들어온 개신교 선교사들은 선교 지역 분할 정책 때문에 선교 활동을 하는 데 애를 먹었다. 이런 상황을 해소하기 위해 그들은 오랫동안 중국에서 활동하던 선교사 네비어스John Livingston Nevius를 초청하여 조언을 들었다.

미국 북장로회 선교회 소속 네비어스는 1854
년부터 중국에서 30년 넘게 활동한 베테랑
이다. 1890년 6월 조선에 들어온 네비어스
는 2주 동안 경성에 머물며 선교사들과 만
났다. 이때 그는 선교 활동에 드는 비용을
누가 담당하느냐에 따라 본국에서 보낸
선교 기금을 사용하는 방법과 처음부터
자립의 원칙을 세우는 방법으로 구분한
다음, 본토의 교인들이 자립적인 토착 교

선교사 존 네비어스.

회를 세우는 것이 가장 이상적인 방법이라고 역설했다.

"선교사들은 스스로 생업을 꾸리면서 필요한 인력과 재정을 마련해
야 합니다."

네비어스의 조언에 따라 북장로회 선교회는 자력 전도Self-Propagation,
자급Self-Support, 자주 치리Self-Government를 선교 이념으로 삼았다. 1893년
1월 한국장로교 선교부공의회는 다음과 같이 구체적인 선교 정책을 채
택했다.

첫째, 전도의 목표를 상류층보다 근로계급에 둔다.

둘째, 부녀자 전도와 소녀 교육에 전념한다.

셋째, 군 소재지에 초등학교를 세워 학생들을 교사로 육성한다.

넷째, 조선인 교역자도 장로교 교육기관에서 배출한다.

다섯째, 빠른 시일 내에 성경을 번역하여 보급한다.

여섯째, 모든 문서 선교에 순 한글을 사용한다.

일곱째, 자립하는 교회로서 헌금하는 교인 수를 늘린다.

여덟째, 조선인 신도가 조선인을 전도하게 한다.

아홉째, 퇴원한 환자의 집을 방문하여 계속 돌본다.

이와 같은 기독교의 선교 정책은 우리나라 교회의 신앙 형태나 교회 조직에 큰 영향을 미쳤다. 무엇보다 자립하는 교회상을 추구하면서 근로계급과 서민층에 선교의 목표를 두었다는 점이 눈에 띈다. 하지만 실천 과정에서 조선인 교역자를 양성할 때 일반 신자들의 교육 수준을 넘지 않는 정도로 제한하는 등 제국주의적인 사고방식을 드러냈다. 어쨌든 네비어스는 한글 성경의 번역과 보급, 교회의 모든 문서 사업에 순 한글을 사용한다는 대명제를 확립함으로써 국내 신도들이 한글을 깨우칠 수 있는 계기를 마련했다.

선교와 한글 보급 |

개신교에서 선교를 시작한 1884년경 국내의 초등교육 기관은 서당이 전부였다. 그러나 배재학당, 이화학당, 경신학교, 정신여학교, 숭의여학교 등 선교사들이 전국 각지에 설립한 미션스쿨은 조선의 젊은이들에게 새로운 배움의 기회를 제공했고, 기독교 민족주의를 강하게 불어넣었다.

1889년 아펜젤러는 문서 선교를 위해 배재학당에 삼문출판사를 설립하고 신문, 잡지 등 정기간행물과 성경, 찬송가 등 기독교 관련 출판물, 일반 서적과 교과서, 심지어 독립신문까지 인쇄했다. 선교사들은 이런 인쇄물을 가지고 교회마다 '가갸반'을 운영하며 신도들에게 한글을 가르쳤다. 그 무렵 배재학당에 입학한 주시경이 친구들과 협성회를 만들어 한글 연구를 시작한 것은 우연이 아니다.

1893년부터 외국인 선교사들은 선교부공의회에서 채택한 선교 정책 6항에 따라 모든 문서를 순 한글로 만들었다. 우리나라 최초 기독교 신문 죠션크리스도인회보와 그리스도신문도 한글 전용을 지켰다. 선교사 게일은 영국 근대문학의 효시로 꼽히는 존 버니언John Bunyan의 《천로역정》을 번역하여 한글 보급에 큰 역할을 했다. 그 여파로 《몽조》 《다정다한》 《성산명경》 등 20편이 넘는 기독교 소설이 출간되었다.

조선이 일제에 강제 병합된 뒤에도 기독교계 학교들은 한글로 학생들을 가르쳤다. 조선총독부에서 1915년부터 성경 교육과 한글 교육을 금지했지만, 장로교와 감리교는 한글 신문 기독신보를 창간하여 이에 저항했다. 3·1운동 이후에는 일제가 문화 통치를 표방하면서 한글 교육이 허용되었다.

1921년에는 이상재, 윤치호, 이승훈, 박봉승 등 기독교인 유지들이 기독교창문사를 설립하고, 잡지 《신생명》을 통해 문서로 한글 보급에 나섰다. 기독교에서는 교단별로 전국 수백 곳의 여름성경학교를 통해 한글 교육을 실시했다.

1938년 중일전쟁이 심화될 무렵 조선총독부는 황국신민화를 구실로 학교교육에서 조선어를 폐지하고, 신사참배를 거부한 기독교계 학교들을 폐교했다. 본격적으로 기독교 탄압을 시작한 것이다. 1940년 5월에는 감리교 신학교 교정에서 '일본인 학교에 조선 사람 보내지 마라'

'일본인 상품을 보이콧하라' '창씨개명 하지 마라' '조선 사람은 조선 사람' 등의 내용이 적힌 전단이 발견되었다. 이 일로 변홍규 교장과 정일형 교수가 구속되더니, 그해 10월 친일파 감독監督 정춘수가 무기한 휴교를 선언함으로써 결국 폐교에 이르렀다. 이 사건은 나중에 일제가 기독교계 학교를 없애기 위해 꾸민 것으로 밝혀졌다.

　이렇듯 일제강점기에 기독교 선교사들은 필사적으로 한글을 보급했다. 신도에게 성경을 읽히기 위해서는 문맹 퇴치가 필수적이었기 때문이다. 바늘과 실 같은 기독교 선교와 한글 보급은 해방 이후에도 오랫동안 계속되었다.

배우자, 가르치자

1932년 여름방학을 한 달 앞둔 어느 날, 평양숭실중학교 게시판에는 동아일보의 제호와 마크가 새겨진 포스터가 붙어 있었다. '학생 하기 브나로드운동'이라는 제목 아래 '남녀 학생 총동원!' '휴가는 봉사적으로'라는 문구와 함께 학생계몽대, 학생강연대, 학생기자대 등을 모집하는 공고문이었다. 게시판 앞에 마련된 탁자에는 참가 신청서가 있었다. 희망자가 학년과 성명, 희망 지구를 기록하면 학생회에서 분류하여 신문사로 보내준다는 것이었다.

그해 봄 입학한 14세 장준하는 문득 고향(평북 삭주군 외남면 청계동) 산골짜기에 사는 농민들을 떠올렸다. 낫 놓고 기역 자도 몰라 호적에 이름조차 올리지 못하는 가난한 사람들…… 목사인 아버지가 부단히 그들을 깨우치려 했지만, 혼자 힘으로는 불가능한 일이었다.

'동아일보 같은 신문사에서 농촌계몽 운동을 펼친다면 그들도 수백 년 동안 이어져온 문맹의 그늘에서 벗어날 수 있지 않을까?'

장준하는 신청서를 작성했다. 희망 지구는 물론 고향이었다. 며칠 뒤 동아일보사는 브나로드운동에 참여하는 학생들을 모아 평양공회당에서 부문별로 사흘 동안 강습을 실시했다. 아울러 학생들이 희망하는 지역에 한글과 산수 교재를 비롯한 각종 물품을 보내주었다.

강습이 끝난 뒤 장준하는 통학용으로 쓰던 자전거를 가지고 평양역에서 경의선에 올랐다. 정주역에서 내려 자전거로 이틀을 달리고 험한 산길은 걸어서 고향에 도착했다. 신문사에서 보낸 교재 꾸러미가 집에 있었다. 한데 그가 여장을 풀기도 전에 순사가 찾아와 학교와 학년, 이름을 확인하더니 방학 동안 뭘 할지 꼬치꼬치 캐물었다.

작은 마을인데다 목사의 아들인 장준하의 인적 사항을 순사가 모를 리 없다. 그가 찾아온 것은 브나로드운동과 관련된 상부의 지시를 받았기 때문이다. 그때까지 식민지 체제에 별다른 감정이 없던 장준하는 적개심과 반항심이 치솟았다.

'이자들이 대체 우리 민족을 무엇으로 보는 거야? 우리에게도 저력이 있다는 걸 보여주마.'

장준하는 1934년까지 브나로드운동에 지원한 동료 학생들과 함께 무지한 농민들을 모아 한글과 산수를 가르치고, 우리 민족의 유구한 역사와 문화를 전파했다. 방학이 끝나면 평양으로 돌아와 활동 내용을 동아일보 지사에 보고했다. 동아일보의 브나로드운동은 이 땅의 농민을 청맹과니에서 벗어나게 해주었을 뿐만 아니라, 청소년에게 강력한 민족의식을 심어주는 촉매제 역할을 했다.

19세기 말엽부터 국내에 신식 활자본이 도입되자 각종 서적이 출판되었고, 독립신문을 위시한 각종 언론 매체에서 문맹 퇴치 활동을 벌였다. 이런 노력이 가장 큰 성과를 거둔 시기는 모순적이게도 일제강점기다. 한반도를 강점한 일본이 지배를 강화하기 위해 식민지 동화교육을 실현하려 했다. 그러자 민족 말살을 우려한 지식인들은 인구의 8할에 달하는 농민에게 문자를 보급함으로써 민족의 지적 수준을 끌어올리고자 했다.

이런 사회 분위기에 따라 민족지를 자임한 동아일보와 조선일보가 1920년대부터 적극적으로 문자 보급 운동과 농촌계몽 운동을 펼쳤다. 동아일보는 창간 열흘 만인 1920년 4월 11일자 1면 사설에서 조선인의 공식 교육 용어로 일본어를 채택하려는 총독부의 정책을 규탄하는 한편, 조선어를 천대하는 그릇된 사상을 타파하고 문맹을 퇴치하기 위해 농촌에 조선어를 보급하고 학교의 조선어 교수 시간을 늘릴 수 있도록 국민운동을 벌이자고 주장했다.

우리 조선인은 병합 이래 10여 성상을 일대 악몽 속에서 살아왔다. 일제 군인의 횡포와 압박은 생각만 해도 온몸이 떨린다. 그런데 이번 조선인의 교육 용어를 일본어로 강제한다고 하여 조선인에게 주는 폐해와 고통은 조선인으로서 도저히 인내할 수 없는 것이다. 이는 조선인의 능력을 무력화하고 조선인의 독특한 문화를 파괴하는 것이다.

그와 함께 동아일보와 조선일보에서 조선어연구회의 도움을 받아
농민을 상대로 한글 강습회를 열었다. 하지만 총독부의 조직적인 방해
와 제한된 강의 인력 때문에 성과가 미미했다. 1926년 조선농민사에서
처음으로 여름방학 기간 동안 학생들을 모집하여 귀농 운동을 벌였다.
이때 수원고등농림학교 학생들도 건아단健兒團을 조직하여 학기 중에는
야학으로, 방학 때는 전국에 있는 졸업생 선배들과 함께 농민 계몽 활
동을 펼쳤다. 이를 '상록수 운동'이라고 한다. 심훈의 소설《상록수》의
제목과 주인공 박동혁을 수원고등농림학교 학생으로 묘사한 것은 이
런 맥락이었다.

"여름방학을 이용한 농촌계몽 운동이라…… 정말 괜찮은 생각이야."

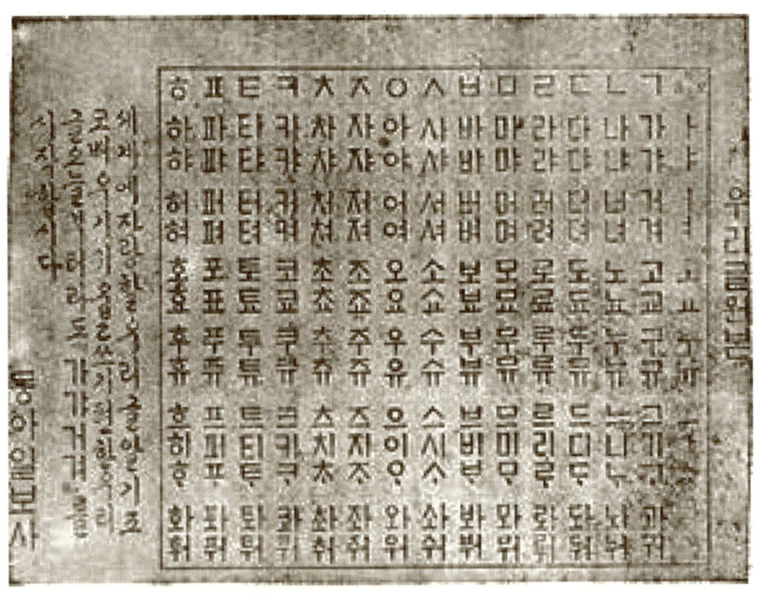

우리글 원본.

"농민들로서는 농한기에 한글이나 셈을 배울 수 있으니 꿩 먹고 알 먹는 격이지."

동아일보는 1928년 3월 25~28일 사회면 머리기사로 '글장님 없애기 운동' 행사 계획을 소개했다. 첫 사업으로 만든 포스터에는 횃불을 들고 "ㄱㄴ부터 배우자"고 소리치는 사람 뒤에 수많은 글장님들이 감겼던 눈을 뜨고 기쁘게 뒤따르는 장면을 그렸다.

그와 함께 창간 8주년을 맞이하는 1928년 4월 1일을 기하여 전국적으로 문맹 타파 운동을 벌이겠다고 선언하면서 상금 50원을 걸고 '문맹 퇴치가'를 현상 모집했다. 당일 신문에 '우리글 원본'이라는 팸플릿을 끼워 배포하겠다고도 고지했다. 우리글 원본 한 장만 배우면 9할이 넘는 조선의 글장님들이 눈을 뜨고, 광명한 세상에 남과 같은 살림을 할 수 있을 것이라고 했다.

세계에 자랑할 우리글, 알기 좋고 배우기 쉽고 쓰기 편한 우리글, 오늘부터라도 가갸거겨를 시작합시다.

■ 10개월 뒤인 1929년 2월 10일, 동아일보에는 최현배의 '글장님을 없애자(文盲打破歌)'가 실렸다. 1) 한 사람의 마음이 널리 퍼지며 / 한동안의 생각이 길이 傳하니 / 글ㅅ자의 보람이 정말 크도다 / 人類社會 華麗한 現代文明은 / 文字 活用 發達이 낳은 것이네. 2) 生存競爭 劇烈한 二十世紀에 / 남과 같이 날뛰고 살아가랴면 / 무엇보다 첫 일이 글자 알기라 / 눈뜨고 글 몯보는 글장님으로 / 競爭場裡 落伍 免치 몯하네. 3) 여보 우리 二千萬 兄弟姉妹들 / 世界에서 훌륭한 한글 임자로 / 글장님이 많음은 딱한 일이다 / 가르치세 배호세 우리 한글을 / 그래야만 이 民族 살아나겠네. 4) 배호기와 읽기와 씨書고 박기에 / 고-ㄹ고로 다 좋은 우리 한글은 / 民衆敎化 使命을 띄고 났도다 / 新文化의 基礎로 굳이 닦으며 / 新生活의 武器로 한끗 부리세. ○ 己巳 元旦에 한글의 종-감메한방우는 精誠을 다하여 이 노래를 우리 二千三百萬 同胞에게 붙치나이다.

우리 민족은 모음 10자, 자음 14자를 합쳐 24자의 간명한 과학적인 문자를 조상에게 물려받았음에도 전체 인구의 9할이 글을 깨치지 못하고 있다는 것은 민족적 치욕이다. 그러기에 우리 신문사에서 거족적인 문맹 퇴치 운동에 나서게 되었다.

동아일보사는 전국에 있는 300여 개 지·분국을 총동원하여 이 운동을 지원하기로 하고, 4월 2일에 각 지국에서 명사 32명(조병옥, 송내호, 민태원, 윤치호, 최두선, 안재홍, 홍명희, 최현배, 이만규, 최남선, 김기전, 박승빈, 방정환, 최규동, 김미리사, 권덕규 등)을 초빙하여 전국적인 강연회를 열기로 결정했다. 아울러 북촌 일대의 조선인 인력거조합과 연계하여 인력거 1000여 대에 이틀 동안 문맹 퇴치 깃발을 꽂고, 영락정에 있는 경성 윤輪업회 회원 100여 명이 자전거에 문맹 퇴치 깃발을 달아 선전 행렬을 하기로 결정했다. 소년군少年軍의 시가행진과 함께 조선일보사에서 임대한 비행기를 신용욱 조종사가 조종하여 전단을 살포할 계획도 발표했다.

그러자 총독부 경무국은 3월 28일에 돌연 이 운동을 금지한다고 통보하더니, 신문사에 보관된 우리글 원본까지 압수했다.

"문맹 퇴치는 러시아 공산주의자들이 부르짖던 구호야. 빨갱이들의 구호는 허가할 수 없어."

"그럼 그 말만 빼지요."

"그것만으론 곤란해. 포스터에 그려진 노동자도 문제야. 붉은 근육이 꼭 빨갱이 공산주의자 같잖아."

"그럼 포스터를 바꾸겠습니다."

"시가행진도 빼. 청소년에게 좋지 않은 영향을 줄 거야. 선난 살뽀는 더더욱 안 돼. 시민들에게 불안감을 조성할 위험성이 있어."

"아예 행사를 하지 말라는 거군요."

"그 말이 맞아. 신출내기 신문사에서 전국적으로 문제를 일으킬 만한 행사를 벌이는 건 곤란해."

동아일보 사장 송진우가 총독부로 가서 거칠게 항의했지만 소용없었다. 4월 1일로 예정된 동아일보의 '글장님 없애기 운동'은 무산되고 말았다. 실로 허망한 일이었다. 그 무렵 조선을 통치하던 사이토 마코토 총독은 문화정치를 내걸었으나 기만과 협잡을 통해 조선인을 무력화하는 데 전력을 다했고, 악명 높은 치안유지법을 적용하여 노동운동과 반일 투쟁을 탄압했다. 이런 상황에서 갓 태동한 동아일보가 총독부의 비위를 거스르고 살아날 방법은 없었다.

동아일보는 1928년 3월 29일, 이 사업에 협조한 각계 유지와 애독자에 대한 사과문을 실었다. 당시 1면 사설에 모종의 글을 실었지만 총독부의 검열로 삭제되었고, 2면에 당국의 처사를 규탄한 기사 역시 삭제되었다.

글장님 없애기 운동은 무위로 돌아갔지만, 소득이 전혀 없지는 않았다. 그 일로 당국에 탄압받는 민족지로서 입지를 굳혔을 뿐만 아니라, 당시의 경험을 바탕으로 보다 큰 농촌계몽 운동을 준비할 수 있었기 때문이다.

1931년 6월, 사이토가 물러나고 우가키 가즈시게가 신임 총독으로 부임했다. 석 달 뒤인 9월 18일 이시하라 간지石原莞爾가 지휘하는 관동군이 선양 교외의 류탸오후에서 철도를 폭파하고 중국군에게 혐의를 뒤집어씌우며 만주사변을 일으켰다. 관동군은 계획대로 동북 지방을 일거에 점령하고, 이듬해 3월 청나라의 마지막 황제 푸이를 내세워 만주국을 세웠다.

신생 만주국은 출범과 함께 건국이념으로 오족협화五族協和를 내세웠다. 만주 땅에 거주하는 한족, 만주족, 몽골족, 조선인, 일본인이 사이좋게 살자는 것이다. 이는 만주국에서 절대다수를 차지하는 중국인 틈에서 1퍼센트에 불과한 일본인 이주자를 안주시키려는 술책이었다. 이런 분위기는 조선총독부에 영향을 끼쳐 국내에서도 이전보다 훨씬 유연한 정책이 실시되었다.

"우리 대일본 제국은 여러 민족과 함께 조화로운 사회를 만들어갈 것이다."

"그럼 농민에게 한글을 가르쳐도 되겠습니까?"

"물론이다. 촌무지렁이들에게 글자를 가르쳐주겠다는데 누가 말리겠나."

"감사합니다!"

동아일보는 기회를 놓칠세라 중단된 문맹 퇴치 운동을 대규모로 전개했다. 브나로드운동˙의 시작이었다. 1931년 7월 15일, 동아일보는 새 맞춤법에 따른 문자 보급 운동, 숫자 강습, 위생 강연, 학술 강연을 실시하겠다는 사고社告를 내보냈다. 이튿날에는 〈봉공적 정신을 함양하라〉는 사설을 통해 이 운동을 소개했다.

독자의 고향에는 조선 문자를 모르고 산술 숫자도 모르는 이가 얼마쯤 있는가. 그리고 제군의 고향 사람들은 얼마나 비위생적·비보건적 상태에 있는가. 아마도 한 고을에 7할은 문맹 상태에 있고, 9할 이상은 비위생적·비보건적 상태에 있을 것이다.

제군은 고지서를 볼 줄 몰라 면이원面吏員들에게 모욕을 당하는 농민을 보았을 것이고, 농사짓다 몸이 상하여 의료 기관을 찾아갈 경제적 여유가 없고 부득이 항간에 전하는 소위 초약草藥으로 요치療治를 하다가 필경엔 불구자가 되고 가산을 탕패蕩敗하는 예를 보아왔을 것이다. 만인의 복리를 위하여 자기 일개의 이해와 고락을 희생하자.

1회 브나로드운동은 1931년 7월 21일부터 9월 20일까지 62일 동안 계몽 요원 423명을 학생계몽대, 학생강연대, 학생기자대로 나누어 조직한 다음 142개 지역을 돌며 강습을 했다. 학생계몽대 요원은 남녀 중학교 4~5년 급에서 일주일 이상 '조선문 강습'과 '숫자 강습'을 했다. 동아일보사는 학생계몽대의 교재로 이윤재의 《한글공부》와 백남규의 《일용계수법》을 발간했다. 이 교재는 첫해 30만 부를 시작으로 이듬해

■ '브나로드Vnarod'란 제정러시아 말기에 소련의 지식인들이 이상 사회를 건설하기 위해서는 민중을 깨우쳐야 한다는 취지로 만든 '민중 속으로 가자'는 뜻의 구호다. 브나로드운동은 경성의 학생과 지식 청년, 문화단체, 도쿄 유학생들이 주도했다.

《한글공부》

60만 부를 발행하는 등 4년 동안 총 210만 부를 발행했다.

《한글공부》에는 닿소리와 홀소리라는 자모만 제시되고, 자모의 명칭은 없다. 순서는 한글맞춤법통일안과 같은데, '아래아(ㆍ)'가 포함되지 않았다. 음절 연습은 '가기고나너노누구' '다더도루라러루리느냐니드디려' '마머며모무미바버벼보부비녀료르' 등으로 매우 불규칙하다. 여기에 각자병서(ㄲ, ㄸ, ㅃ, ㅆ, ㅉ)를 언문 반절표 형식으로 제시한 다음 중모음을 'ㅐㅒㅔㅖㅚㅟㅢ' 순으로 자음과 조합해놓았다. 이중모음 'ㅘ, ㅝ' 역시 같은 방식으로 나열했다.

이 책에서는 '자음' '모음'이라는 용어 대신 '닿소리' '홀소리'란 용어가 처음으로 사용되었다. 말미에는 재담, 속담, 노래 이야기, 지리, 역사 등을 실어 재미있게 가르치도록 배려했다. 이 교재에 담긴 맞춤법은 1933년 발표된 한글맞춤법통일안과 거의 같은 내용이었다. 그 무렵 조선어학회의 한글맞춤법통일안이 완성 단계에 이르렀다는 방증이다.

학생강연대 요원은 남녀 전문학교 학생들을 선발하여 '위생 강연'과 '학술 강연'을 맡겼다. 학생기자대 요원은 남녀 중학교 4~5년생과 남녀 전문학교 학생들을 선발하여 '기행 일기' '척서(滌署) 풍경' '고향 통

■ 몸을 시원하게 하여 더운 기운을 없앰. 피서와 같은 말.

신' '생활 체험' 등의 기사를 작성하게 했다. 그밖에 지방의 유지들을 계몽별동대로 선발하여 학생계몽대와 똑같은 분야를 맡겼다.

브나로드운동에 소요된 경비는 동아일보사에서 부담한 외에도 각 지방의 종교·수양·문화 단체, 사회 유지들의 도움을 받았다. 계몽 요원들이 자기 호주머니를 털기도 했다. 동아일보사에서는 실적이 우수한 학생에게 학자 보조금을 주었다.

브나로드운동은 한글 강습 외에 음악이나 연극 활동을 통해 계몽운동과 문화 운동을 겸하는 민중운동을 주도했다. 당시 동아일보 편집국장 이광수는 이 운동을 지원하기 위해 장편소설 《흙》을 1932년 4월 12일부터 이듬해 7월 10일까지 269회에 걸쳐 연재했다. 그는 주인공 허숭의 대사를 통해 브나로드운동의 실체를 다음과 같이 설명한다.

농민 속으로 가자. 돈이 없으면 없는 대로 몸만 가지고 가자. 가서 가장 가난한 농민이 먹는 것을 먹고, 가장 가난한 농민이 입는 것을 입고, 그리고 가장 가난한 농민이 사는 집에서 살면서 가장 가난한 농민의 심부름을 하여주자. 편지도 대신 써주고, 주재소, 면소에도 대신 다녀주고, 그러면서 글도 가르치고 소비조합도 만들어주고 뒷간, 부엌 소제도 하여주고 이렇게 내 일생을 바치자.

1932년 7월 11일부터 시작된 2회 브나로드운동은 네 차례 운동 중 가장 큰 성과를 올렸다. 그해부터 일제가 농업 진흥 정책과 자력갱생 운동을 추진하는 등 외면적으로 농촌 부흥 운동을 일으킨 상황도 큰 도움이 되었다.

2회 학생 하기 브나로드운동 관련 기사.

동아일보는 그달 18일 서울공회당에서 출동 대원 500여 명과 각 분야 유지들을 모아 이 운동의 성공을 기원했다. 그 결과 참가 학생 2724명, 강습지 592곳, 강습생 4만 1000여 명에 이르렀다. 작년보다 4~5배 오른 실적이다. 브나로드운동이 엄청난 반향을 일으키자 조선총독부의 태도가 바뀌었다.

"이거 조선인들의 움직임이 심상치 않은데."

"저렇게 몰려다니다 보면 반드시 조선 독립 운운하는 자들이 나올 것이다."

그때부터 조선총독부는 갖은 빌미를 잡아 브나로드운동을 방해하고, 신문과 잡지 검열을 강화했다. 그해 동아일보 5월 17일자 1면 사설 〈학교와 학생에 고함〉은 후반부가 삭제되었다.

한편 동아일보는 한글에 대한 세간의 관심이 높아지자, 1933년 4월 1일부터 한글맞춤법통일안 원안에 따라 지면을 새롭게 꾸미고 4416호 부록으로 《신철자편람新綴字便覽》이라는 한글 철자책을 간행했다. 이 책은 동아일보가 마련한 새로운 철자법을 토대로 편찬되었는데, 앞머리 〈여쭐 말씀〉에서 표준 철자법이 확정되면 다소 이 책과 다른 내용이 있을 것이라고 전제하고 있다. 1933년 조선어학회에서 한글맞춤법통일안을 발표하자, 동아일보는 그해 10월 29일 4627호 부록으로 '한글맞춤법통일안'**을 인쇄·배포했다.

1933년 3회부터는 브나로드운동이라는 명칭을 '계몽운동'으로 바꾸었다. 러시아어 브나로드를 일반인이 이해하기 어렵다는 여론에 따른 것이었다. 도쿄와 간도 등지에서도 참가 신청이 이어졌고, 특히 간도의 명신여학교에서는 40명이나 참가했다. 1934년 4회에는 6월 30일 1098명이 동아일보 본사에서 간단한 출정식을 하고, 전국 271곳으로 파견되었다.

3회 학생 하기 계몽운동 관련 기사.

4년 동안 꺼지지 않는 불길처럼 이 땅을 휩쓸고 지나간 브나로드운동은 1935년 일제의 압력으로 중단되었지만, 문맹자 9만 8598명이 광명을 찾았다. 더구나 이 운동에 참가한 계몽 요원 연인원 5751명을 은연중 민족운동의 대열에 조직화하는 성과를 거두었다. 그 과정에서 조선어학회가 마련한 한글맞춤법통일안이 민중 사이에 깊이 뿌리내린 것도 커다란 성과다.

■ '창간 13주년 기념. 우리 사에서는 여섯 해의 세월과 7만의 돈을 들여 포인트식 새 활자를 만드는 동시에 한글식 새 철자법을 채용하기로 하야 오늘부터 시행하게 되었다. 이것은 오직 우리 동아일보의 큰일일뿐더러 진실로 조선말과 글을 위한 큰 혁명이라고 할 것이다. 우리가 우리 신문 모든 독자에게 새 철자법의 요령을 알리려고 《신철자편람》을 오늘 신문의 부록으로 하는 것도 아마 한글 운동이 일어나고 처음 있는 대선전이라고 믿는다.' ― 사설 〈한글 철자법 십삼 단제〉, 동아일보 1933년 4월 1일자 석간 1면.
■■ 당시 철자로는 '한글마춤법통일안'이다.

동아일보의 브나로드운동 결과

연도별	1회 (1931년)	2회 (1932년)	3회 (1933)	4회 (1934년)	합계
운동 기간	7월 21일~9월 20일 (62일)	7월 11일~9월 30 (82일)	7월 12일~9월 30일 (81일)	7월 2일~9월 12일 (73일)	298일
개강일	2289일	8182일	6304일	3962일	2만 737일
계몽 요원	423명	2724명	1506명	1098명	5751명
강습지	142곳	592곳	315곳	271곳(만주 29곳, 일본 7곳 포함)	1320곳
수강생	9492명	4만 1153명	2만 7352명	2만 601명	9만 8598명
교재 배부	30만 부	60만 부	60만 부	60만 부	210만 부
금지	11곳	69곳	67곳	33곳	180곳
중지	-	10곳	17곳	26곳	53곳

한글학자들의 조선어 강습회 |

브나로드운동이 성황을 이룰 무렵, 동아일보사는 한글 철자법 통일을
위해 조선어학회의 후원을 받아 식자층을 대상으로 조선어 강습회를
열었다.

"이 땅의 지식인들이 먼저 한글을 바로 써서 민중에게 모범을 보여
야 합니다."

1회 조선어 강습회의 강사는 조선어학회 주요 멤버인 신명균, 권덕
규, 이상춘, 이윤재, 김윤경, 이병기, 최현배, 이극로, 김선기 등이었

다. 이들은 8월 6일부터 9월 9일
경까지 전국을 순회하며 교사,
학생, 사업가 등 지식층을 대상
으로 한글 철자와 문법을 가르
쳤다.

　이듬해 8월부터 시작된 2회
조선어 강습회에는 장지영, 이
희승, 이갑, 이만규 등이 강사로
동참했다. 하지만 조선어 강습

동아일보 1931년 7월 25일자.

회도 브나로드운동과 마찬가지로 일제의 태도 변화에 따라 3회를 마지
막으로 중단되고 말았다. 김윤경의 《조선문자급어학사》[*]에는 당시 조
선어 강습회를 개최한 지역과 일자, 강습을 담당한 학자의 이름이 상
세히 기록되었다. 1회 때 37개 지역, 2회 때 46개 지역, 3회 때 40개 지
역에서 개최한 것으로 기록하면서, 3회 때는 개최된 지역이 40개였지만
총독부의 금지 조처로 당초 계획한 지역을 대부분 포기했다고 밝혔다.

　조선어학회 회원들은 동아일보사가 주최한 조선어 강습회 외에도
1927년부터 1935년까지 꾸준하게 한글 보급 운동을 벌였다. 그들은 해

■ 《조선문자급어학사》는 크게 서론과 본론으로 나뉜다. 서론은 1장 의사 표시의 방법, 2장 언
어의 분류, 3장 우랄알타이어의 특질, 4장 조선어의 범위, 5장 문자의 발생, 6장 문자의 종류
등으로 구성된다. 본론은 1장 훈민정음 창제 이전의 문자, 2장 훈민정음으로 구성된다. 본론
의 1장에서는 전해진 글자와 그렇지 못한 글자를 나누어 문헌에 따라 설명한다. 2장에서는 훈
민정음의 창제 경위, 학문적 배경, 성질과 가치, 기원설, 반포 이래 변천 과정 등을 국어학사적
사실과 함께 자세히 논한다. 최세진, 박성원, 신경준, 홍계희, 유희, 지석영, 최광옥, 유길준, 주
시경 등 역대 국어학자들의 학설도 비판 · 평가했다.

외까지 발을 넓혀 만주국의 수도 펑톈奉天에서도 세 차례나 조선어 강습회를 열었다. 개인별 강연 실적을 비교해보면 이윤재가 23회로 제일 많고 권덕규 12회, 이병기와 최현배가 9회, 백세명 6회, 장지영 · 김선기 · 신명균 4회, 이희승 · 김윤경 · 이상춘 3회 순이었다. 그밖에 이갑, 조용훈, 정열모, 박승빈, 문일평, 이극로, 이필수, 정인섭, 정인승 등이 한두 차례씩 강사로 나섰다. 인물의 면면을 볼 때 일반 국학자는 물론, 조선어학연구회의 학자들도 한글 강습회에 동참했음을 알 수 있다.

아는 것이 힘, 배워야 산다

1930년대 언론은 한글의 중요성을 일깨우는 논설과 기사를 많이 실었다. 특히 조선일보의 문자 보급반 운동과 동아일보의 브나로드운동은 '언론을 통한 레지스탕스'라는 평가를 받았다.

1920년대 만주 벌판에서 행해진 무장투쟁은 눈에 보이는 승리로 동포들을 열광시켰지만, 그 성과는 미미했다. 오히려 일본의 대대적인 보복전으로 간도 이주민 수십만 명이 학살당하는 참변을 불러왔다. 반면 조선일보와 동아일보가 중심이 된 한글 보급 운동은 문자를 통해 배달민족의 얼을 지켜 낸 간접적인 독립운동이다. 이 운동은 효과가 금세 나타나지는 않았지만, 민족의 지적 능력을 향상하고 우리 문화와 역사에 대한

조선일보 문자 보급반 운동의 슬로건 '아는 것이 힘, 배워야 산다'.

자부심을 심어줌으로써 일제의 교묘한 동화정책에도 버틸 수 있는 저력을 이끌어냈다.

1928년 동아일보의 '글장님 없애기 운동'이 총독부의 방해로 시작하기도 전에 막을 내리자, 조선일보가 바통을 이어받았다. 1929년 7월 10일 조선일보는 사설에서 농촌을 대상으로 한 문자 보급의 필요성을 역설하고, 여름방학에 귀향한 학생들이 한글을 가르치도록 하는 방법을 제안했다. 이는 조선농민사에서 낸 아이디어지만, 전국 규모의 신문사로서는 조선일보가 처음 제기한 것이다. 그리하여 7월 14일부터 귀향남녀학생문자보급운동이 본격적으로 시작되었다.

이 사업을 주관한 인물은 조선일보사 지방부장을 맡고 있던 국어학자 장지영이다. 주시경의 제자로 조선어연구회를 설립하여 우리 말글을 연구하던 그는 1926년 10월부터 조선일보의 기자가 되어 제3의 독립운동이라 할 수 있는 민족어 운동을 전국적으로 확산시키려고 부심했다. 장지영은 1931년 문자 보급반 운동을 주도하기 위해 신설된 문화부 부장이 된다. 그는 훗날 문자 보급반 운동을 벌일 때의 소회를 다음과 같이 고백했다.

직접 가르치는 일은 학생들이 맡고, 나는 그들을 동원하여 파견하는 일, 현지에 나가 그 학생들을 지도하고 독려하는 일, 시도에 강습소를 설치하는 일 등을 하였다. 이렇게 3년 동안 우리나라 전국에 안 간 곳이 없으며, 글을 깨쳐 신문을 읽을 수 있는 사람이 30만여 명이 되었다는 보고가 들어왔다.

당시 장지영은 자신에게 허용된 지면을 이용하여 〈철자법 강의〉**를 연재했다. 그러다 동아일보사에서 추진하던 글장님 없애기 운동이 총독부의 방해로 벽에 부딪히는 것을 보고, 조선일보사에서 문맹 퇴치 운동을 다시 추진하기로 결심한다.

구체적 방안은 신문사에서 교재를 준비하고, 중학생 가운데 자원봉사자를 모집하며, 여름방학 동안 시골에 들어가서 글을 읽거나 쓸 줄 모르는 동포들에게 조선어학회가 제정한 한글맞춤법에 따라 한글을 가르치고 간단한 산수를 가르치면서 우리 민족의 현실과 앞날에 대해 알려주는 것이었다. 조선일보는 '아는 것이 힘, 배워야 산다'는 구호를 내걸고 방학을 맞아 귀향하는 남녀 학생 수천 명으로 구성된 문자 보급반을 전국 방방곡곡에 보냈다. 잘 가르친 학생들에게는 장학금을 주었다.

언론사의 문맹 퇴치 운동은 그 무렵 완성 단계에 있던 한글맞춤법통일안을 전파하는 데 좋은 상황을 만들어 조선어학회 활동에 큰 도움을 주었다. 그때까지 표음주의 철자법을 고집하던 조선어학연구회의 반대를 물리치고 조선어학회에서 만든 철자법을 공식적으로 정착시키는 계기가 된 것이다.

1930년 11월 22일 조선일보사에서는 문자를 효과적으로 보급하기

■ 장지영의 〈내가 걸어온 길〉, 《나라사랑》 29호, 외솔회, 1978년.
■ ■ 장지영이 조선일보에 연재한 〈철자법 강의〉는 1930년 《조선어 철자법 강좌》로 발간되었는데, 그해 조선총독부에서 조선어 철자법을 형태주의 철자법으로 전환하는 데 중요한 근거 자료가 되었다.

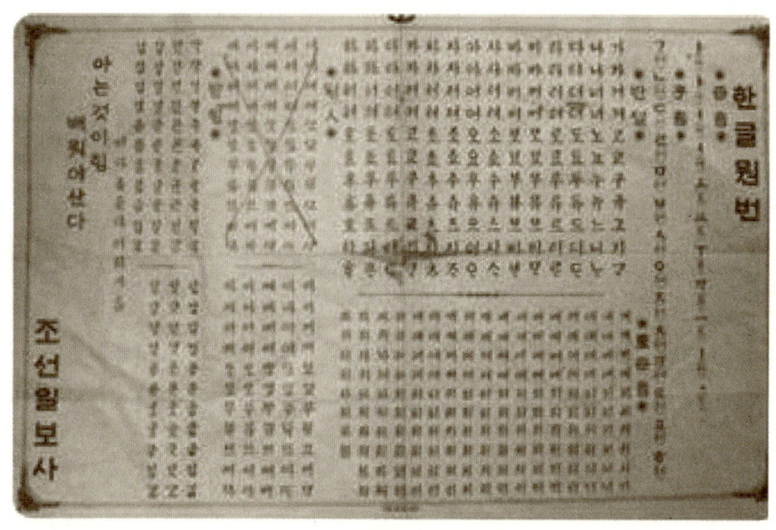

한글 원번.

위해 31.8×46.5cm 크기로 한 장짜리 팸플릿 '한글 원번' *을 만들었다. 한글 원번에는 한글 자모와 자모의 명칭이 있는데, 조선어학회에서 제정한 한글맞춤법통일안의 내용과 같았다. 본문은 '가갸거겨고교구규그기ㄱ' 순으로 표시하는 언문 반절표를 상단에, '개개괴괴귀궤긔기'라는 중모음 배열표를 하단에 배치했다. 여기에는 종전의 언문 반절표에 보이지 않는 항목이 있다. 즉 상단에 ㅅ 계열 합용병서가,

---

■ 한글 원번은 조선어학회에 몸담은 장지영의 작품으로 추정된다. 이 팸플릿의 내용이 그가 편찬한 《조선어전》과 자모의 명칭, 모음을 먼저 배열한 순서, ㅅ 된소리를 인정한 점, '까꺄 꺼껴꼬꾜꾸뀨끄끼'의 배열이 같다. '한글 원본'이라고 해야 할 것을 '한글 원번'이라고 표기한 점도 감안된다. 당시 서울 방언을 구사하던 서울 사람들은 'ㅗ'와 'ㅓ'를 비슷하게 읽는 습관이 있었는데, 그가 서울 출신이기 때문이다.

하단에 각자병서가 나열된 것이다. 또 ㄱ 항목의 받침이 'ㄱ, ㄴ, ㄹ, ㅁ, ㅂ, ㅅ, ㅇ'에 한하여 나열되었다. 왼쪽 상단에는 '아는 것이 힘, 배워야 산다'는 표어가 있다. 문자 보급 교재의 철자법은 시기에 따라 약간씩 달라지는데, 이는 조선어학회의 한글맞춤법통일안이 확정되는 과정과 맥을 같이한다.

1930년 장지영은 문자 보급 교재로 16쪽짜리 《한글 원본》을 펴냈다. 첫 페이지에 'ㅏ, ㅑ, ㅓ, ㅕ' 등 모음 11개 (아래아 포함)와 'ㄱ, ㄴ, ㄷ, ㄹ' 등 자음 14개를 나열하고 읽는 법을 달았다. 모두 20항목으로 구성된 《한글 원본》의 본문 1~13항은 '가갸거겨'부터 '화휘'까지 277자의 음을 달고, 이들 글자가 들어가는 문장을 예로 들었다. 14~16항은 받침으로 사용되는 자음의 예를 들고, 17~18항은 간단한 문장을 소개했다. 19~20항은 《흥부전》의 한 대목을 실었다.

문자 보급반 교재 《한글 원본》.

문자 보급반 운동은 첫해(1929년) 409명이 참여했고, 그중 91명은 방학이 끝난 뒤 보고서를 제출했다. 이들을 통해 한글을 깨친 사람은 2849명이다. 1930년에는 900여 명이 참여했는데, 한글을 깨우친 사람이 1만 567명으로 보고되었다. 1931년에는 신춘 사업으로 춘계 문자 보급반 강좌를 열어 참

《한글 원본》 개정판.

가 학생 1800여 명, 강습생 2만 800여 명으로 늘었다.

장지영은 1931년 《한글 원본》을 대폭 개정했다. 그해 7월 17일자 조선일보에는 표지 사진과 함께 10만 부를 제작했다고 밝혔다. 그만큼 수요가 엄청났다. 개정판에서는 원고 분량을 두 배가량 늘렸다. 특별히 추가된 '아리랑 노래'는 조선일보의 문자 보급가 공모에서 가작으로 당선된 작품이다.

(1절) 우리나라 강산에 방방곡곡 새살림 소리가 넘쳐나네.

에이헤 에헤야 우렁차다. 글 소경 없애란 소리 높다.

(후렴) 아리랑 아리랑 아라리요. 아리랑 고개로 넘어간다.

아리랑 고개는 별 고개라. 이 세상 문맹은 못 넘기네.

글을 읽지 못하는 사람이라도 아리랑 가락은 알았을 것이다. 조선일보가 아리랑을 이용하여 문자 보급반 운동을 널리 펼치고자 한 것도 이 때문이다. 하지만 이 운동을 이끌던 장지영은 1931년 7월 퇴직했다.

동아일보의 브나로드운동이 대대적으로 펼쳐진 1932~1933년에는 문자 보급반 운동이 일시적으로 중단되었다가 1934년부터 재개되었다. 조선일보사가 내부적으로 고리대금업자 임경래에게 판권이 넘어가고 경영난이 심각해진 요인도 있었다. 그해 조선일보의 사주가 방응모로 바뀌자, 6월 10일자 지면에 문자 보급반 운동 재개를 알리는 사고가 실렸다.

6월 22일에는 조선일보 부록으로 34쪽짜리 《문자 보급 교재》를 간행했다. 이 교재는 1936년 12월 13일 36쪽으로 개정되었다. 이 책에는 동요와 농요 등이 실렸고, 뒷면에 숫자 읽는 법과 쓰는 법, 더하기, 빼기, 곱하기, 나누기 등이 있다. 계몽운동 차원에서 한글과 산수를 동시에 가르치려 했음을 알 수 있다.

1934년 6월 29일, 문자 보급반 운동 발대식이 열린 소공동 공회당에는 92개 중학교와 33개 전문학교 학생, 일본 유학생을 포함한 5078명이 모였다. 이튿날(6월 30일) 출정

《문자 보급 교재》 개정판.

식을 한 동아일보의 계몽 요원이 1000여 명에 그친 것과 비교하면 엄청난 인원이다. 조선일보사에서 준비한 《문자 보급 교재》는 100만 부인데, 당시 조선일보를 3만 8000부 발행한 점을 감안하면 문자 보급반 운동이 얼마나 활발했는지 짐작할 수 있다.

조선일보는 이튿날 사설에서 '그윽이 억제할 수 없는 기쁨과 제위에 대한 감사의 정이 북받쳐 오름을 깨닫습니다'라며 감격했다. 이 운동은 표면적으로 문맹 타파 운동이지만, 실은 일제의 민족 말살 정책에 맞서 민족 정체성을 일깨우려던 최대의 항일 계몽운동이다. 학생들의 자원봉사 활동이 아니라 치열한 투쟁이었기에 문자 보급반 운동에 참가한 학생들을 문보전사文普戰士라고 불렀다. 이 운동이 문화 운동의 형태로 전개된 조직적인 민족운동이라는 사실을 감지한 일제는 사사건건 트집을 잡으며 견제했고, 1935년 6월 11일 강제로 중단했다.

소설 《상록수》.

동아일보의 브나로드운동에 이광수의 소설 《흙》이 있다면, 조선일보의 문자 보급반 운동에는 심훈의 《상록수》가 있다. 이 작품은 1935년 동아일보 창간 15주년 기념 장편소설 특별 공모에 당선되었고, 그해 9월 10일부터 이듬해 2월 15일까지 동아일보에 연재되었다.

소설에서 주인공 채영신과 박동혁이 처음 만난 곳이 '○○일보사'가 주최한 '문자 보급 운동 참가 학생 위로 다과회'인데, ○○일보사가 바로 조선일보사다. 1928년부터 1931년까지 조선일보 기자로 일한 심훈은 장지영이 주도한 문자 보급반 운동을 생생하게 경험하고 소설을 썼다.

가뜩이나 후락한 예배당 안은 콩나물을 기르는 것처럼 아이들로 빡빡하다. 선생이 부비고 드나들 틈이 없을 만치 꼭꼭 찼다. 아랫반에서 "가 자에 ㄱ 하면 각 허구 나 자에 ㄴ 하면 난 허구" 하면서 다리도 못 뻗고 들어앉은 아이들은 고개를 반짝 들고 칠판을 쳐다보면서, 제비 주둥이 같은 입을 일제히 벌렸다 오므렸다 한다.

《상록수》에는 당시 선생님들이 학생들에게 한글을 가르치는 장면을 묘사하는 대목이 나온다. 학생들은 받침이 없는 가, 나, 다, 라 등의 음절을 먼저 배우고 다시 받침이 있는 글자를 익혔다.

잠시 소설 속으로 들어가 보자. 채영신과 박동혁은 언론사에서 실시한 문자 보급 운동 행사의 우수 대원으로 뽑혀 보고회에서 감상담을 발표하며 처음 만난다. 동혁은 가정 형편이 어려워서 학업을 포기하고 고향 한곡리에 내려가 농촌계몽 활동에 투신하고, 영신 역시 기독교청년회 농촌사업부 특파원 자격으로 청석골에 가서 농촌계몽 활동에 몰두한다.

활동 상황을 편지로 나누며 상의하던 두 사람은 동지에서 연인 관계로 발전하고, 3년 뒤 결혼하기로 약속한다. 하지만 영신은 과로와 영양실조로 고생하다가 학원 낙성식에 하객으로 초청된 동혁 앞에서 급성 맹장염으로 쓰러진다. 한편 동혁은 악덕 지주 강기천의 농간에 휘말려 투옥된다. 영신은 건강을 회복한 뒤 서울연합회 주선으로 요코하마에 요양 겸 유학을 떠났다가 곧 돌아온다. 하지만 일에 몰두하다가 각기병과 맹장염이 재발되어 세상을 떠난다. 출감한 동혁은 영신의 사망 소식을 듣고 비탄에 잠기나, 그녀의 몫까지 평생 농촌계몽 운동에 헌신하리라 다짐한다.

이 소설은 당대에 경기도 안산에서 농촌계몽 운동을 하던 최용신을 모델로 썼다. 최용신은 주인공 채영신처럼 기독교 단체의 후원을 받아 농촌에 투신했다.

1931년 10월 YWCA의 농촌 파견 교사로 경기도 화성군 반월면 천곡리(샘골)에 간 그녀는 낮

최용신

에는 모 심고 김을 매며 부녀자들과 함께 구슬땀을 흘리고, 밤에는 야학을 열고 어린이들에게 한글, 산수, 재봉, 수예 등을 가르쳤다. 그리하여 8개월 만에 강습소 인가를 받고, 1년 3개월 만에 강습소를 지어 110명을 가르치는 학교로 키웠다. 하지만 그 과정에서 몸이 쇠약해진 그녀는 1935년 장중첩증으로 스물여섯 꽃다운 생을 마감했다.

칼날 같은 시대에 가냘픈 처녀의 몸으로 농촌계몽 운동에 헌신한 최용신. 그녀의 부음을 접한 심훈은 때맞춰 행해진 조선일보의 문자 보급반 운동을 한데 버무려 당대 최고의 농촌계몽 소설 《상록수》를 썼다.

넷

아아, 조선어학회

불안한 조짐들
일제의 압박과 신명균의 자결

마각을 드러내다
정태진과 영생여학교 사건

야수들의 시간
홍원경찰서의 비명 소리

ㄹ자를 배우다
기노시타 기쇼오의 나날

사전 편찬의 실무를 맡은 정인승은 명사, 감탄사, 부사 등의 어휘 풀이를 담당하면서 우리말의 다양한 표현 용례 때문에 고심했다. 일례로 '궁둥이'에 관련된 어휘를 수집해보니 궁둥이, 궁뎅이, 엉덩이, 엉뎅이, 응덩이, 응뎅이, 방둥이, 방뒝이 등 수없이 많았다. 매사에 적극적인 그는 옷을 벗고 궁둥이를 내놓은 다음 회원들과 함께 어디까지 '궁둥이'고 어디까지 '엉덩이'며 어디가 '방둥이'인지 토론했다.

"우리 속담에 궁둥이 내외란 말은 있어도 엉덩이 내외란 말은 없잖아. 그러니까 궁둥이와 엉덩이는 분명히 다른 부위야."

"나 참, 아무런 자료도 없는데 그걸 어떻게 구분하지? 볼기란 말도 있잖아?"

"보자, 궁둥이는 엉덩이 아래로 앉으면 바닥에 닿는 부분이야. 엉덩이는 볼기 위에 있는 부분이고. 그럼 볼기는 뒤쪽 허리 아래 허벅다리 위의 좌우로 살이 두둑한 부분이겠지?"

불안한 조짐들

일제의 압박과 신명균의 자결

조선어학회는 민족주의적인 지식인 집단으로, 창립 당시부터 일제의 감시를 받았다. 1931~1934년 동아일보사와 조선일보사가 벌인 농촌계몽 운동에 조선어학회 회원들이 참여하여 한글 강습회를 열고 민족의식을 고취하자, 일제는 홍수를 핑계로 그 활동을 중단했다.

1934년에는 신명균과 이극로가 중앙인서관 이중건 사장의 도움을 받아 노동자와 농민, 부녀자 등이 볼 수 있도록 순 한글로 표기한 서울시보를 발간하자, 출판법 위반을 이유로 차압 처분을 내렸다. 이극로는 최현배, 이희승과 함께 새로운 방향을 모색한다.

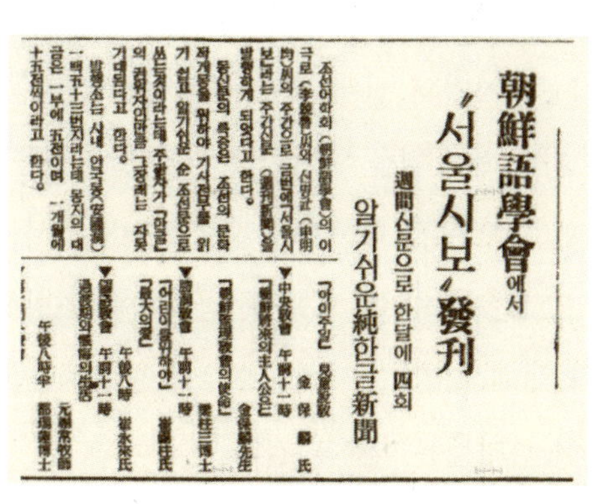

동아일보 1934년 6월 10일자 기사.

"총독부에서 출판법을 조자룡 헌 칼 휘두르듯 하니 다른 방법이 없을까?"

"음, 내게 묘안이 있는데……."

"그게 뭔가?"

"태국에서 쓰던 방법이라는데, 명사들이 집안에 관혼상제가 있을 때 비용 일부를 절약해서 조선어 서적을 출판하도록 하는 거지. 그러면 당사자들은 민족적 문화 사업에 동참했다는 의의가 있고, 총독부에서도 그런 기념 도서 출판을 대놓고 막진 못할 것 아닌가."

"이야, 정말 좋은 생각이군. 하지만 그걸 조선어학회 이름으로 추진할 수는 없지 않겠나."

"그러니까 새로운 단체를 조직하고 내로라하는 유지를 내세워야지."

조선기념도서출판관 출범

새로운 계획을 입안한 세 사람은 1935년 3월 초순, 이윤재와 함께 청진동 이인의 집에 모여 구체적인 방안을 의논했다. 이들은 각 방면의 명사 20여 명을 일일이 찾아가 발기인을 모집하고, 3월 15일 공평동에 있는 요릿집 태서관에서 조선기념도서출판관을 조직했다. 초대 관장으로는 동아일보사 사주 김성수를 초빙했다. 인촌 김성수는 총독부 관리들과 가깝고, 사회적으로도 손꼽히는 명사이기 때문이다. 이날 발표한 취지문은 다음과 같다.

근래에 와서 우리 출판계의 경향이 순수한 학술 연구에 관한 서적들은 구독자가 적기 때문에, 그것의 출판을 기피하는 것이 사실이다. 그러므로 우리는 이 같은 실정에서 일반 판매성이 희박한 유익한 도서 출판을 위하여, 한 가지 방법을 제시하고자 한다.

사람의 일생을 통하여 누구에게나 길흉 간에 반드시 기념할 만한 일이 생기는 것으로서 혹은 결혼, 회갑, 개업 등 경축할 만한 일도 있고, 혹은 가족의 장례 등 슬픈 일로 기념해야 할 일도 있다. 그때마다 많고 적고 간에, 경우에 따라 정세에 따라 물질적인 비용을 들인다. 그런 때 비용을 절감하여 자기 뜻에 맞는 어느 누구의 무슨 서적이든지 한 책씩 간행하자는 것이니, 그것은 실로 그 일 자체를 영원히 기념할 뿐만 아니라, 그 출판으로 말미암아 우리 문화를 질적으로 양적으로 높이는 결과를 가져올 것이다.

이 글은 시인 이은상이 초안했는데, 뒷날 조선어학회사건에서 일경은 이 부분을 물고 늘어지며 괴롭혔다고 한다. 이렇게 사업을 시작했지만 당초 생각과 달리 기념 출판을 신청하는 사람이 나타나지 않아 애를 태웠다. 그러자 이인이 부모님 회갑 잔치 비용 중에서 1200원을 쾌척했다.

"우선 내가 총대를 메기로 함세."

몇 해 뒤인 1938년 3월 3일 조선기념도서출판관에서 김윤경의 《조선문자급어학

김윤경의 《조선문자급어학사》 속표지.

사》1000부를 찍어 500부는 일본과 조선의 도서관이나 유지들에게 무상으로 분배하고, 나머지는 판매했다. 관장 김성수는 이 책에 다음과 같은 출판기를 남겼다.

'본관은 허례에 낭비되는 경제력을 이용하여 문화생활에 도움이 되도록 하며, 인간의 기념하는 마음을 선용하여 영원히 사라지지 않는 새로운 기념 방식을 지도하려 하였다. 이런 취지로 여태까지 출판물이 실현되기를 기다리던 중에 이인 선생이 그 아버지와 어머니의 회갑 기념으로 1호 출판을 하게 되었다. 이 뜻 깊은 기념 도서 출판의 원고는 김윤경 선생의 수십 년 전공과 과학적 노력으로 이루어진 값있는 원고라, 학술계에 한 거성으로 나타난 것은 감출 수 없는 사실이다. 이러한 귀중한 원고가 1호 기념 출판으로 된다는 것은 본관으로서 더욱 영광스러운 일이다.'

물꼬가 트이자 기념 출판을 원하는 사람이 하나둘 나타났다. 그해 2월 오세억이란 사람에게 결혼 기념으로 400원을 기부 받은 조선기념도서출판관은 11월에 노양근이 쓴《날아다니는 사람》을 500부 출간하여 각 방면에 배부했다.

가중되는 일제의 탄압

조선어학회의 자구 노력이 어느 정도 성과를 거두던 1930년대 후반, 급변하는 국내외 정세는 그들에게 인내와 고난을 요구했다. 1931년 만주사변을 일으킨 일본은 중일전쟁을 앞두고 한반도에서 민족말살정책을 노골적으로 시행했다.

1936년 우가키 가즈시게의 후임으로 부임한 미나미 지로 총독은 국체명징과 내선일체*를 강조하며, 이 정책에 응하지 않는 조선인을 핍박했다. 또 기독교인에게 신사참배와 선교사 배척을 강요했으며, 사이토 총독이 조금이나마 허용하던 언론, 집회, 결사의 자유를 완전히 배척했다. 이어서 황국신민화라는 미명 아래 일본 국왕에게 충성을 맹세하는 구호를 집회 때마다 제창하게 하고, 신사참배를 강요했다.

이런 상황에서 수양동우회修養同友會 사건이 발생했다. 본래 수양동우회는 민족주의적인 인사들이 많지만 순수한 인격 수양 단체로 출발하여, 사이토 총독 재임 당시 일본 관헌의 용인을 받았다. 일제는 회원들이 대부분 일본을 배척하고, 독립을 원하며, 독립운동에 참가한다는 사실도 알고 있었다.

미나미 지로 총독이 부임하기 전에 일본은 조선인을 독립된 민족으로 일정 부분 이해하여 동아일보가 '조선 민족의 표현 기관'이라는 사시社是를 내걸어도 용인했고, 민족주의 단체 신간회를 결성하는 것도 허가해주었다. 학교에서 조선어를 가르쳤고, 조선인 고유의 문화도 어느 정도 보전할 수 있었다. 그때까지 일본은 조선인과 일본인을 철저하게 구분했다.

■ 내선일체에서 내內는 일본 제국이 자신들의 해외 식민지를 외지外地라고 부르는 데 대하여 본토를 가리키는 내지內地의 첫 자고, 선鮮은 조선朝鮮을 가리키는 말로, 일본과 조선이 일체라는 뜻이다. 일본은 1931년 만주사변을 일으켰을 때 일만일체日滿一體라는 용어를 만들어냈다. 1937년 일본이 중국을 침공하자 미나미 지로는 대륙 침공에 조선인을 전적으로 동원하기 위해 내선일체라는 기치를 들고 나섰다.

3 · 1운동 이후 일제는 조선의 치안 유지에 신경을 곤두세워, 민족주의자나 독립운동 경력이 있는 사람도 말썽만 피우지 않으면 방관했다. 그들은 오랜 기간 정치 · 경제적 세뇌 공작으로 조선의 저항력을 빼앗아버릴 심산이었다. 수양동우회도 그런 조직 중 하나였다.

미나미 총독이 조선 땅에 데뷔한 1936년은 바야흐로 세계대전을 눈앞에 둔 상황이었다. 일제는 태도가 표변하여 민족주의자를 탄압하는 과정에서 수양동우회 검거 대란을 벌였다. 이듬해 조선어학회 임원 이윤재와 김윤경이 수양동우회 사건으로 검거되었고, 1938년 최현배와 이만규, 이강래가 흥업구락부 사건에 연루되어 학교에서 쫓겨났다. 주

수양동우회 사건

1937년 6월부터 1938년 3월까지 일제가 수양동우회에 관련된 지식인 181명을 검거한 사건. 동우회 사건이라고도 한다. 1937년 재경성기독교청년면려회에서는 금주운동 계획을 세우고 그해 5월 '멸망에 함(陷)한 민족을 구출하는 기독교인의 역할' 등의 내용을 담은 인쇄물을 국내 35개 지부에 발송했다. 그러자 조선인의 움직임에 촉각을 곤두세우던 일경은 이 계획에 이용설, 정인과, 이대위, 주요한, 유형기 등 요시찰인물들이 관련되었음을 확인하고 수양동우회 수사에 착수했다.

6월 6일 중앙 간부 10여 명을 검거했고, 압수한 회원 명부에 적힌 인사들을 추적하기 시작했다. 6월 28일에는 안창호를 비롯한 평양지회 관계자들이 체포되었고, 선천지회(1937년 11월)와 안악지회 (1938년 3월) 관계자들도 체포되었다. 1938년 3월까지 경성지회 관계자 55명, 평양지회 · 선천지회 관계자 93명, 안악지회 관계자 33명 등 모두 181명이 치안유지법 위반으로 송치되었다. 검거가 한창이던 그해 6월 전영택, 현제명, 홍난파 등 회원 18명은 변절하여 대동민우회라는 친일 단체에 가입했다.

8월에는 49명이 정식으로 기소되었고 57명이 기소유예, 75명이 기소 중지 처분을 받았다. 기소된 49명 중 42명이 재판에 회부되었으나, 안창호가 1938년 3월에 사망하여 실제 재판에는 41명이 회부되었다. 이들은 1939년 12월 경성지방법원에서 모두 무죄를 선고받았으나 검사의 공소로 1940년 8월 경성복심법원에서 이광수 징역 5년, 김종덕 등 4명 징역 4년, 김동원 등 4명 징역 3년, 조병옥 징역 2년 6개월, 오봉빈 등 7명 징역 2년, 나머지는 징역 2년에 집행유예 3년을 각각 선고받았다. 하지만 1941년 11월 경성고등법원 상고심에서 전원 무죄 판결을 받았다. 구금 기간 4년 5개월 동안 일경의 고문으로 최윤세와 이기윤이 옥사하고, 김성업은 불구가 되었다. 조선어학회사건은 수양동우회 사건의 후편이라고 할 수 있다.

요 회원들에 대한 탄압이 가속화되자, 조선어학회 활동은 위축될 수밖에 없었다.

조선어학회 중심인물들의 행보가 제한되면서 사전 편찬 작업이 지지부진해졌지만, 최현배가 연희전문학교 출신 정인승을 끌어들이면서 다행히 거친 숨을 이어갈 수 있었다. 이때부터 조선어학회는 이극로와 정인승이 이끌어갔다.

사전 편찬의 실무를 맡은 정인승은 명사, 감탄사, 부사 등의 어휘 풀이를 담당하면서 우리말의 다양한 표현 용례 때문에 고심했다. 일례로 '궁둥이'에 관련된 어휘를 수집해보니 궁둥이, 궁뎅이, 엉덩이, 엉뎅이, 응덩이, 응뎅이, 방둥이, 방뒹이 등 수없이 많았다. 매사에 적극적인 그는 옷을 벗고 궁둥이를 내놓은 다음 회원들과 함께 어디까지 '궁둥이'고 어디까지 '엉덩이'며 어디가 '방둥이'인지 토론했다.

"우리 속담에 궁둥이 내외란 말은 있어도 엉덩이 내외란 말은 없잖아. 그러니까 궁둥이와 엉덩이는 분명히 다른 부위야."

"나 참, 아무런 자료도 없는데 그걸 어떻게 구분하지? 볼기란 말도 있잖아?"

"보자, 궁둥이는 엉덩이 아래로 앉으면 바닥에 닿는 부분이야. 엉덩이는 볼기 위에 있는 부분이고. 그럼 볼기는 뒤쪽 허리 아래 허벅다리 위의 좌우로 살이 두둑한 부분이겠지?"

아이디어가 뛰어난 정인승은 사전을 편찬하는 바쁜 와중에도 문맹 타파를 위해 '자맞춤딱지' '속담딱지' 등을 개발하여 신문에 소개하고, 《자맞춤딱지 노는 법》을 발간했다.

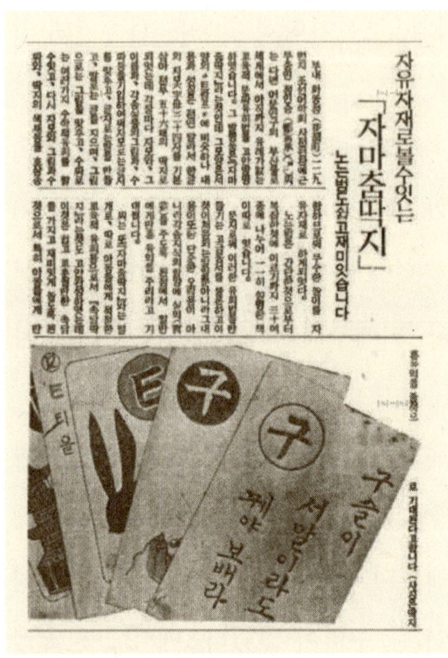

1938년 12월 21일 동아일보에 보도된 정인승의 자맞춤딱지 기사. 한글 자모 24자를 기본으로 한 벌이 56장이며, 30여 가지 놀이를 즐길 수 있다.

그 무렵 어문과 언론 탄압의 화살이 한글 운동의 중심인 조선어학회로 몰려올 조짐이 역력했다. 한징은 이런 상황에 주목하고 동지들을 재촉했다.

"왜놈들 하는 짓이 날로 수상쩍습니다. 원고를 마치고 하루빨리 활자화하여 세상에 퍼뜨립시다. 까딱하면 모든 일이 수포가 되겠어요."

조선어학회 회원들은 일제에 협력하는 척하면서 큰사전 편찬을 서둘렀다. 이극로는 박영효를 비롯하여 중추원 참의들에게 《한글》지를 기증하고, 연말에 백화점 상품권을 선물하는 등 총독부의 방해에서 벗어나고자 했다. 어떻게든 조선어 사전을 완성하여 우리말의 명줄을 이어야겠다는 사명감에서 나온 비통한 몸짓이다. 그즈음 이윤재는 조선어학회 사무실을 찾아온 청년들에게 사전 편찬의 당위성을 부르짖었다.

"말글은 민족과 운명을 같이한다. 일본이 동화정책으로 조선의 말글을 없애려고 하니 무슨 수를 써서라도 우리 말글을 아끼고 다듬어 후세에 전해야 한다. 만주족을 보거라. 말글이 없어지고 나서 민족까지 없어지지 않았느냐. 우리가 우리 말글에 대한 글을 쓰고 조선어 사전을 편찬하면 설혹 불행한 일이 생기더라도 뒷날 이것을 근거로 제 말글을 찾아 되살릴 수 있다. 민족의 말글을 아끼고 사랑하는 것이 나라를 사랑하는 길이고 민족운동이다."

주산이여, 주산이여 |

1938년 3월부터 학교교육에서 조선어 과목을 폐지한 일제는 그해 4월 2일 조선교육협회를 해산했다. 조선교육협회는 지방에서 상경한 경성의 고학생들에게 숙소와 음식을 제공하고, 문맹 퇴치를 목적으로 전국을 순회하며 노동자와 농민에게 강연하던 단체다. 그들은 교과서를 만들어 노동야학이나 농민 학원에 주기도 했다. 협회에서 17년 동안 이사로 활동한 신명균은 몹시 분개했다.

"왜놈들이 불쌍한 학생과 노동자, 농민들의 향학열에 찬물을 뿌리니 실로 무지한 폭거다."

하지만 일제의 사회단체 탄압은 그 정도로 끝나지 않았다. 조선어학회 회원들에게 국민정신총동원조선연맹에 가입하도록 압박한 것이다. 당시 외래어표기법 통일과 조선어 사전 편찬 사업을 마무리하던 조선어학회는 그들의 요구를 거부할 수 없었다. 1939년 2월 6일 임시총회를 통해 국민정신총동원조선연맹*에 가입한 조선어학회는 간판도 국

■ 국민정신총동원조선연맹은 1938년 조직된 친일 어용 단체로, 1940년 국민총력조선연맹으로 개편되었다.

민총력조선어학회연맹으로 고쳐 달았고, 극일론자 이극로가 친일파 한상룡과 사귀며 그가 참여하는 임전대책협의회에 나가서 일제를 옹호하는 발언까지 해야 했다. 그러나 비틀어진 일제의 시선은 쉽게 돌아서지 않았다.

"아직 당신들을 믿을 수 없다. 신사참배도 하지 않았잖아?"

조선어학회 회원들은 남산 조선신궁에 끌려가 천황가의 조상신 아마테라스 오미카미天照大神와 제국주의 침략을 시작한 메이지明治 천황 앞에서 고개를 조아렸다. 숭례문 입구에서 신사로 이르는 384개 돌계단에 오르는 동안 국조 단군을 모시는 대종교 신도 이극로나 최현배, 이윤재, 신명균, 정열모 등은 가슴에 핏방울이 맺히는 것 같았다.

"여러분, 참아야 합니다. 이 고비를 견디지 못하면 우리의 꿈도 이룰 수 없습니다."

이극로가 나지막한 목소리로 그들을 달랬다. 이윽고 신사 앞에 도달한 회원들은 신사참배 방식에 따라 줄지어 옷차림을 정돈하고, 손을 씻고 양치질했다. 소지품은 발아래 두고 신전에 나가 절 두 번, 손뼉 치기 두 번, 마지막으로 절을 했다.

"저 악적들에게 절해야 할 만큼 사전이 중요한가. 정말 그런가?"

신사참배는 비타협적인 민족주의자 신명균의 마음에 진한 상흔을 남겼다. 한설야의 소설 《두견》에 따르면, 그때부터 신경쇠약에 걸린 신명균은 예전에 조선어학회가 더부살이하던 수표동 42번지 조선교육협회 사무실에 숨어들어 목을 맨다. 한데 관리인에게 들키는 바람에 일경에 끌려가 치도곤을 당했다. 꼿꼿한 선비인 그로서는 죽는 것보다 심한 수치였다.

대구지방법원에서 발행한 창씨개명 주의 사항 문건 '호기를 놓치지 않게 즉각 계출합시다!' 8월 10일까지.

이듬해(1940년) 2월부터 일제는 창씨개명*을 강요했다. 아울러 그들은 사상범 예비 구금령을 공포하여 독립운동을 할 가능성이 있는 인사들을 언제든 구금할 수 있게 했다. 그들은 창씨개명이 내선일체의 완성이라고 선전했지만, 조선에 본적을 둔 조선인은 일본으로 호적을 옮길 수 없고 일본인도 조선으로 호적을 옮길 수 없으며, 호적에 종래의

■ 창씨개명을 하지 않은 조선인에게는 다음과 같은 불이익이 있었다. ① 자녀에 대해서는 각급 학교의 입학과 진학을 거부한다. ② 아동들을 이유 없이 질책·구타하여 아동들의 애원으로 부모들의 창씨를 강제한다. ③ 공사 기관에 채용하지 않으며, 현직자도 점차 해고 조치를 취한다. ④ 행정기관에서 다루는 모든 민원 사무를 취급하지 않는다. ⑤ 창씨 하지 않은 사람은 비국민, 불령선인으로 단정하여 경찰수첩에 기입해서 사찰을 철저히 한다. ⑥ 우선적인 노무 징용 대상자로 지명한다. ⑦ 식량과 물자의 배급 대상에서 제외한다. ⑧ 철도 수송 화물 명패에 조선인의 이름이 쓰인 것은 취급하지 않는다.

신명균

성과 본관을 남겨서 조선인이 완전한 일본인이 되는 것을 원천 봉쇄했다. 조선인은 언제까지나 착취의 대상임을 명시한 것이다. 창씨개명을 거부하고 자결하거나 그 부당함을 비방하다가 구속된 사람도 많았다.

"8월 10일까지 창씨 하지 않으면 총독부의 정책에 협조하지 않는 것으로 알겠소."

총독부의 압력이 심해지자 신명균은 분기를 참지 못하고 이듬해 11월 20일 마침내 목숨을 끊었다. 그의 나이 52세였다.

"우리 민족의 언어와 성명을 박탈하는 왜놈들의 폭거를 눈뜨고 볼 수 없다. 언제까지 내가 산송장처럼 살아야 하는가?"

오래도록 우리 말글 지키기에 분투한 주산 신명균의 죽음에 조선어학회 동지들은 비감을 금치 못했다. 그는 자결 하루 전 후배인 작가 홍구洪九에게 조선어 사전을 빨리 편찬해야 한다고 말했다고 한다. 그 이야기를 전해 들은 동지들은 뜨거운 눈물을 흘렸다.

"아아, 주산이여! 당신 없이 우리가 이 과업을 어찌 이룰 수 있단 말입니까."

일제의 폭거에 항거하여 자결을 택한 신명균은 1938년 1월 27일 동아일보의 〈나의 스승을 말함―회유한 정력가 주시경 선생〉이란 기사에서 스승 주시경을 추억했다. 인터뷰 내용을 보면 그 스승에 그 제자란 느낌이 든다. 독자들을 위해 기사의 전문을 현대어로 고쳐 인용한다.

"선생을 좀 뵈려고 네 번째 옵니다."

연 사흘 탐정이나 하듯 신명균 씨의 뒤를 밟은 기자는 25일 오후에야 중앙인서관 뒷방에서 붙들었다. H형과 전화로 연락해서 잠깐 쉬러 오신 때 기민하게 달려간 것이었다.

"그렇게 바쁘십니까?"

"네, 요새 좀 바쁩니다."

신씨는 어마어마하게 큰 두 눈을 데그르 굴린다. 박박 깎은 머리, 새까만 수염. 연단에서 가끔 뵌 일은 있지만, 이렇게 눈에 광채가 나는 줄은 몰랐다.

"선생이 주시경 선생의 직계 제자라던데요?" 하고 기자가 말을 꺼내니 신씨는 귀가 번쩍 뜨이는 모양이다.

"선생의 학설을 이어받은 제자는 못 됩니다만, 선생을 가장 가까이 모신 것은 아마 나일까 합니다."

"주 선생을 아신 것은 언제부터였습니까?"

"내가 한 스물이 되었을 때니까 주 선생이 34세 때인가 합니다. 그때 선생이 전 보성학교 자리에 조선어학원이라는 것을 창설해서 교수를 하고 계셨습니다. 나도 그때 그 학생이었지요."

"그때 또 누가 계셨나요?"

"최현배 씨, 권덕규 씨, 김두봉 씨, 장지영 씨…… 아니 장지영 씨는 아
니군."

"박승빈 씨는 그때 안 계셨나요?"

"박승빈 씨는 안 계셨습니다."

"그러면 주시경 씨와 박승빈 씨는 그전부터 학설에 관한 토론이 없었습
니까?"

"그렇죠. 주 선생이 생존하실 때는 박승빈 씨가 우리말에 관한 연구를
하신다는 것도 몰랐으니까요. 지금 와서 박승빈 씨 설이 나왔다는 것도
주 선생은 모르실 것입니다."

"주시경 씨는 어느 분의 학설을……?"

"주 선생이야 혼자서 연구에 착수하셨지요. 지금은 다들 한글이니 우리
말이니 하지만, 그때만 해도 우리말을 연구한다면 특수한 사람으로 여
겼습니다. 선생이 처음 이회종이란 어른께 한문을 배울 때 해석을 조선
말로 하는 것을 듣다가, 결국 글이란 말의 기록인데 우리말을 두고 이렇
게 어려운 한자를 배울 필요가 있느냐고 연구에 착수하셨다니까요."

"주 선생의 성격은?"

"강직했지요. 청렴하기 그지없었고……. 일평생 주초酒草를 입에 안 대
신 어른이십니다. 그러면서도 일체의 살림을 혼자 도맡아 하셨지요. 한
번은 수창동으로 이사하셨는데 가보니까 몸소 기둥을 닦고 도배하고 마
루를 훔치고 하십디다."

"주 선생에 관한 일화로 지금도 생각나시는 것은 없습니까?"

"글쎄…… 아, 한번 이런 일이 있었습니다. 누가 작고하셨는지는 잘 기억이 안 되나 선생이 상주가 되셨을 적에 우리가 문상을 갔더니 종이쪽을 내보이십디다. 조선에서는 '상사喪事 말씀 무슨 말씀 하오리까'라고 하면 상주는 입속으로 어물어물하는 것이 예인데, 선생은 '아버지를 여읜 내가 무엇이라 하리까' 든가 하여튼 이런 것을 써 가지고 계십디다."

"식성은 어땠나요?"

"원래 청렴한 분이라 생활도 검박해서 어떤 것을 좋아하셨는지 모르겠습니다만, 중국 요리를 잘 잡수신 것만은 기억됩니다."

"주 선생이 언제 작고하셨나요?"

"벌써 20여 년이나 되지요. 천재는 단명하나 봅니다. 38세에 돌아가셨으니까."

"난 가끔 우리말에 관한 의문이 생기면 선생이 조금만 더 사셨다면 하는 생각을 합니다. 그런다면 지금 와서 새삼스러이……."

신씨는 가만히 눈을 감았다.

"내가 선생을 아끼는 마음은 사제 간의 정의도 정의려니와, 우리를 선생의 완전한 계승자를 만들어놓지 못하고 돌아가신 게 원통합니다. 선생의 그 무서운 정력, 사실 주시경 선생은 천재라기보다는 정력가시지요. 그 정력이란 무서웠으니까. 만에 하나라도 우리가 나누어 가졌어야 할 텐데……."

신씨는 다시 한 번 눈을 감았다. 그러나 이렇게 말하는 씨의 얼굴에는 그 무서운 정력이 그대로 나타났다.

마각을 드러내다

1942년 1월 조선어학회는 장래 민족 사업에 유용한 국가적 인재를 양
성할 조선양사원을 세우려다가 실패했다. 1934년 겨울 이극로, 안호
상, 이은상 등이 안암동 안호상의 집에 모여 아이디어를 짜냈다. 하지
만 진행이 지지부진하다가 1936년 이윤재와 이은상의 주선으로 황해
도 안악의 유지 김홍량, 조선어학회 후원 인사 이우식과 교섭하여 완
성 단계에 이르렀다.

마침내 조선어학회사건 |

이우식은 이극로, 이희승, 이인과 마주한 자리에서 조선양사원을 위해
1000석에 해당하는 전 재산을 내놓겠다는 각서까지 썼다. 이 계획은
태평양전쟁이 발발하면서 물거품이 되었으나, 일제의 사찰에 발각되

면서 독립투사 양성 기관 설치 계획으로 오인 받았다. 일경은 사전 편찬 사업에 참여한 조선어학회 관계자들을 모조리 요시찰인물로 지정·감시했다.

일제는 1938년부터 지원병제도를 통해 이 땅의 청년들을 강제로 전쟁터에 내몰았다. 아울러 각급 학교의 조선어 과목을 폐지하고, 조선어 사용 금지와 일본어 상용을 강제했다. 이때 일제는 어용학자들을 동원하여 내선동조동근론內鮮同祖同根論을 주장하며 가정마다 아마테라스 오미카미의 신위를 모시라고 했다. 1940년에는 총독부의 정책에 딴죽을 걸며 저항하던 민족지 동아일보와 조선일보를 폐간하고, 창씨개명까지 강요했다.

이런 상황에서 조선어학회는 조선어 사전의 원고 정리를 마치고, 원고의 3분의 1을 총독부 도서과에 제출하여 출판 허가를 요청했다. 그러자 총독부는 본문에서 많은 부분을 정정·삭제하는 조건으로 1940년 3월 12일 출판을 허가했다. 그동안 절치부심한 조선어학회의 노력이 결실을 거둘 순간이 다가왔다. 용기백배한 회원들은 우선 '가'자 부분의 사전 출간을 진행하기로 결정했다. 이제는 출판 자금을 확보하는 일이 시급했다.

조선어학회 회원들이 2년 가까이 동분서주하며 노력한 끝에 1942년 3월 대동인쇄소 노성식 사장의 도움을 받아 일부 원고의 조판에 들어갔다. 하지만 일제는 그해 중반 조선에 있는 모든 국산장려 단체와 국사 연구 단체들을 강제로 해산하더니, 마침내 이극로와 대종교 3대 교주 윤세복의 연계를 파악한 다음 10월 1일 조선어학회사건을 일으켰다. 오랫동안 갖은 굴욕을 참고 견디며 완성하고자 한 《조선말 큰사전》은

출간을 앞둔 마지막 단계에서 또다시 돛대가 찢어지고 삿대가 부러지
는 신세가 되고 말았다.

"이봐, 당신! 신분증 좀 줘봐."

"저 말입니까? 읍내 사는 사람입니다. 신분증은 집에 두고 왔는데요."

"그래? 여기는 무슨 일로 왔나?"

"친구를 마중 나온 길입니다."

"그런가? 신분증이 없다니 좀 수상한데?"

1942년 여름, 홍원읍의 전진 정거장 대합실에서 홍원경찰서 고등계
형사 후카자와深澤가 한복을 입은 청년을 불심검문 했다. 홍원육영학원
의 설립자이고 어업조합장의 아들인 그는 일본 메이지대학 상과를 나
온 인텔리 박병엽이다. 그는 지장일이라는 친구를 만나러 정거장에 나
온 길이었다.

전쟁 통이라 조선인은 조금만 의심스러운 기색만 비쳐도 반일 분자
로 몰아세울 때였다. 잠시 뒤 박병엽의 말대로 친구 지장일이 나타나
자, 후카자와는 두 사람을 경찰서로 연행했다. 심문 과정에서 아무런
꼬투리도 잡지 못하자 후카자와는 동료 야스다安田와 함께 박병엽의 집
으로 쳐들어가 가택수색을 했다. 야스다는 조선인으로 본명은 안정묵
이었다.

"별다른 게 없는데?"

"잘 찾아보자고. 털어서 먼지 안 나는 놈 없어."

공명심에 불타던 야스다는 박병엽의 방에서 책과 공책 등을 샅샅이
뒤졌지만 쓸 만한 것이 나오지 않자, 영생여학교 4학년인 그의 조카 박

영옥의 방을 뒤졌다. 갑자기 그의 눈이 기묘하게 반짝였다. 그의 손에는 박영옥이 쓴 일기장이 있었다.

"호오, 재미있는 게 있네."

"뭔데?"

"여기 좀 보라고. 학교에서 국어를 쓰는 학생을 처벌했다고 씌어 있잖아."

"난 또 뭐라고. 조선어를 쓰지 못하게 하는 건 당연한 일 아닌가?"

"그게 아니지. 요즘 국어는 일본어잖아."

"아, 그렇군. 역시 야스다 군은 뭔가 다르네."

후카자와는 감탄하며 야스다를 치켜세웠다. 야스다는 큰 건을 터뜨릴 수 있겠다는 야심에 마른침을 삼켰다. 일기장에 담임교사의 검인까지 찍혔으니 트집 잡을 이유도 충분했다. 이튿날 야스다는 박영옥을 소환·조사해도 혐의를 잡지 못하자, 그녀의 친구 이성희, 이순자, 채순남, 정인자를 닦달했다.

"어떤 선생이 국어를 쓰면 벌을 주었는지 말해라."

"그런 선생님은 없어요. 정말이에요."

"불순분자를 감싸면 큰 벌을 받는다. 좋게 말할 때 어서 불어."

야스다는 원하는 대답이 나올 때까지 어린 학생들을 어르고 겁주었다. 결국 학생들은 정태진과 김학준의 이름을 대고 말았다. 정태진은 미국 컬럼비아대학Columbia University 출신으로, 영생여학교에 근무하다가 그만두고 조선어학회에서 사전을 만들고 있었다. 김학준은 도쿄에서 경제학을 공부한 인물이다. 두 사람은 교단에 있을 때 학생들에게 우리 민족의 우수성을 설파하고, 일본의 불안한 장래에 대해 자주 언급했다. 야스다는 정태진을 주목했다.

"조선어학회라…… 조선어 사전을 만들고 있다니 불순분자가 분명
하군."

정태진의 억지 자백 |

9월 5일 야스다는 조선어학회의 사전 편찬에 참여하던 정태진을 함경
남도 홍원경찰서로 끌고 와 온갖 고문을 한 끝에 조선어학회가 민족주
의 단체이며, 독립운동을 목적으로 조선어 사전을 편찬하고 있다는 자
백을 받아냈다. 의기양양해진 그는 상부에 반일 단체를 적발했고, 그
들이 민족의식을 고취하기 위해 조선어 사전을 제작하고 있다고 보고
했다. 야스다는 정태진이 두 차례에 걸쳐 영생여자고등보통학교에 교
사로 재직하면서 학생들에게 민족의식을 주입한 다섯 가지 사례를 열
거했다.

첫째, 1936년 8월경 2학년 학생 50여 명에게 임진왜란 때 남원에서
김홍도라는 여인이 남장을 하고 남편과 함께 일본군에 맞서 싸운 사례
를 소개하며, 학생들도 김홍도처럼 조선을 위하는 여성이 되라고 했다.

둘째, 1937년 10월경 2학년 학생 50여 명에게 조선은 일본보다 문화
가 월등했는데 지금은 쇠퇴했으니, 학생들이 면학에 힘써 조선 문화를
회복하고 민족의 장래를 위해 크게 노력하여 예전과 같이 우월한 지위
로 돌아가도록 해야 한다고 했다.

셋째, 1938년 1월경 학생 50여 명에게 임진왜란 때 술에 취한 왜장을 죽인 계월향의 사례를 설명하며 학생들도 계월향의 거룩한 희생정신을 본받아 조선의 회복을 위해 일해달라고 했다.

넷째, 그해 10월경 2학년 학생 50여 명에게 신라 마의태자의 사례를 설명하면서 일본의 식민지가 된 조선에도 유구한 역사가 있음을 잊지 말고 마의태자처럼 조국을 걱정하는 정신을 가져달라고 당부했다.

다섯째, 1939년 5월경 2학년 학생 50여 명에게 조선인은 일본인보다 우수함에도 내분 때문에 국가를 잃고 이민족의 지배를 받고 있으므로 우리 민족은 하루빨리 파벌 투쟁의 악습을 고쳐 자유를 얻도록 노력하자고 했다.

형사들은 이와 같은 내용을 담은 자백서를 만들어 정태진에게 서명을 강요했다. 정태진은 악독한 고문에 정신이 혼미해진 나머지 동지들을 지옥으로 떨어뜨리는 자백서에 서명하고 말았다. 이에 따라 조선어학회의 모든 활동은 독립운동의 일환으로 규정되었고, 조선어 사전 편찬 사업이 '오래전부터 민족적 대사업으로 추진하던 사업'이며, 조선어학회의 각종 사업이 '조선 고유문화의 향상과 조선 민중의 민족의식 환기에 의하여 조선 독립의 실력을 양성하고 독립을 실현하기 위한 것'이라고 보고되었다.

"조선어학회는 국민총력조선연맹 소속이다. 야스다 녀석이 공을 세우려고 무리한 깃 아닌가? 구체적인 범죄 사실이나 물증도 없잖아."

"아무래도 그런 것 같군. 조선어 사전 출간도 총독부에서 허가가 난 사안인데."

"이 사람들은 조선인 중에서 명사인데, 어쩐다……."

보고를 받은 홍원경찰서와 함경남도 경찰부 간부들의 입장이 난처해졌다. 하지만 벌여놓은 사안을 아무 이유 없이 물릴 수도 없었다. 때마침 총독부 경무국 외사과장이 현지에 오자 사건을 어떻게 처리해야 하는지 물었지만, 그도 뾰족한 방법이 없어 답을 회피했다. 그런데 며칠 뒤 총독부에서 의외의 명령이 떨어졌다.

"요시찰인 중에서 위험 분자는 모두 검거하여 엄중히 처벌하라."

평소 조선어학회 회원들을 감시하면서 대종교와 이극로의 연계 상황을 파악하던 일제는 이 기회에 조선어 연구와 사전 편찬 작업을 와해시키기로 결정했다. 여기에는 군국주의적 식민 지배 체제를 강화하기 위해 민족주의적 색채를 띠는 단체를 해산·탄압하려는 목적이 있었다. 공명심에 휩싸인 야스다의 막무가내 식 수사가 총독부의 폭압적인 식민 통치 정책에 일조한 셈이다.

조선어학회 회원 일제 검거

일제는 조선어학회를 '문화 운동의 가면 아래 조선 독립을 목적으로 하는 실력 배양 단체'이자 민족주의 단체 중 불발의 지위를 점하고 아성을 지키는 단체로 규정하고, 그들의 어문운동을 문화적 민족운동이자 가장 의미 깊은 민족 독립운동의 점진적 형태로 규정했다. 그들은 사건을 확대하면서 조선어사전편찬회 발기인 108명과 재정 후원자 전원, 이를 후원한 신문사 책임자들, 심지어 진단학회 회원까지 검거하려

했으나, 총독부 학무국의 지시로 검거 인원을 축소했다고 한다.

1942년 10월 1일부터 조선어학회 회원 일제 검거가 시작되었다. 죄명은 치안유지법 1조 내란죄였다. 회원들은 독지가 정세권이 지어준 화동의 회관 사무실에서 조선어 사전 편찬 작업을 마무리하고 있었다. 처음 체포된 장지영, 최현배, 김윤경, 이희승이 경기도 경찰부로 연행되었고 이어서 이윤재, 이극로, 정인승, 권승욱, 한징, 이중화, 이석린이 본정경찰서와 종로경찰서에 수감되었다.

이석린은 그날 이극로에게서 "염려하지 마라. 곧 정치적으로 해결될 것이다"라는 말을 들었다고 한다. 그러나 이석린은 1943년 9월 18일 기소유예로 풀려나자마자 이극로의 집에 갔다가 부인 이공순에게서 이극로의 희망과 달리 국민총력조선연맹 '총재'의 도움을 받을 수 없었다는 이야기를 듣는다.

국민총력조선연맹의 총재는 당시 조선 총독 고이소小磯였고, 1943년 11월 조선인으로 가장 높은 지위인 사무국 총장에 임명된 것은 한상룡이었다. 이튿날 저녁 조선인 형사들이 그들에게 수갑을 채우고 포승을 묶으면서 이렇게 수군거렸다.

"이번에 잡아온 놈이 모두 몇 마리야?"

"열한 마린가? 아직 잡아와야 할 놈이 더 많아."

그 소리를 들은 회원들은 얼굴이 확 붉어졌다. 조선에서 내로라하는 지식인이던 그들은 살아생전 그처럼 모욕적인 대접을 받아본 적이 없었다. 하지만 분위기가 분위기인 만큼 그들은 형사들이 이끄는 대로 따라가야 했다. 그 와중에도 궁금증이 도진 만큼 나직한 대화가 오갔다.

"대체 무엇 때문에 우리를 체포한 걸까?"

"조선어 사전 때문에?"

"설마…… 총독부에서 허가받은 내용이잖아."

"그럼 혹시 고루나 백연 때문에?"

"쉿!"

고루와 백연은 이극로와 김두봉의 아호다. 그들은 우리 말글 운동을 제3의 독립운동으로 여기고 국내외에서 남다른 열정을 기울였다. 태평양전쟁에서 일본이 불리한 상황으로 접어들던 시기, 두 사람의 활동으로 어떤 상황이 벌어졌던 걸까. 새삼 긴장감이 가슴을 옥죄었다.

야수들의 시간

체포된 조선어학회 회원들은 전차로 경성까지 이송된 다음 기차에 태워졌다. 어디로 가는지 물었지만 형사들은 대꾸하지 않았다. 날이 밝자 기차는 고산을 지나 원산, 영흥을 거쳐 함흥에 다다랐다. 그곳에서 이극로, 권승욱, 정인승이 내렸다. 나머지 여덟 명은 전진을 거쳐 홍원까지 갔다.

홍원경찰서 유치장에는 일반 잡범들과 함께 함흥 영생여학교 학생들이 가득했다. 그때까지 회원들은 무슨 영문인지 알 수가 없었다. 간수들은 감방이 비좁아서 다섯 명만 우겨넣고 이윤재, 한징, 이희승은 3인용 족쇄에 채운 채 유치장 복도에 세워두었다. 간수들이 눈을 부라리는 바람에 이야기조차 나눌 수 없었다. 여학생들이 소곤거리는 눈치를 보이면 그들은 물을 뿌리며 제지했다. 하지만 성품이 소탈한 이윤재는 이희승에게 속삭였다.

"이 선생, 풀려나거든 광나루 건너 우리 과수원에 놀러 오슈."

두려운 현실 앞에서 마치 산책하러 나온 것처럼 주변을 의식하지 않는 그의 태도에 동료들은 헛웃음 지을 수밖에 없었다. 이희승에 따르면 그는 우리 사회 과도기의 전형적인 선비로, 순진하고 고지식하며 꾸밈이 없는 인물이었다. 10여 일 뒤 잡범들이 검찰에 송치되자, 회원들은 비로소 감방으로 들어갔다.

며칠 뒤 이병기, 이만규, 이강래, 김선기, 정열모, 김법린, 이우식이 검거되었고, 이어 서승효, 안재홍, 이인, 김양수, 장현식, 정인섭, 윤병호, 이은상, 김도연, 서민호, 신윤국, 김종철까지 총 31명이 검거되어 홍원경찰서로 끌려왔다. 불행 중 다행이라면 권덕규가 심한 중풍 때문에 두 차례나 경성역까지 불려왔지만 구속을 면했고, 안호상은 재빨리 몸을 피했는지 종적이 묘연하다는 것이었다.

무덕전의 공포 ｜

경찰은 조선어학회 관계자를 모두 체포할 때까지 그들을 내버려두었다. 무료하고 답답한 나날에도 불안감은 가시지 않았다. 함께 갇혀 있던 김윤경, 이병기, 정인승, 이은상, 김선기, 이석린, 이희승은 이 감방을 칠불당七佛堂이라고 불렀다. 족쇄에서 풀려나 용변은 마음대로 볼 수 있었지만 하루 종일 입을 다물고 묵상해야 하니 부처님이나 다를 바 없다는 일종의 자조였다.

"사회적으로 명망 높은 분들이니 신사적으로 대접해주겠소."

처음에 형사들은 제법 공손한 태도를 취하더니, 얼마 지나지 않아

본색을 드러냈다. 그 선봉에 자칭 사상범을 다루는 데 백전노졸이라는 고등계 형사들이 등장했다. 그들은 어느 날 불시에 피의자를 한 사람씩 불러 조선어학회에서 한 일을 조목조목 들어가며 자술서를 쓰라고 명령했다.

하지만 내용이 마음에 들지 않자 태도가 돌변했다. 갑자기 자술서를 찢어발기면서 손찌검을 하는가 싶더니, 급기야 비인도적인 고문을 가했다. 물 먹이기, 공중에 달고 치기, 비행기태우기, 메어치기, 난장질하기, 불로 지지기, 개처럼 사지로 서기, 뺨 치기, 얼굴에 먹으로 악마 그리기, 동지끼리 서로 치게 하기 등 갖은 악형이었다.

"아아악! 이제 그만!"

"칙쇼, 상하이임시정부에서 어떤 지령을 받았는지 불란 말이다."

"그런 적 없습니다. 나는 몰라요."

"거기 가서 독립운동하는 김두봉이를 만났잖아?"

"그건 사전 원고를 받기 위해서였다니까요."

"정태진이가 벌써 다 불었다. 바른대로 말해."

"그럴 리가 없소. 그는 사무실에서 사전 편찬을 했을 뿐이오."

"이 자식이 아직 호된 맛을 못 보았군. 에잇!"

"으윽! 제발 그만……."

1942년 12월 중순, 북풍이 스산하게 맴도는 홍원경찰서의 무덕전. 형사들이 검도와 유도를 수련하는 널찍한 방 안 곳곳에서 거친 일본어 욕설과 함께 처참한 비명이 울려 퍼졌다. 형사들은 각목이나 목총을 잡히는 대로 들어 의자에 묶어둔 조선어학회 회원들을 구타하면서 원하는 자백을 받으려고 눈에 불을 켰다. 피가 튀면서 누런 죄수복이 벌겋게 물들었지만, 그들은 심문을 멈추지 않았다.

"이것 봐, 이 카드에 태극기가 대한제국의 국기라고 씌어 있잖아. 창덕궁은 대한제국 황제 순종이 거처하던 궁궐이라고? 이렇게 해서 조선인을 선동하려고 하는 거잖아, 아냐?"

"사전에 그런 설명이 들어가는 것은 당연하오."

"웃기네. 그럼 서울에 대한 설명이 왜 황도인 도쿄보다 길어?"

"그런 억지가 어디 있소?"

"억지라고! 허, 이놈이 내가 누군지 모르는 모양이네."

형사들 중에는 인간 백정으로 불리던 야스다와 이윤재의 제자였던 시바타 켄지柴田健次가 가장 악랄했다. 조선어학회 회원들을 체포하는 데 결정적인 역할을 야스다는 이윤재를 집중적으로 고문했다. 조선어사전편찬회를 창립했을 때 상하이에 있는 독립투사이자 한글학자인 김두봉을 만나고 왔다는 사실 때문이다. 상부의 요구대로 조선어학회 회원들이 상하이임시정부나 옌안延安에 있는 조선독립군 집단과 내통했다는 자백을 받아내면 출셋길이 활짝 열릴 것이다.

육전陸戰이라 하여 인정사정없는 구타가 한동안 이어지더니, 유도 기술로 번쩍 들어 바닥에 메다꽂았다. 피의자들의 몸에 감각이 사라질 즈음 해전海戰, 곧 물고문이 시작되었다. 긴 나무 걸상에 반듯하게 뉘고 묶은 뒤 커다란 주전자로 콧구멍에 물을 붓는 것이다. 콧구멍으로 들어간 물은 기관을 따라 폐부에 스며들고, 입으로 들어간 물은 위로 흘러들어 삽시간에 만삭의 여자처럼 배가 불룩해지면 정신이 몽롱하고 판단력이 사라진다.

“다시 한 번 묻겠다. 사전 편찬은 조선인에게 민족정신을 불어넣으려는 것이지?”

“네? 네…….”

“그래서 조선 독립을 꾀했지?”

“네, 네.”

“하, 그러니까 조선어학회는 반국가 단체라는 걸 인정한다는 뜻이네.”

“물론입니다, 맞아요.”

정신이 혼미한 이윤재에게 원하는 대답을 얻었어도 형사들은 고문을 멈추지 않았다. 잠시 감방으로 보내 주사를 놓고 정신이 들자 이번에는 공전空戰, 곧 비행기태우기로 이어졌다. 야스다는 이윤재의 두 팔을 뒤로 묶어 팔 사이에 작대기를 지르고 양쪽 끝을 밧줄로 묶은 뒤 천장에 달고 짚단을 발밑에 괴었다. 그러다 원하는 대답이 나오지 않으면 짚단을 빼고 달아맨 두 줄을 그넷줄 꼬듯 한참 꼬았다가 풀었다. 그러면 피의자는 빙빙 돌면서 심한 어지러움과 함께 팔이 떨어져 나갈 듯한 고통을 느끼다가 혀를 빼문 채 기절했다.

주리를 트는 것처럼 두 다리를 뻗은 채 앉히고 목총을 두 다리 사이에 넣어 비틀어대는 ‘아사가제’도 있다. 걸음조차 걷지 못할 정도로 다리뼈를 상하게 하는 악질적인 수법이다.

함흥경찰서로 끌려간 이극로, 권승욱, 정인승도 사정은 마찬가지였다. 수감되자마자 며칠을 굶긴 형사들은 권승욱을 취조실로 데려가서 뱀처럼 혀를 날름거렸다.

“바른대로 말하지 않으면 죽이겠다. 조선어학회의 목적을 말하라.”

“조선어학회는 순수한 학술 연구 기관이오. 다른 목적이 있겠소?”

"이놈이 아직 상황을 잘 모르는군. 너희는 대일본제국의 치안유지법에 걸렸다. 지금은 전시니까 이 법률에 저촉되면 죽은 목숨이나 다름없단 말이다."

형사는 피식 웃으며 갑자기 뺨을 후려갈겼다. 권승욱은 자신의 말이 동지들에게 해를 끼칠까 봐 시종일관 대답을 회피했다.

"이극로가 조선어학회에서 무슨 일을 했지?"

"조선어 사전을 만들었소."

"닥쳐! 너희는 독립운동을 했잖아?"

"아니오. 당신 말마따나 우리는 대일본 제국의 신민이오. 우리 학회

치안유지법

일제강점기 민족해방운동을 탄압하기 위해 만들어진 사상 통제법이다. 이전에는 보안법과 정치범죄 처벌의 건(제령 7호)이 있었지만, 3·1운동 이후 새롭게 전파되던 사회주의를 통제하기에 미흡하여 1925년 일본에서 공포된 치안유지법을 1928년부터 조선과 사할린Sakhalin에서도 실시했다. 이로 인해 국체의 변혁과 사유재산제도를 부인하는 사회주의 혁명가들에게 사형과 무기징역 형을 내릴 수 있었다. 아울러 '결사의 목적을 수행하기 위한 행위'라는 목적수행죄를 신설했는데, 이 조항은 귀에 걸면 귀걸이 코에 걸면 코걸이 격으로 어떤 범죄에도 적용할 수 있었다.

이 법을 실시함으로써 일제의 고등경찰망이 확충되고, 1928년에는 사상범을 전문으로 다루는 검사와 예심판사가 배치되었다. 형무소는 잡범에게 사상 선전을 막기 위해 사상범을 독방에 수용했으며, 막대한 예산을 들여 형무소를 증축했다. 그러나 사상운동이 오히려 가속화되자 1933년부터 사상 전향 제도를 시행했다.

이후 일본은 조선사상범보호관찰령(1936년)과 조선사상범예방구금령(1941년)을 공포, 비전향 사상범에 대한 보호관찰과 예방구금 제도를 시행하여 강압적인 지배 체제를 구축했다. 이후 전시체제에 돌입한 일본 정부는 1941년 3월 강화된 '치안유지법 중 개정법률'을 공포하여 공산주의와 무정부주의 운동에 입각한 각종 결사를 탄압했다. 또 이전에는 제령 7호로 처벌하던 독립운동도 국체의 변혁에 해당한다 하여 치안유지법을 적용했다. 독립운동은 해외의 정의부나 의열단 등 무력 투쟁과 관계된 사건이 대부분이라 살인, 강도 등의 병합죄로 사형을 선고하는 경우가 많았다.

일제는 황국신민화 정책을 실시하면서 수양동우회, 조선어학회 등 온건한 민족운동 단체에도 치안유지법을 적용했다. 그 결과 1935년까지 1659건에 이르는 경찰권 남용으로 1만 7713명이 검거되었다.

가 국민총력조선연맹에 가입된 걸 알고 있잖소?"

"헛소리하지 마라. 그게 위장이라는 걸 모를 줄 아느냐?"

형사들은 발로 차고 짓밟으며 갖은 수모를 주었다. 구타에 따른 통증보다 분한 것은 인간적인 모멸감이었다. 그런 꼴을 당하다 보니 개돼지보다 못하다는 설움이 몰려왔다.

"대체 왜 이러는 거요. 차라리 죽여주시오."

"그래? 좋아, 죽여주지."

형사들은 발가벗기고 옆방으로 끌고 갔다. 여기에서도 물고문이 준비되었다. 수도 밑에는 큰 물통이 있고, 석 되들이 주전자가 서너 개 있으며, 긴 나무 의자 같은 틀이 가로놓였다. 그들은 권승욱을 틀에 누이고 발목을 동여맨 다음 팔은 뒤로 젖혀 손목을 동여매서 꼼짝 못하게 했다. 그러더니 한 놈은 발에 올라타고, 한 놈은 머리를 움켜쥔 채 주전자를 들어 입과 코에 들이부었다.

"물을 먹으면 저승에 가고, 저승에 못 가면 폐병이 걸린다."

형사들은 악귀처럼 그의 귀에 속삭였다. 물을 마시지 않으려고 했지만, 호흡과 함께 물이 폐로 들어왔다. 엄청난 고통이 밀려왔다. 몸부림치면서 형사의 손에 쥐어진 머리카락이 한 줌씩 빠졌다. 차라리 기절하는 쪽이 낫겠지만, 마음처럼 되지 않는다.

참으로 잔인한 고문이다. 결국 배가 불룩해지더니 분수처럼 물을 토한다. 기질이 약한 사람은 그 사이에 기절하고, 기질이 강한 사람은 토할 때까지 하는 게 물고문이다. 이극로와 김윤경, 이석린도 권승욱이나 이윤재 못지않은 고문을 당해 금세 폐인처럼 되었다. 함흥에 있던 세 사람은 10여 일 동안 시달리다가 홍원경찰서로 옮겨졌다.

조선어학회사건의 중심인물도 아닌 이인에 대한 일제의 고문은 더욱 잔혹했다. 민족 변호사로서 미운털이 박혔기 때문이다. 어린 시절 독립투사인 숙부 이시영에게 군자금을 조달하다가 체포되어 고난을 당한 그는 1922년 변호사가 되어 의열단 사건, 통영민중대회 사건, 고려혁명당 사건, 조선공산당 사건, 수원고농 사건, 광주학생항일운동, 안창호 사건, 형평사 사건 등 항일운동 사건 수백 건을 변호했다. 일경에게 그는 골칫거리였다.

"저놈은 악질이니 좀더 손을 봐주도록 해."

상부에서 지시를 받은 형사들은 밤 11시가 되면 그를 불러 심문했다. 그들은 이인에게서 《조선말 큰사전》 간행 작업과 벨기에 브뤼셀Brussel에서 열린 세계피압박민족대회에 김법린을 대표로 파견하여 독립을 촉구한 일, 인재 양성 기관으로 계획한 조선양사원과 문화 증진을 위해 운영하던 조선기념도서출판관, 과학을 보급하는 조선과학보급회, 발명학회, 조선물산장려회 등이 활동한 궁극적 목적이 조선 독립의 준비 공작이었다는 자백을 받아내고자 했다.

그들은 조서를 받다가 조금이라도 비위가 상하면 무조건 주먹으로 때리고, 곁에 있는 죽도나 각목을 들고 후려쳤다. 이인은 앞니 두 개가 빠지고 쪽박귀가 되었으며, 엄지와 검지 사이가 죽 찢어져 손가락을 완전히 펴지 못하는 신세가 되었다. 틈만 나면 비행기태우기, 아사가제 같은 고문이 이어졌다.

미운털이 박힌 것은 조선일보에서 문자 보급반 운동을 이끈 장지영도 마찬가지다. 엄동설한에 무덕전에서 많은 사람들이 바라보는 가운데 발가벗겨 엎드리게 하고, 얼음 같은 물을 머리부터 엉덩이까지 퍼부었다. 이런 고문이 몇 차례 이어지면 거의 동태처럼 얼어붙어 육체적 고통뿐만 아니라 정신적으로도 공황에 빠진다. 실로 지능적이고 야만적인 고문이 아닐 수 없다.

김양수, 김도연, 이인 등과 함께 조선어학회의 후원 회원으로서 재정 지원을 아끼지 않은 사업가 장현식은 혀에 대못이 박히는 최악의 고문을 당하여 평생 말더듬이로 살아야 했다. 형사들은 피의자들의 자백 내용을 맞추기 위해 고문을 멈추지 않았다. 이대로 가면 재판을 받기도 전에 모두 유치장에서 개죽음을 당할 것 같았다. 이윤재와 김윤경이 그때까지 버티던 몇몇 회원들을 설득했다.

"일단 살아 나가고 봅시다. 저들이 원하는 대로 자술서를 써주세요."

"그래요. 막상 재판이 시작되면 간접 목적으로 한 행동은 범죄 요건이 성립되지 않아요."

두 사람은 몇 년 전 수양동우회 사건으로 체포되어 고문을 당하고 자백했다가 무죄로 풀려난 적이 있다. 잔혹한 일제의 하수인인 경찰에 묶여 있기보다는 형식적으로나마 법률적인 판단을 하는 검찰이나 재판정에서 시시비비를 논하는 것이 낫다는 뜻이었다. 회원들은 형사들이 원하는 대로 자술서를 쓰고 말을 맞춰주었다. 이 지옥에서 벗어나 검찰로 이송되기를 바라는 마음뿐이었다.

한데 경찰의 조사가 끝나도 검찰로 이송되지 않았다. 갑자기 피의자들의 검찰 이송이 생략되고, 8월경 담당 형사가 배석한 자리에서 아오야기青柳五郎라는 검사가 출장 조사를 벌인 것이다. 일본의 낭인 아오야기 남메이青柳南溟의 아들인 그는 경성고상京城高商을 거쳐 규슈九州대학 법과를 나와 검사가 되었는데, 핏줄 그대로 차가운 인물이다. 그는 고문을 받아 억지 자백을 했다는 피의자들의 호소를 들은 체도 하지 않았다. 조사 도중 경찰의 조서 내용을 부인한 사람은 그날 밤 담당 형사에게 불려갔다.

"이 자식아, 검사 영감이 너희 편인 줄 알아? 다 끝난 일이야."

"당신들이 고문하고 자백을 강요한 것은 사실이잖소?"

"빠가야로! 닥치지 못해?"

형사는 닥치는 대로 주먹을 휘두르다가 분을 이기지 못한 듯 각목을 들었다. 또다시 형언할 수 없는 공포와 고통이 몰려왔다. 금세 사방이 어두워졌다.

근자를 배우다

기노시타 기쇼오의 나날

"이번 피의자들은 다 점잖은 분들이고 사회적 지위도 높다. 아직 혐의가 확정된 것이 아니니 법이 허락하는 한 관대하게 대하라."

조선어학회사건으로 체포된 인사들은 사회적 지위나 인격 수양 면에서 당대 최고의 지식인이었다. 홍원 같은 소도시에서는 좀처럼 보기 힘든 명사들이다 보니 홍원경찰서의 니노미야二宮 서장이 직원들에게 훈계했다. 하지만 무지막지한 형사들의 눈에 그들은 생포된 짐승으로 보였다.

"너희 놈들이 아무리 전문학교 교수니, 회사 사장이니 해도 유치장에 들어온 이상 죄수일 뿐이다. 죄수는 인간이 아니라 개돼지에 불과하다."

형사들은 체포한 조선어학회 회원들을 옭아매기 위해 그들이 기고한 신문이나 잡지의 기사 내용, 소지한 책, 일기나 사소한 메모까지 샅샅이 뒤졌다. 일기에서 누구를 찾아갔다거나 누가 찾아왔다는 기록이 발견되면 사사건건 따져 물었다.

"이렇게 오간 것이 다 조선 독립을 모의하려고 왕래한 것이 아니냐."

"여보시오, 그런 중대한 비밀이라면 애당초 일기에 적을 리가 있소?"

"네 말대로 평범한 왕래라면 일기장에 적을 필요도 없지 않느냐. 너의 과거 생활에서 찾아온 사람과 찾아간 사람이 이들뿐이겠느냐. 그런 왕래 중에서 중요하다고 인정한 것이기 때문에 기록한 것이 아니냐. 똑바로 말해라."

이런 상황에서 메모광 이극로의 수첩 때문에 수많은 사람들이 증인으로 끌려왔다. 이듬해(1943년) 3월 임혁규, 방종현, 백낙준, 곽상훈, 민영욱, 김두백, 김준연, 정세권 등 48명이 홍원경찰서에서 온갖 수모를 당했다.

전남 무안 출신으로 과거 이우식, 장현식, 이인과 함께 조선어사전 편찬회에 참여했고, 1942년 자금 1만 3000원을 조성하여 사전 편찬을 도왔던 임혁규는 당시 갓을 짓밟히고 머리를 깎이는 수모를 당한 것이 한이 되어 평생 모자를 쓰지 않았다고 한다.

형사들은 심문이 없는 날이면 피의자들을 경찰서 마당으로 끌어내 체조를 시키거나 볕을 쬐게 해주었다. 최고령자인 이중화와 최연소자인 권승욱까지 한 사람 한 사람 포승을 묶어 죽 늘어세운 다음 원을 그리며 뛰게 했는데, 모진 고문으로 몸과 마음이 지친 이들에게는 여전히 두려운 시간이었다. 저들이 언제 악귀로 변할지 알 수 없었기 때문이다.

회원들은 한겨울에도 유치장 안에서 별로 추위를 타지 않았다. 대부분 집안이 여유가 있어서 두꺼운 솜옷과 솜이불을 보내주었기 때문이다. 게다가 좁은 감방에 사람들이 많아 열기가 넘쳤다. 그들을 제일 괴롭힌 것은 굶주림이다. 피의자들에게 주는 밥은 형편없었다.

각 방에는 홍원 출신 사상범 피의자들이 하나 둘씩 있었는데, 종종 사식을 먹었다. 잡곡으로 덮인 커다란 그릇에는 기름기가 좔좔 흐르는 쌀밥이 숨어 있었다. 회원들은 저절로 침이 고였지만 체면상 얻어먹지는 못했다. 다행히 감옥의 인심은 나쁘지 않아서 옆 사람에게 조금씩 덜어주었는데, 제한된 분량에 사람이 많으니 난처한 노릇이다. 그래서 차례를 정해놓고 공평하게 분배해주었다. 쌀밥을 한술이라도 얻어먹으면 그야말로 천국에서 노니는 듯 행복했다.

일반 죄수들의 사식을 맛본 회원들은 약과, 다식, 우유 가루, 흰무리 떡(백설기), 미숫가루 등을 보내달라고 편지를 썼다. 가족들이 직접 면회를 오거나 소포로 부쳐주니 날마다 음식물이 유치장으로 들어왔다. 그러면 간수 임무를 맡은 순사를 통해 다섯 감방에서 나누어 먹었다. 회원 중에서 차입이 가장 많고 질도 좋은 것은 이우식이었다. 사회와 마찬가지로 감방에서도 부유한 사람이 인심을 많이 쓴다. 어느 날 그가 조용한 목소리로 중얼거렸다.

"아무래도 형사 놈들이 차입 물품을 빼돌리는 것 같아요."

"그걸 어떻게 알지요?"

"편지에 적힌 양보다 턱없이 적어요. 좀 살펴봐야겠어요."

알고 보니 경찰서 서무계에서 소포를 접수하면 고등계 형사들이 피의자들에게 전달하는 과정에서 반 이상 빼먹었다. 무덕전에서 회원들을 심문할 때 차입한 음식물이 들어오면 점심시간에 그 자리에서 나누어 먹고, 남은 것은 싸두었다가 나중에 받는 일이 종종 있었다. 한데 나중에 비교해보니 양이 눈에 띄게 줄었다. 버럭 의심이 든 회원들이 눈여겨보니 형사들이 퇴근할 때 신문지로 싼 뭉치를 한 덩이씩 들고 가는 것이었다.

그러던 어느 날 회원들이 무덕전에서 심문을 받는데, 이석린에게 소포 상자가 도착했다. 남편의 편지를 받은 그의 아내가 이웃에게 쌀 몇 됫박을 빌려서 흰무리떡을 보낸 것이다. 빈한한 살림살이 때문에 편지를 보내고도 기대하지 않은 그는 떡을 먹으면서 눈물을 흘렸다. 험한 고문을 받으면서도 아내의 피와 살이 섞인 떡을 생각하며 견뎠다. 한데 감방에는 아무것도 들고 갈 수 없으니 형사에게 맡겨야 했다. 다음 날 또다시 무덕전에 나간 그는 형사에게 맡겨둔 떡을 달라고 했는데, 형사는 음식을 보관하는 방에 다녀오더니 멀뚱한 표정으로 말했다.

"다 없어졌는데……."

"어제 조금 먹고 대부분 남겼는데 없어질 리가 있습니까?"

"쥐가 먹었나 보지."

이석린이 강하게 항의하자, 형사 한 놈이 너스레를 떨었다. 그러자 곁에 있던 야스다가 히죽 웃으며 말했다.

"오늘 아침에 보니 곰팡이가 나서 버렸어. 상한 음식을 먹으면 병이 날 텐데 조심해야지."

그 말을 들은 이석린은 어안이 벙벙한 표정으로 먼 산만 바라보았다. 곁에 있던 이희승은 그의 눈에 가득 고인 눈물을 보고 마른침을 삼켰다. 그 뒤로도 형사들은 음식물을 빼돌리고 쥐가 물어 갔다는 평계를 댔다. 그래서 회원들은 그들을 인쥐라고 부르며 비웃었다.

인쥐는 무덕전뿐만 아니라 유치장에도 있었다. 감방을 감시하는 순사 중에 관대한 척하는 일본인 간수가 있었다. 능구리라고 불리던 그는 야간에 자기 차례가 되면 난롯가에서 조는 척하다가 피의자들이 잠들면 쥐새끼 본색을 드러냈다. 유치장 구석에는 피의자들의 소지품을 보관하는 서랍장이 있었다. 그 안에는 담배나 돈, 미숫가루 등이 있었는데, 피의자들이 지쳐 잠든 시간에 서랍을 뒤져 내용물을 훔쳤다. 회원들은 그의 능글능글하고 음흉한 처신을 보면서 일본의 패망이 멀지 않았음을 예견했다.

"도둑을 잡아야 할 순사가 도둑질하니 참으로 말세다. 법이 무너졌으니 일본도 곧 무너지겠구나."

스모모와 기노시타 기쇼오 |

1939년 11월 조선총독부는 제령 19호로 조선민사령을 개정하여 이듬해 2월부터 시행하기로 했는데, 그 첫 조항이 '조선인의 성명제姓名制를 폐지하고 성씨姓氏의 칭호를 사용할 것'이었다. 신사참배, '황국신민의 서사' 암송, 지원병제도 등과 함께 일제 말기 조선인을 개조하여 전쟁의 희생양으로 쓰려던 일제의 악랄한 정책이다. 하지만 극렬 친일파를 제외한 대다수 조선인이 창씨개명에 응하지 않자, 총독부는 법을 고치

고 유명인을 동원하거나 엄청난 불이익을 주어 창씨개명 비율을 79.3퍼
센트로 끌어올렸다.

이희승의 기록에 따르면 당시 그는 경성제일고등보통학교에 다니던
아들 교웅에게 학교에서 물으면 '스모모'로 창씨 했다고 말하라고 했
다. 일본어로 이李자가 '스모모'로 읽히기 때문이다. 조선어학회사건으
로 수감된 회원들은 창씨 한 사람이 없었는데, 홍원경찰서 형사들은
심문 과정에서 그 부분을 물고 늘어졌다.

"창씨 안 한 것만 봐도 너희가 독립을 열망하는 불령선인이라는 증
거가 아니고 뭐냐."

그러던 어느 날 야스다는 이희승을 무덕전으로 끌어내 똑같은 심문
을 하다가 똑같은 대답에 짜증이 치미는지 솥뚜껑 같은 손으로 따귀를
때리고 구둣발로 정강이를 걷어찼다. 그도 모자라 죽도에서 떨어진 댓
조각으로 양쪽 귀를 수차례 내려쳤다. 그러더니 담배를 피워 물고 종
이 한 장을 내밀면서 갑자기 사근사근한 목소리로 말했다.

"이것 봐. 왜 여태까지 창씨개명을 하지 않은 거야? 조선 독립운동
을 하니까 그런 것 아냐? 여기에 지장을 찍어. 그러면 누명을 벗을 수
있지 않겠어?"

그가 내민 것은 창씨개명 신청서였다. 이희승이 멀뚱한 눈으로 바라
보니 야스다는 날인을 강요했다. 이희승이 여전히 머뭇거리자 야스다
는 다시 따귀를 몇 대 날리고 거친 숨을 몰아쉬며 소리쳤다.

"이 자식아, 창씨라도 해서 반성한다는 증거를 보여줘야 할 것 아냐.
그래야 종신형이 떨어지면 15년으로 감형되고, 15년이 떨어지면 10년
으로 감형될 수 있단 말이다. 다 너를 위해서 하는 말이야."

그의 태도를 보니 피의자들에게 창씨개명 청원서를 받아내라는 명령이 떨어진 것 같았다. 이희승이 협박을 이기지 못하고 지장을 찍자, 야스다는 다짐까지 받았다.

"이건 네가 자원한 일이야. 나중에 딴소리하면 죽을 줄 알아."

"네, 알았습니다."

"창씨는 재판소에서 허가받는 일이니까 후보로 몇 가지 이름을 써라."

이희승은 곰곰이 생각한 다음 '이당李堂' '목하木下' '덕강德江'을 썼다. 이당은 당시 이씨李氏 중에 '이가李家'로 창씨 한 사람이 있어 달리 적어 본 것이다. 목하는 일본의 '기노시타'라는 성이 있지만 대종교에서 말하는 신인강우태백산단목하神人降于太白山壇木下, 즉 '환웅이 태백산 신단수 아래로 강림한다'는 뜻으로 민족적인 자부심을 내포한 이름이다. 덕강은 고향의 지명 풍덕군豊德郡 남면南面 상조강리上祖江里에서 뽑은 것이다.

얼마 뒤 재판소에서 목하로 허가해주었다. 그러자 형사나 순사들은 그를 보고 반드시 기노시타 기쇼오木下熙昇라고 불렀다. 이희승이 동지들에게 창씨의 뜻을 알려주니 모두 쓴웃음을 지었다.

뻔뻔스런 약장수들

홍원경찰서 형사들의 야수 같은 고문은 조선어학회사건으로 들어간 회원들의 얼을 빼놓기 일쑤였다. 법적으로는 피의자에 불과하지만 그들의 눈에는 일본 제국의 역도였다. 악명 높은 치안유지법으로 걸려들었으니 어떤 죄목이든 옭아매기만 하면 죽은 목숨이었다.

형사들은 피의자들이 사회적 명사로 대도시 경성에 살았으니 털어낼 것이 많다고 보았는지 뻔뻔스런 사기 행각을 펼쳤다. 무덕전에서 온갖 방식으로 고문을 자행하여 반죽음되게 한 다음 유치장에 의사를 불러 주사를 놓고 약을 먹였다. 형사들이 인도적이어서가 아니라 고문으로 피의자가 죽으면 뒤처리하기 귀찮아서다. 그러면서 주사나 약은 관비로 처리할 테니 걱정하지 말라고 달랬다. 피의자들은 어떻게든 살아서 나가야 하니 그들이 하는 대로 둘 수밖에 없었다.

이런 치료비는 그때그때 의사에게 지불하는 것이 아니라 장부에 적어두었다. 피의자들은 수시로 고문당하고 치료를 받았으니 1년 남짓 되면서 치료비가 눈덩이처럼 불어났다. 이윽고 홍원경찰서에 파견된 검사에게 심문을 받고 1년 만에 함흥형무소로 이감이 확정되자, 치료비 문제가 대두되었다.

당시 회원들은 면회 온 가족이나 우편환 등을 통해 얼마간 금전을 받았지만, 경찰서에서 대신 보관하고 개인 명의로 쓴 돈과 잔액을 통보해주었다. 그런데 형사들은 주인에게 아무런 통고도 없이 맡겨둔 돈에서 밀린 치료비를 의사에게 지불했다. 그 사실을 안 회원들은 벌어진 입을 다물 수가 없었다. 기업인이자 송명학교 교장 출신으로 매사에 계산이 정확한 서민호가 거세게 항의했다.

"여보시오, 예전에 우리 치료비는 관비로 처리하겠다고 말했잖소. 그런데 이제 와서 자비 부담이라니 이게 무슨 경우입니까?"

야스다가 멀뚱한 눈빛으로 말했다.

"우리가 언제 그런 말을 했어? 난 그런 적 없는데?"

화가 치민 회원들이 이구동성으로 따졌다.

"나도 그런 말을 들었소."

"의사가 있을 때 당신이 그렇게 말했잖소? 한번 물어볼까요?"

분위기가 소란스러워지자 가장 무식하고 악질적인 시바타柴田가 소리쳤다.

"이 개자식들아, 주사도 너희가 맞았고 약도 너희가 먹었잖아. 제 몸 살리자고 치료받은 것을 왜 국가에서 대신 내준단 말이냐! 정말 도적놈들이네."

그것으로 끝이었다. 홍원경찰서에 끌려온 뒤 갖은 고문에 도둑질을 당하더니 마지막에는 사기까지 당한 회원들은 기가 막혀서 말도 나오지 않았다. 공권력이 이처럼 타락한 상황에서 그들을 관리하는 일본이 망하지 않는다면 도리어 이상한 일이었다. 회원들은 치미는 분노를 억누르며 감옥에서 일본의 말기적 현상을 지켜보는 수밖에 없었다.

세상이 어지러우면 범죄가 창궐하게 마련이다. 그 무렵 감옥에는 정치범이나 사상범 외에도 사기, 횡령, 절도, 강도, 살인, 강간, 징병령 위반자, 유언비어 전파자, 밀수범, 경제사범 등 죄수가 넘쳐났다. 회원들은 그들에게서 바깥세상 소식을 들었다.

징용과 징병, 근로보국대원으로 끌려가는 농부, 노동자와 그 가족의 참혹한 이야기, 가솔린이 없어서 숯을 굽고 송진을 채취하느라 소나무는 모조리 베고 뿌리째 들쑤신다는 이야기를 듣노라면 저절로 주먹에 힘이 들어갔다. 가장 궁금한 것은 전쟁 상황이지만, 언론에서는 대본영에서 날조한 승전보를 떠들 뿐이었다. 회원들이 전과를 계산해보니 황당한 수치가 나왔다.

그런 허위 보도로 세상을 속이려는 것을 보니 저들의 최후가 가까웠

음을 감지할 수 있었다. 하지만 좁디좁은 감옥에서 구부리고 앉아 견
디는 시간은 참으로 더뎠다. 이은상은 ㄹ자 시를 지어 비참한 신세를
한탄했다.

평생을 배우고도

미처 다 못 배워

인제사 여기 와서

ㄹ자를 배웁니다.

ㄹ자 받침 든 세 글자.

자꾸 읽어봅니다.

제 '말' 지켜라.

제 '글' 지켜라.

제 '얼' 붙안고

차마 놓지 못하다가

끌려와

ㄹ자같이

꼬부리고 앉았소.˙

■ 〈홍원 옥중에서〉, 《노산시조선집鷺山時調選集》.

다섯

그날은 오리라

이승만은 1955년 9월 19일 특별 담화를 발표했다.

"이제 와 보니 국문을 어렵고 복잡하게 쓰는 것이 습관이 되어 고치기 어려운 모양이다. 사람들이 그냥 쓰는 것을 보면 무슨 좋은 점도 있나 보다. 바쁜 와중에 이걸 문제 삼지 않겠다. 민중이 원하는 대로 하라."

여기에는 비록 한글 간소화 정책은 철회하지만, 자신의 견해가 옳다는 주장이 강하게 내포되었다. 어쨌든 미국과 국내 여론을 의식한 이승만의 백기 투항으로 한글 파동은 깨끗이 종식되었다.

꿈은 잠들지 않는다

1년 남짓 홍원경찰서 유치장에서 고투하던 조선어학회 회원들은 1943년 9월 말에야 치안유지법 위반 혐의로 함흥지방법원에 넘겨졌다. 검찰은 경찰에서 넘어온 조서를 바탕으로 이윤재, 이극로, 최현배, 이희승, 정인승, 정태진, 김양수, 김도연, 이우식, 이중화, 김법린, 이인, 한징, 정열모, 장지영, 장현식 등 16명은 기소했지만 이강래, 김윤경, 김선기, 정인섭, 이병기, 윤병호, 서승효, 이은상, 서민호, 이만규, 권승욱, 이석린 등 12명은 기소유예 처분을 내렸다.

기소된 16명과 풀려난 12명 모두 9월 12~13일 홍원경찰서 유치장에서 함흥형무소로 이감되었다. 그때 이희승은 야스다가 던져준 신문을 보고 이탈리아가 연합국에 항복했음을 알았다. 일본의 운명도 다르지 않을 것이라 예감한 그는 이윤재, 한징 등 동료들에게 나직이 속삭였다.

"참고 견뎌봅시다. 왜놈들의 시간이 얼마 남지 않은 것 같아요."

회원들은 함흥형무소에 도착하자마자 미결수가 입는 청색 수의로 갈아입고 독방에 수감되었다. 9월 18일 기소유예 처분을 받은 12명은 석방되었다. 초췌한 몰골이지만 형무소 문을 나서는 그들의 표정은 밝았다. 하지만 나머지 16명의 앞날에 어떤 운명이 기다리는지 아무도 몰랐다.

한 달이 지나도록 예심은 시작할 기미조차 보이지 않았다. 예심은 사상범을 오랫동안 가두기 위한 합법적인 구금 제도였다. 예심이 끝나야 정식 재판(본심)에 들어갈 텐데 시작조차 하지 않은 것이다. 예심은 두 달 뒤인 11월 중순부터 시작되었다. 예심을 맡은 나카노中野虎雄 판사는 피의자들을 한데 모아두고 진정할 사항이 있으면 말하라고 했다. 그러자 한징이 손을 번쩍 들고 소리쳤다.

"감옥에서 주는 정량 미달의 주먹밥으로는 도저히 견딜 수 없소. 밥 좀 더 주시오."

판사는 실소를 금치 못하며 형무소장에게 말해주겠다고 대답했다. 예심이 시작되자 판사는 경찰서나 검찰에서 묻던 내용을 판에 박은 듯이 물었다. 조선어연구회가 조선어학회로 이름이 바뀐 까닭, 이윤재가 상하이에 다녀온 경위, 사전 편찬 작업이 조선인의 민족의식을 일깨우기 위함이 아닌가 등이었다.

"모두 고문에 따른 허위 자백입니다. 우리는 학자일 뿐입니다."

"경찰과 검찰에서 이 내용을 모두 시인하고 왜 이제야 부인하는가? 내가 우습게 보이나?"

"그럴 리가 있습니까? 존경하는 판사님 앞에서 어찌 거짓을 고하겠습니까?"

"시끄럽소! 당신들이 지식인이라면 지식인답게 답변하시오."

나카노 판사 역시 총독부에서 조선어학회사건 처리에 대한 지침을 받은 상태였다. 재판 초입의 상황으로 보아 회원들이 곱게 풀려날 가능성은 없었다. 사전 편찬에 대하여 "문자란 인류의 문화적 업적이므로 영원히 남길 가치가 있다"는 이희승의 변론도 별다른 영향을 주지 못했다. 예심은 이듬해까지 지루하게 이어지다가 9월 30일에야 끝났다. 장지영과 정열모는 다행히 면소되어 풀려났고, 14명만 기소가 확정되어 재판을 기다렸다. 당시 작성된 〈조선어학회사건 예심 종결 결정문〉(1944년 9월 30일 함흥지방법원)에서 조선어학회를 보는 일제의 관점이 여실히 드러난다.

어문운동은 민족 고유의 어문의 정리·통일·보급을 도모하는 하나의 문화적 민족운동임과 동시에 심모원려를 품은 민족 독립운동의 점진 형태다. ……이 같은 어문운동은 민족 고유문화의 쇠퇴를 방지할 뿐만 아니라 그 향상·발전을 가져오게 하고, 문화의 향상은 민족 자체에 있어서 다시 강한 반성적 의식을 갖게 함에 이르게 하고, 강렬한 민족의식을 배양해서 약소민족에게 독립 의욕을 낳게 하고, 정치적 독립 달성의 실력을 양성하게 하는 것으로써, 해該 운동은 18세기 중엽 이래 구주歐洲 약소민족이 반복적으로 행하여온 그 성과에 비추어 세계 민족운동 사상 가장 유력하고 또한 효과적 운동으로 지목하기에 이르렀다. ……어문운동의 방법을 취하여 그 이념으로써 지도 이념을 삼아 겉으로 문화 운동의 가면을 쓰고 조선 독립을 목적한 실력 배양 단체로서 본 건이 검거되기까지 10여 년이나 오랫동안 조선 민족에 대하여 조선의 어문운동을 전개해온 것이니 시종일관 진지하고 변하지 않은 그 활동은 조선 어문에 쏠리는 조선 인민의 기미機微에 부딪쳐서 깊이 그 마음속에 파고들어 조선 어문에 대한 새로운 관심을 불러일으키고 여러 해를 거듭해 내려오며 편협한 민족 관념을 북돋아서 조선 문화 향상, 민족의식의 앙양 등 그 기도하는 바 조선 독립을 위한 실력 신장에 기여하고……

자유의 날이 밝다 |

그해 겨울, 가뜩이나 추운 날씨에 전쟁으로 물자도 귀해져서 수감자들은 옥수수, 감자, 귀리, 수수, 피, 기장 등 잡곡을 쪄서 뭉친 주먹밥으로 연명했다. 그나마 부족해서 콩깻묵 한 덩이로 하루 끼니를 때우는 날도 많았다. 오랜 굶주림과 고문 후유증으로 수감자들의 건강은 극도로 악화되었다. 그리하여 함흥형무소에서 270명이 사망했다.

1943년 12월 8일 이윤재, 1944년 2월 22일 한징이 옥중고혼이 되었다. 한밤중에 저벅저벅 나막신 소리가 들리고 감방 문이 덜컹 열리면 누군가 세상을 뜬 것이었다. 독방에 수감되었다가 두 동지의 부음을 들은 회원들은 피눈물을 흘렸다.

"아아, 환산 선생님! 과수원으로 놀러 오라더니 이렇게 먼저 가시다니오? 하늘이 원망스럽습니다."

"조금만 더 견디실 수 없었습니까? 효창 선생님, 정말 분합니다."

이제 조선어학회사건으로 기소된 사람은 12명이 남았다. 함흥지방법원에서 1944년 12월 21부터 이듬해 1월 16일까지 9회에 걸쳐 이들의 공판이 열렸다. 주심 판사는 니시다西田勝吾였다. 변론은 함흥에 법률 사무소가 있는 박원삼과 한격만, 유태설, 경성에서 변호사로 활동하는 일본인 나가시마永島雄藏 등이 맡았다. 피의자들은 발목에 사슬이 묶인 채 법정으로 나갔다. 그 무렵 태평양전쟁의 저울추가 미국 쪽으로 기울어서 미 공군의 일본 본토 폭격이 한반도까지 연장되었다. 함흥 상공에도 B-29 폭격기가 출몰했다. 이오硫黃섬이 미군에 점령되었고, 오키나와에서도 일대 격전이 벌어졌다. 조선인 간수들은 이런 정황을 알려주며 그들을 격려했다.

"선생님, 며칠 전 도쿄가 공습으로 쑥대밭이 되었답니다. 자유의 날이 머지않았으니 힘내세요."

"고맙소."

1945년 1월 18일, 함흥지방법원은 조선어학회사건으로 기소된 12명 전원에게 유죄판결을 내렸다. 이극로 징역 6년, 최현배 4년, 이희승 2년 6개월, 정인승·정태진 2년의 실형이 선고되었다. 김법린, 이중화, 이우식, 김양수, 김도연, 이인, 장현식 등 7명은 징역 2년에 집행유예 3년을 선고받아 즉시 석방되었다.

실형을 선고받은 이극로와 최현배 등 4명은 변호사 한격만, 박원삼, 유태설 등과 함께 의논한 다음 상고를 결정했다. 이극로, 최현배, 이희승, 정인승이 경성의 고등법원에 상고하자, 박원삼은 일본인 마루야마丸山敬次郎, 야스다安田幹太와 함께 변론에 나섰다. 박원삼은 최현배를, 마루야마는 이극로와 정인승을, 야스다는 이희승과 최현배를 변호했다.

가장 먼저 검거된 정태진은 상고를 포기했다. 여태까지 옥중에 갇힌 기간이 형량인 2년에 가까워 몇 달 뒤 출소할 수 있었기 때문이다. 그들이 상고하자 니시다 판사는 강력하게 상고 취하를 요구했다.

"최대한 관대하게 판결했으니 그대로 복역하시오."

"그럴 수 없소. 우리가 대체 무슨 죄를 지었단 말이오?"

당시 재판은 지방법원에서 1심을 마치고 바로 고등법원에서 최종심을 하는 2심 제도였다. 회원들은 상고하면 한 많은 함흥 땅을 떠나 경성으로 이감되고, 가족과 면회도 수월하지 않을까 생각했다. 한데 전시라 법원 행정 업무도 북새통인지 1월 22일에 상고했는데 감감무소식이다가 6월 중순에야 상고 신청 서류를 접수했다고 고등법원에서 통보해주었다.

재판은 8월 12일로 예정되었는데 막상 그날이 되어도 이감 소식이 없었다. 피고인이나 변호사도 없이 재판을 진행하려나 싶었다. 회원들은 간수들에게 8월 6일 히로시마廣島, 9일 나가사키長崎에 원자폭탄이 투하되었다는 소식을 듣고 정황을 짐작했다. 경성고등법원에서는 상고를 기각하고 원심대로 형을 집행하라고 통보했으나, 그 통보는 함흥에 도착하지 않았다. 패망을 앞둔 일제의 행정 절차가 마비된 것이다.

일본의 패망이 며칠만 늦었다면 그들은 목숨을 잃을 뻔했다. 해방 직후 지방 경찰서에서 발견된 기밀 서류에 따르면 총독부는 8월 18일 전문학교 출신 이상 조선인은 전부 검거하고, 형무소에 수감 중인 사상범은 모두 총살하라고 명령한 것이다. 어떤 사람들은 일본의 항복이 너무 빨라 온전한 독립을 달성하지 못했다고 한탄했지만, 일본의 항복이 조금만 늦었어도 민족을 이끌어갈 지식인들이 몰살당할 뻔했다. 역사는 한 사건을 두고 이처럼 상반된 결과를 내놓는다.

드디어 8월 15일, 감옥의 조선인 의무관에게서 해방의 소식을 들은 이극로, 최현배, 정인승, 이희승은 부둥켜안고 만세를 불렀다. 그날 일본인 간부와 직원들은 모두 달아났고, 조선인 간수들이 감옥을 관리했다. 이튿날 조선인 간수장이 전옥典獄 대리로 석방 작업을 시작했는데, 이들은 미결수라 석방 대상에서 제외되었다.

"왜놈 세상이 끝났는데 저분들을 계속 가두어둘 수는 없다."

이 소식을 들은 함흥 유지들은 함흥지방법원 검사국 엄상섭 검사를 찾아가 출옥 명령서를 받았다. 그리하여 조선어학회사건 최후의 4인은 8월 17일 감옥에서 나올 수 있었다.˙ 모기윤을 비롯한 함흥 유지들은 그들을 자동차에 태워 함흥 시내에서 카퍼레이드를 벌였다. 함흥 만세교 근처에서 유지들의 소개로 초췌한 모습이지만 형형한 눈빛으로 서 있는 학자들을 알아본 시민들은 만세를 부르며 환영했다.

■ 연세대학교 이근엽 명예교수는 출옥 당시 모습을 목력하고 다음과 같은 증언을 남겼다. "1945년 8월 17일 내가 열다섯 살 때인데, 조선어학회 회원인 모기윤 선생이 교회 청년 30여 명을 함흥형무소 앞으로 모이게 해서 영문도 모르고 따라갔다. 모기윤 선생이 조선인 검사에게 광복이 되었는데 왜 독립운동가들을 풀어주지 않느냐고 항의해서 네 분이 감옥에서 나오게 되었다. 그분들이 조선어학회사건으로 옥살이한 이극로, 최현배, 정인승, 이희승 님인 것을 그 뒤에 알았다. 그때 한 분(이극로 선생으로 보임)은 들것에 실려 나오고, 세 분은 부축해 나오는데 처참한 모습이었다. 일본이 패망하고 이틀이 지났지만 일제가 무서워 태극기를 들고 환영도 못 했다."

다시 불씨를 피우다

해방과 함께 지옥 같던 함흥형무소에서 나온 최현배, 정인승, 이희승, 이극로는 8월 18일 함흥역에서 기차를 타고 서울로 향했다. 8월 19일 서울역에 도착한 이들은 기다리던 조선어학회 동지들과 함께 안국동 풍문여고 뒤편에 있는 선학원에 모여 향후 행보를 의논했다. 36년 동안 일제가 시행한 국어 말살 정책으로 잃어버린 우리말을 되찾으려면 할 일이 산더미였다. 이들은 진지한 토론 끝에 세 가지 방침을 정했다.

첫째, 정치 운동에 가담하지 말 것.
둘째, 철자법을 보급하고 사전 편찬을 계속할 것.
셋째, 국어 교과서를 편찬하고 국어 교사를 양성할 것.

"거 참, 할 일은 많은데 우리 회관이 좁지 않을까?"
"걱정 마시오. 이아무개 씨가 청진동에 있는 구 경성보육학교 건물을 내주기로 했소."

"그 사람 친일로 돈 번 사람 아닌가?"

"정치적 판단은 정치가들에게 맡기고, 우리는 우리 일에 집중합시다."

조선어학회 회원들은 새로운 건물에 입주해서 사전 편찬 작업을 재개했다. 장지영과 최현배는 군정청 문교부 편수국에 들어가 어문 정책에 참여했고, 나머지 회원들은 사라진 조선어 사전 원고의 행방을 찾는 데 주력했다. 조선어학회사건이 시작될 무렵 일경이 화동 사무실에서 증거물로 압수했기 때문에 이를 되찾기는 쉽지 않았다. 서울에서도, 함흥에서도 증거물은 발견되지 않았다. 10년 동안 피땀 흘리며 작업한 원고가 없으면 또다시 10년이 걸릴 것이었다. 그런데 9월 8일 갑자기 전화가 왔다.

"찾았어요, 찾았어! 말모이 원고를 찾았습니다."

"뭐라고? 대체 어디에 있었습니까?"

"서울역 조선통운 창고에서 찾아냈어요. 하늘이 우리를 돕는 모양입니다."

"아아, 감사합니다. 하느님!"

소식을 들은 회원들은 그 자리에 풀썩 주저앉아 감격의 눈물을 흘렸다. 죽은 자식이 살아 돌아온 것 같은 느낌이었다. 마지막까지 수감된 네 명이 1심에 불복하고 경성고등법원에 상고하자 함흥지방법원에서 그들의 조사 기록과 증거물인 어휘 카드를 열차편으로 보냈는데, 전황이 나빠지면서 행정 업무가 마비 상태에 이르자 고등법원에 전달되지 못하고 창고에 묻혀 있었던 것이다.

천운으로 원고를 되찾은 조선어학회에서는 사전 발간 사업을 첫째

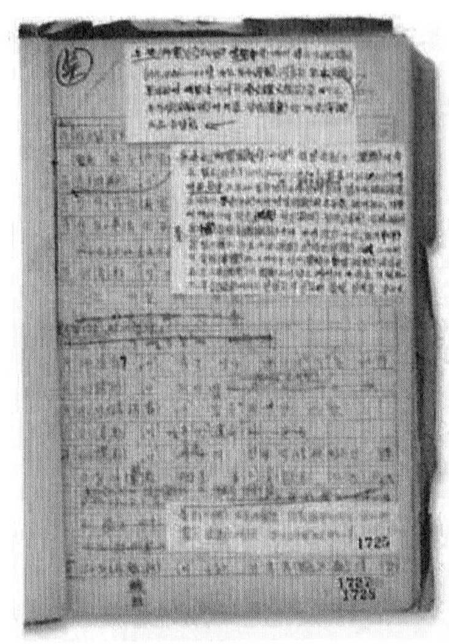

《조선말 큰사전》 원고.

목표로 삼고 작업에 몰두했다. 연구비는 조선총독부 경무국 도서과 직원이던 김영세가 해방 직전 조선인 관리들의 월급에서 징수한 국방헌금 80만 원을 보관했다가 학회에 희사함으로써 일부 해결되었다.

《조선말 큰사전》 원고는 표제어 뒤에 뜻을 해설하는 일반적인 형태를 띤다. 이 원고지에는 연필과 펜으로 표제어와 뜻이 쓰였고, 붉은색과 푸른색으로 곳곳에 첨삭한 흔적이 많으며, 크고 작은 종이를 덧붙여 내용을 부가 설명했다. 때에 따라 발음과 한자어를 병기하기도 했고, 사전의 뜻은 현대 국어로 표현되었다.

원고를 찾고 교정 작업을 시작했지만, 당시 학회 재정 형편으로는 자력 출판이 불가능했다. 1947년 봄, 이극로와 김병제는 원고 보따리를 들고 을유문화사 정진숙 사장에게 찾아가 출판을 부탁했다. 하지만 그는 고개를 저었다. 당시 열악한 출판 환경에서 사전 편찬이라는 대규모 사업을 도맡는다는 것은 사운을 좌우하는 모험이었기 때문이다. 이극로는 원고 뭉치로 책상을 두드리며 탄식했다.

"우리나라가 해방된 게 확실합니까? 우리가 일본 놈에게 찾아가서 사정해야겠습니까?"

그 열정에 감복한 정진숙 사장이 백기를 들었다.

"박사님, 우리도 어렵습니다. 정 그렇다면 우선 한 권이라도 시작해 보지요."

그해 5월 13일 조선어학회와 을유문화사는 정식으로 출판 계약을 체결하고, 10월 9일 한글날을 맞아 드디어 《조선말 큰사전》 1권을 간행했다. B5판(4×6배판) 600면에 특가 1200원이었다. 예정된 여섯 권 가운데 첫 권이지만, 실로 감격적인 결과였다. 우리 민족의 힘으로 만들어진 본격적이고 체계적인 사전이기 때문이다. 하지만 자금이 부족해서 조판까지 마친 2권이 언제 나올지 난망한 상태가 이어졌다. 미 군정청에서 도움을 줄 만했으나 아무런 지원도 없었다.

얼마 뒤 예상치 못한 상황이 발생했다. 그동안 학회 활동을 진두지휘하던 이극로가 월북한 것이다. 1947년 가을 조선 문제가 유엔에 상정되어 분단 건국의 위험이 짙어지면서 이극로는 정치 활동에 뛰어들었다.

"우리 민족이 두 쪽으로 나뉘어서는 안 된다."

그는 홍명희, 김병로, 안재홍 등 민족주의자들과 함께 민주독립당을 결성하고, 김규식이 이끄는 민족자주연맹에 참여해서 남북협상을 제창했다. 그리고 이듬해 4월 평양의 남북연석회의에 참석했다가 김병제, 홍명희, 백남운 등과 함께 북쪽에 눌러앉았다. 이극로는 월북하기 전 김두봉의 편지를 받았다.

'나라가 두 쪽이 나더라도 말까지 두 쪽이 나서는 안 됩니다. 지금 북쪽에서는 사전 편찬이 시급한데 쓸 만한 학자가 없습니다. 남쪽에는 최현배 선생만 있어도 되니 당신이 북쪽으로 와주십시오.'

대의에 순응한 이극로는 남북연석회의에 참석했다가 평양에 남았다. 그렇게 해서 북한의 어문 정책은 이극로, 남한의 어문 정책은 최현배로 귀결되었다. 한마음 한뜻으로 우리 말글 살리기에 매진하던 조선어학회 회원들이 나라의 분단과 함께 갈라지고 말았다.

1948년 9월, 북한 정권이 수립되면서 이극로는 무임소장관에 임명되었다. 그해 10월 교육성에 조선어문연구회를 설치하고 위원장을 맡아 1949년 7월 조선어 문법과 조선어 사전 집필 사업을 완료했지만, 한국전쟁으로 사전 편찬 사업이 중단되었다. 1952년 10월에는 조선어 및 조선문학연구소 소장으로서 사업을 재개한 끝에 1956년《조선어소사전》을 발간했다. 이 사전에는 올림말 4만 1927개가 수록되었다.

1958년 3월 종파 사건으로 김두봉이 숙청된 뒤에는 이극로가 북한의 언어정책을 주도했다. 그는 1953년 최고인민회의 상임위원회 부위원장, 1962년 과학원 조선어 및 조선문학연구소 소장, 1966년 조국전선중앙위 의장, 1970년 조국평화통일위원회 위원장 및 박사, 1972년 양강도인민위원회 부위원장 등을 지냈다. 1966년 이후에는 북한의 언어 규범화 운동인 '문화어 운동 사업'을 주관하기도 했다.

조선어학회와 30년 가까이 영욕을 함께한 이극로, 김병제 등이 월북하자 남은 동지들은 실의에 빠졌다. 하지만 그들에게는 남북의 체제나 이념 투쟁보다 중요한 사명이 있었다. 사전 편찬을 통해 우리 말글의 뿌리를 다지고, 우리 말글에서 일제의 잔재를 없애고, 자라나는 학생들에게 한글의 얼을 심어주어야 했다. 그것은 정치·사회적 활동으로 불가능한 진정한 독립운동이었다.

해방 공간의 새 물결

해방과 함께 자유의 몸이 되었건만 조선어학회 회원들 앞에는 더 어려운 앞날이 기다리고 있었다. 당장 그해 가을 학기부터 학교를 열고 교육해야 하는데, 일본어로 된 교과서를 쓸 수는 없는 일이다. 우리말로 된 교과서를 편찬하는 일이 가장 시급했다.

9월 21일 최현배는 미 군정청 편수국장에 취임했다. 편수국의 주요 업무는 각종 교과서를 펴내는 일이다. 군정청에 사회 각계 인사들로 구성된 조선교육심의회가 설치되었는데, 그는 교과서편찬분과위원회 위원장으로서 교과서 편찬의 기본 방향을 수립하는 데 주도적인 역할을 했다. 조선교육심의회가 결의한 교과서 편찬의 기본 방향은 첫째 초·중학교 교과서는 한글로 하되, 한자는 필요한 경우 괄호 안에 넣고, 둘째 교과서는 가로쓰기로 한다는 것이다.

"한자는 워낙 수가 많은데다 같은 글자가 여러 가지 뜻이 있고 같은 사물에도 여러 글자가 있어서, 배우기 몹시 힘들고 시간과 정력을 많이 낭비할 수밖에 없습니다. 중국에서도 한자를 간소화했는데 우리가 한자를 계속 쓴다는 것은 지식의 낭비입니다. 우리 민족은 어려운 한자 교육 때문에 민족적 독창성을 발휘할 기회가 없었습니다. 한자는 활자 인쇄하기 불편하고, 타이프라이터 같은 문명의 이기를 이용하기도 어려워요."

'한글 가로쓰기'에 대해서는 사람의 두 눈이 수평으로 나 있고 가로로 길어서 좌우로 보는 시야가 넓을 뿐만 아니라, 해부학적으로 보더라도 눈알을 움직이는 힘줄이 상하보다 좌우가 튼튼해서 좌우 운동이 용이하다는 것, 팔꿈치의 운동 범위 역시 상하보다 좌우가 훨씬 넓으며 운동이 편리하고 빠르다는 것 등을 주장의 근거로 들었다.

이런 최현배의 주장이 반영되어 1948년 10월, 국회는 모두 한글로 쓰되 얼마 동안 필요한 경우 한자를 병용한다는 한글전용법을 공포했다. 그러나 당시 신문을 비롯한 출판물은 전부 세로쓰기였고, 한글보다 한자를 많이 썼다. 오늘날 우리말 출판물이 모두 한글을 쓰되 필요한 경우 한자를 괄호 안에 넣고, 가로쓰기를 하는 것은 이때 정한 교과서 편찬 기본 방향의 영향을 받은 것이다.

"우리말의 아름다움과 우수성, 우리 문화와 민족의식을 담뿍 담은 교과서를 만듭시다."

최현배가 주도하는 가운데 조

군정청 학무국에서 발행한 《한글 첫걸음》.

선어학회 안에 국어교과서편찬위원회를 구성하여 국어 교과서 편찬에 착수했다. 편찬위는 학회 회원 20명으로 구성되었다. 11월 6일 《한글 첫걸음》이 탄생한 데 이어, 《초등 국어 교본》 《중등 국어 교본》 등 교과서 7종이 발행되었다. 학무국에서 1946년 초 공민 교과서 제작까지 학회에 의뢰해 공민 교과서 5종도 만들었다.

조선어학회는 국어 교사를 양성하기 위해 사범부를 설치했다. 일제가 조선어 사용을 오랫동안 금지한 탓에 한글을 가르칠 교사조차 없었기 때문이다. 사범부에서는 1946년 1월까지 4차에 걸쳐 연 1800여 명을 배출했다. 교육 기간이 보름으로 짧았지만 김윤경, 최현배, 김선기, 장지영, 이희승, 이숭녕, 이병기, 정인승 등 15명이 15과목을 담당하여 집중적인 지도자 교육을 실시했다.

조선어학회는 1945년 9월 한글을 보급하기 위해 조직한 한글문화보급회에 사범부 졸업생을 파견하여 전국을 순회하며 한글 강습회를 열었다. 이극로 역시 그들과 함께 조선어학회 동학회를 조직하여 국어 보급에 앞장섰다.

1948년 6월에는 군정청 문교부에서 학회에 6개월 과정 세종중등국어교사양성소를 설치하고, 문교부 위촉 기관으로 인가했다. 양성소는 이듬해 9월 첫 입학생 120명을 맞아 개강했다. 양성소 교수진은 사범부 시절과 비슷하다. 학생은 현직 교사를 비롯하여 대학 재학생, 6년제 중등학교 졸업자로, 반드시 훌륭한 국어 교사가 되어보겠다는 청년들이어서 수업 분위기도 진지했다. 그러나 1950년 1기 졸업생을 배출한 것이 마지막이었다. 1기 졸업생을 배출한 다음 날 한국전쟁이 터졌기 때문이다.

한편 미군정 편수국에 있던 최현배와 장지영의 주도 아래 조선어학회 회원들은 일본어로 더럽혀진 우리말을 도로 살리기' 위한 작업을 진행했다. 수도의 이름이 경성에서 서울로 바뀌었고, 창씨개명으로 잃었던 고유의 성명제도 되찾았다. 학술 용어가 새롭게 만들어졌고, 일본식 한자어를 우리말로 고치는 작업도 게을리하지 않았다.

이때 짝수, 홀수, 세모꼴, 제곱, 덧셈, 뺄셈, 피돌기 등을 비롯하여 지름, 반지름, 반올림, 마름모꼴, 꽃잎, 암술, 수술 등으로 바뀌었고, '후미끼리, 벤또, 젠사이, 혼다데, 간스메' 등 당시 흔히 쓰이던 일본어 낱말들이 '건널목, 도시락, 단팥죽, 책꽂이, 통조림'으로 대체되었다. 갑작스런 변화에 반대하는 의견도 나왔다.

"합창대를 떼소리떼, 이화여자대학을 배꽃계집아이큰배움집, 비행기를 날틀, 학교를 배움터라고 하면 누가 이해할 수 있겠소? 무조건 우리말로 바꾸는 게 능사는 아니오."

그러자 최현배는 불완전한 것은 여러 전문가의 도움을 받아 고치겠지만, 정신적인 혁신이 있어야 정치적인 독립이 완전해진다며 적극적으로 대응했다.

■ 1948년 6월 2일 문교부는 《우리말 도로 찾기》라는 소책자(36쪽)를 발행했는데, 그 취지는 다음과 같다. '우리가 지난 36년 동안 포악한 왜정 밑에서 얄궂은 민족 동화정책에 억눌리어, 우리가 지녔던 오천 년 쌓아온 문화의 빛난 자취는 점점 벗어지고 까다롭고 지저분한 왜국 풍속에 물들인 바 많아 거의 본래의 모습을 잃었으니, 더욱 말과 글에 있어 심하였다. 우리의 뜻을 나타냄에 들어맞는 우리말이 있는데도 구태여 일본말을 쓰는 일이 많았고, 또 우리에게 없던 말을 일어로 씀에도 한자로 쓴 말은 참다운 한자어가 아니오, 왜식의 한자어로서 그 말의 가진 바 뜻이 한자의 본뜻과는 아주 달라진 것이 많다. 이제 우리는 왜정에 더럽힌 자취를 말끔히 씻어버리고, 우리 겨레의 특색을 다시 살리어 천만 년에 빛나는 새 나라를 세우려 하는 이때에 우선 우리의 정신을 나타내는 우리말에서부터 씻어내지 아니하면 아니 될 것이다.'

"여러 가지 오해가 있겠지만 일본인이 만든 비행기나 중국인이 만든 페이지飛機는 써도 좋고, 날틀은 안 된다고 하는 사고방식 자체가 문제입니다. 우리말을 존중하는 태도야말로 일제가 더럽힌 우리말을 도로 살리는 지름길이라는 점을 명심해주십시오."

우리말 도로 살리기에는 조선어학회에서도 최현배, 장지영, 이강로, 이중화, 이극로 등이 적극 참여한 반면 이희승, 이숭녕, 조윤제 등 경성제국대학 조선어문학과 출신은 새로운 용어 만들기에 노골적인 거부감을 드러냈다. 하지만 이 운동은 조선어학회의 주도 아래 범국민적인 지지를 얻었다. 이에 고무된 조선어학회에서는 1949년 10월 9일 한글날에는 왜식 간판 일소 캠페인을 통해 간판에 쓰인 덴뿌라를 튀김, 우동을 가락국수, 스키야키를 전골, 소바를 메밀국수, 오뎅을 꼬치안주 등으로 바꾸기도 했다.

우리말 도로 살리기 운동과 함께 한글 전용 운동도 펼쳐졌다. 1945년 10월 장지영 위원장을 중심으로 30여 명이 모여 한자폐지실행회발기준비회를 결성했다. 그들은 문맹 퇴치를 최우선 목표로 내세우면서 1단계로 초등교육과 일상생활문, 신문, 잡지 등에서 한자를 폐지하고 한글을 쓰게 하며, 2단계로 언어생활 전반에 한글 전용을 확대하고, 이를 위해 동서고금의 모든 서적을 한글로 번역할 것을 결의했다. 11월 30일에는 각계 인사 1171명이 모인 가운데 숙명여고에서 한자폐지실행회가 발족되었다.

이들의 제안으로 미군정 학부국 조선교육심의회에서 한자 폐지안이 논의되었다. 조윤제와 현상윤 등 10여 명이 맹렬히 반대했지만 최현배, 장지영, 피천득, 조진만 등 31명이 찬성하여 한자 폐지안이 가결되었다. 그리하여 초·중등학교 교과서는 모두 한글로 하되, 필요한 경우 한자를 괄호 안에 넣게 되었다. 그러나 한자 폐지에 대한 사회적 반발은 예상보다 심해서 논란이 이어졌다.

문자 생활은 한글만으로 충분하다.—김영수

한자 폐지로 다소 불편하더라도 민족의 만년 대계를 위해 용단을 내려야 한다.—윤태웅

한자의 발상지인 중국에서도 문자 개혁을 하고 있다.—김병제

한자는 2000년 역사 이래 사용해온 순전한 국자國字다. 아무런 연구와 계획 없이 일시에 폐지하는 것은 우둔한 방책이다.—조윤제

한자 전폐로 문화의 표현력이 저하될 것이다.—임화

조선의 문화는 한자를 토대로 하고 있다.—계용묵

"중국인도 한자 때문에 나라가 파탄 지경에 이르렀다며 문자를 고치려 하는데, 우리나라 사람들은 왜 그 고약한 한자를 부여잡고 놓지 못하는가."

조선어학회는 이런 상황에 당혹감과 절망감이 들었다. 그 무렵 중국의 지식인들은 평생을 배워도 알기 어려운 한자를 개혁하지 않고는 중국의 미래가 없다고 단언했다. 언문일치가 문맹률을 낮춰 나라를 부강하게 만드는 유일한 방법이라는 자각 때문이다. 초창기 중국의 문자혁명을 주도한 주문웅朱文熊은 《강소신자모江蘇新字母》 서문에서 다음과 같이 고백했다.

나라가 부강하지 못한 원인은 교육이 보급되지 못했기 때문이며, 교육이 보급되지 못한 원인은 배우기 어렵고 쓰기 어렵고 기억하기 어려운[*] 문자 때문이다. 그렇다면 해답은 분명하다. 배우기 쉽고 쓰기 쉽고 기억하기 쉬운[**] 문자를 사용하여 교육을 널리 보급하면 된다.

중국의 어문학자 노공장盧贛章도 《중국제일쾌절음신자中國第一快切音新字》에서 단언했다.

나라의 부강은 격치格致, 과학에 달렸다. 격치의 번성은 남녀노소 모두 배우기 좋아하고 진리를 아는 일에 달렸다. 배우기 좋아하고 진리를 아는 일은 절음切音을 문자로 삼는 일에 달렸다. 자모와 그 방법만 익히면 모든 글자를 스승이 없이도 스스로 읽을 수 있다. 문자와 말이 같아서 입에서 발음되는 대로 마음에서 이해되기 때문이며, 자획이 간단하여 익히기 쉽고 쓰기도 쉽기 때문이다. 이렇게 되면 10여 년을 절약할 수 있다. 이 시간을 활용하여 산학, 격치, 화학과 여러 실학을 힘써 배운다면 어찌 나라가 부강하지 못할까 걱정하겠는가.

이와 같은 자각은 근대에 접어들면서 중국뿐만 아니라 한자를 사용하던 동아시아 각국의 어문 정책에 큰 변화를 가져왔다. 예부터 기초 언어로 사용하던 한자를 과감히 집어던진 것이다. 일본은 한자를 간략

■ 難識 難寫 難記
■ ■ 易識 易寫 易記

하게 만든 가나假名를 사용한 지 오래되었으므로 변화가 없었지만, 중국은 20세기 초반 반식민지 상태에서 민족운동을 거치면서, 식민지로 전락한 한국과 베트남은 민족해방운동을 전개하면서 한자 전용을 폐지했다.

중국에서 '나의 손은 나의 입을 쓴다我手寫我口'는 구호를 내걸고 진행된 백화문白話文 운동은 공동 문어 시대에서 민족어 시대로 전환을 알리는 상징적인 사건이다. 언어 통일과 언문일치야말로 근대 민족국가의 공통적인 언어정책이었다.

베트남은 1910년대 과거제 철폐와 함께 쯔놈字喃*을 버리고 로마자를 택했다. 기독교 선교사가 창안하고 식민지 통치의 도구가 된 이 로마자 표기법을 민족해방운동 진영에서도 받아들여 국어Quoc-ngu라고 일컬었다. 그 무렵 터키도 이슬람의 공통 언어인 아랍어를 버리고 알파벳으로 터키어를 표기했다.

우리나라는 독자적으로 창안한 한글이 있으니 그들처럼 고민할 필요가 없었다. 조선어학회가 한글을 표준화하고 사전을 편찬하는 등 학

■ 쯔놈은 베트남어를 적기 위해 한자를 바탕으로 만든 문자 체계다. 14세기 이전 베트남에서 문자는 한자뿐으로, 고유명사를 빼면 베트남어가 온전한 글말로 쓰이는 일은 없었고, 한문 소양을 갖춘 상류층은 한자로 글을 썼다. 14세기에 구어체 베트남어를 글말로 나타낼 필요성이 생기자, 한자를 베트남어 음운에 맞게 고쳐 만든 쯔놈을 이용해서 19세기까지 베트남어를 나타내는 데 사용했다. 쯔놈은 한국의 이두나 향찰과 비슷하게 음과 훈을 모두 사용하고, 형성 원리에 따라 종전 한자로 나타낼 수 없는 베트남 고유어를 표기하기 위해 새로운 글자를 만들었다. 다만 쯔놈은 한문이나 한자 지식에 정통한 지식인 혹은 문인만 구사할 수 있는 까다롭고 복잡한 체계라 일반인에게는 널리 보급되지 않았고, 서양에서 간편한 로마자가 들어오자 더 쓰이지 못했다. 현재는 베트남어를 적기 위해 '꾸옥응으國語'를 쓴다. 이는 포르투갈과 프랑스의 선교사들이 베트남어를 적기 위해 고안한 로마자 표기에 기반을 둔 체계다.(위키백과)

238

술적인 뒷받침까지 된 상태였다. 그러나 이 땅의 지식인들은 한자 문화의 너울을 벗어던지지 못해서 문자 독립의 기회를 놓치고 말았다.

1948년 9월 30일 대한민국 1대 국회 본회의에서 '대한민국의 공용문서는 한글로 쓴다. 다만 필요한 때는 한자를 협서協書할 수 있다'는 한글 전용에 관한 법률이 통과되었고, 그해 10월 9일부터 공포·시행되었다. 하지만 이후에도 관습에 따라 국한문혼용이 계속되었다. 신문과 잡지도 마찬가지였다.

조선어학회는 한글전용촉진회를 결성하고 한자 폐지와 한글 전용을 강력하게 밀어붙였지만, 1949년 11월 국회에서 초등교육에 한문 교육을 결의하는 역효과를 불러왔다. 이듬해 11월 문교부에서는 상용한자 1271자를 선정하여 국민에게 보급하고, 그중 1000자를 골라 초등학교 4학년부터 가르치도록 했다. 아울러 내무부에서도 각자 의견에 따라 한자를 섞어 쓰도록 하라는 결정을 내림으로써 관공서의 한글 전용이 공식 중단되었다.

한국전쟁이 끝나고 1954년에는 대통령의 유시에 따라 한글 간소화와 국문 전용을 정책으로 결정했지만, 역시 강력한 반대 여론에 밀려 국한문혼용이 지속되었다. 그 후 문교부에서 한자어 추방 정책을 폈으나 일반이 수용하지 않았고, 1963년 문교부의 학교문법통일안도 실효를 거두지 못했다. 1970년 시행된 교과서 한글 전용은 2년 만인 1972년 원상 복귀되어, 중·고등학교에서 기초 한자 1800자가 다시 채택되었다.

고난의 종점에서

《조선말 큰사전》 1권을 출간했으나, 자금 사정 때문에 후속 작업은 더디기만 했다. 1948년 6월 18일 가뭄에 단비 같은 소식이 전해졌다. 문교부 편수국 고문 앤더슨Paul S. Anderson 대위가 미국 록펠러Rockefeller 재단과 교섭하여 《조선말 큰사전》 발간에 필요한 4만 5000달러어치 물자 제공을 약속받은 것이다. 낭보를 들은 조선어학회 회원들은 만세를 부르며 기뻐했다.

그해 12월 초 록펠러재단에서 제공한 종이와 잉크 등 각종 재료가 인천항에 도착했다. 물자를 인수하러 간 이강로는 눈이 휘둥그레졌다. 기차로 13화차인데 종이만 9화차였다. 화차를 떼어 통째로 훔치는 쌩쌩이판이라는 도둑이 들끓던 시기라, 그는 수산경찰서에 부탁하여 화차마다 경찰관을 배치했다. 그때부터 조선어학회는 후속 사전 발간 작업에 박차를 가했다.

정부 수립 직후인 1948년 10월 9일, 이승만 대통령은 한글날 담화에서 현재 한글 표기법이 시대에 맞지 않는다고 해서 조선어학회를 긴장시켰다. 과거 박승빈의 조선어학연구회에서 주장하던 의미가 담겨 있었기 때문이다.

1949년 9월 5일 조선어학회는 한글학회로 이름을 바꿨다. 이승만은 그해 한글날 담화에서 한 발 더 나아가 현재 신문이나 문화계에서 쓰는 국문이 쓰기도 더디고 보기에도 괴상하다며 개정을 종용했다. 1950년 2월 3일에는 기자회견을 통해 구체적으로 철자법 개정을 요구했다.

"ㅅ을 둘이나 쓰는 아무 소용없는 받침을 하고 있으니 고쳐야 할 것이다. '잇다'와 '있다'가 무엇이 다르단 말인가. 민간에서 따르지 않으면 정부에서 시행할 것이다."

하지만 이 문제는 한국전쟁 발발과 함께 잊혔다. 한글학회는 1950년 3권을 제본하고 4권을 조판하던 중, 인민군의 서울 점령으로 영등포 미곡 창고에 있던 종이와 잉크 등을 모조리 압수당했다. 다행히 큰사전 원고를 지켜낸 학회는 서울 수복 이후 만일의 사태에 대비하여 큰사전 원고를 한 권 더 만들었다. 1·4후퇴 당시 새 원고는 최현배가 부산으로 가져가고, 원본은 유제한이 천안의 고향 집에 보관했다.

전쟁이 한창이던 1952년, 유제한과 정태진이 서울신문사에 편찬실을 차리고 4권 교정을 마쳤다. 그런데 11월 2일 식량을 구하러 고향 파주에 가던 정태진이 트럭 전복 사고로 세상을 떠났다. 애통한 상황에도 1953년 1월 7일 전주에 편찬실을 차리고 정인승, 권승욱이 원고 수정을 마쳤다.

그런데 휴전 협상이 한창이던 3월 27일, 이승만 대통령은 특별 담화를 통해 정부 문서와 교과서에 옛날대로 쓰기 철자법을 사용할 것을 지시했다. 석 달 이내에 현행 맞춤법을 버리고 구한말 기독교계에서 가르치던 성경 맞춤법으로 돌아가라는 것이었다. '구한말 성경 맞춤법'은 박승빈의 정음파가 주장하던 표음주의적 맞춤법이다. 받침, 철자, 띄어쓰기 등 모든 규제를 풀어 소리 나는 대로 적자는 것이다. 한 달 뒤인 4월 27일, 백두진 국무총리는 각 부처 장관과 도지사에게 다음과 같은 훈령을 보냈다.

우리 한글은 원래 사용의 간편을 안목으로 창조된 것은 주지의 사실이온데, 현재 사용하는 철자법은 복잡·불편한 점이 불소함에 비추어 차를 간이화하라는 대통령 각하의 분부도 누차 계시기에 단기 4286년 4월 11일 32회 국무회의에서 정부 문서, 정부에서 정하는 교과서, 타이프라이터용 철자는 간이한 구 철자법을 사용할 것을 의결하였던 바, 기중 교과서, 타이프라이터에 대하여는 준비상 관계로 다소 지연되더라도, 정부용 문서에 관하여는 즉시 간이한 구 철자법을 사용하도록 함이 가하다고 사료되오니, 이후 의차 시행하기 훈령함.

한글 파동이다. 6월 26일 문교부에서 간소화 방안을 내놓자, 한글학자들을 비롯하여 각계각층에서 반대하고 나섰다. 한글학회는 그 안이 교육을 파괴하고 학문적·과학적·철학적 표현을 할 수 없으며, 문법을 세울 수 없고 문필가가 실용문으로 쓰기도 어렵다는 성명서를 발표하면서 하루바삐 간소화 방안을 폐지하라고 요구했다.

"이 두 문장을 보라고. '곧 도착할 곳이 동해에서 가장 아름다운 곳입니다.' '곳 도착할 곳이 동해에서 가장 아름다운 곳입니다.' 구별이 되는가? 간소화 방안은 도대체 어떤 작자가 만든 거야?"

문교부에서 어문 정책을 주도하던 최현배는 강하게 반발하며 1954년 1월 편수국장 자리를 박차고 나와 연희대학교 교수로 돌아갔다. 간소화 방안을 반대하려면 문교부를 떠날 수밖에 없었기 때문이다.

"한글학회 동지들이 피땀 흘려 이룩하고 목숨을 버리며 지켜낸 한글을 훼손하려는 작태를 도저히 용납할 수 없다."

다른 회원들도 일제히 정부의 시책에 반발하고 나섰다. 그 방안을 받아들이면 그동안 조선어학회에서 심혈을 기울여 준비하고 2권까지 만든 《조선말 큰사전》이 쓰레기통으로 던져질 상황이었다. 분쟁이 심해지면서 큰사전 편찬도 잠깐 중단되었다.

"맞춤법을 바꾸라니, 그러면 사전을 어떻게 만들란 말이야?"

"교과서는 또 어떻고. 그 전에 만든 교과서는 어떻게 하지?"

학계, 교육계, 언론계에서도 일제히 정부의 조치를 비난하고 나섰다. 을유문화사 정진숙 사장이 대통령 비서를 만나 큰사전 속간의 어려움을 설명하고, 고교 선배인 이선근 장관을 찾아가 설득했다. 최현배도 이승만 대통령을 찾아가 담판을 벌였다. 1954년 7월 방한 중이던 미국 예일대학Yale University의 언어학자 새뮤얼 마틴Samuel Elmo Martin*이 이

■ 새뮤얼 마틴 교수는 예일대학에 한국어 과정을 신설하여 미국 내 한국어 연구의 구심점으로 만든 지한파다. 1954년 이래 전문 연구서와 교재 다섯 권을 내놓았는데, 1992년에 펴낸 《한국어 문법 총람》은 '한국어 구조와 문법적 기능을 수행하는 어휘 전반을 남북한에서 사용하는 현대 국어 말고도 15세기 후반 중세 국어의 케케묵은 자료를 총동원해 설명한 명작'으로 평가받는다. 1967년 수필가이자 영문학자로 널리 알려진 이양하와 함께 《한영사전》을 펴냈으며, 1969년에는 《한국어 시작하기》라는 한국어 학습 교재를 펴내기도 했다.

승만을 만나 한글학회의 맞춤법을 옹호했다.

1955년 9월 인천 출신 표양문 의원은 월미도에 낚시하러 온 이승만을 만나 한글 간소화 문제와 큰사전 편찬, 록펠러재단과 우리 정부의 관계 문제를 진언했다.

"큰사전은 전쟁 전부터 록펠러재단의 재정 지원으로 만들었는데, 이대로 가면 지원이 끊길 위험이 있습니다."

"우리 힘으로는 사전 편찬이 불가능하단 말인가?"

"이 사업은 무려 45년 동안 이어온 대업입니다. 자금이 이만저만 드는 일이 아니지요. 계속 각하의 뜻을 고집하시면 모든 것이 수포로 돌아가고 국민의 지지도 잃을 가능성이 있습니다."

표 의원의 간곡한 설득에도 이승만은 마뜩잖은 표정을 지었다. 하지만 상황이 그렇다면 최고 권력자라도 끝까지 버틸 수 없다. 이승만은 1955년 9월 19일 특별 담화를 발표했다.

"이제 와 보니 국문을 어렵고 복잡하게 쓰는 것이 습관이 되어 고치기 어려운 모양이다. 사람들이 그냥 쓰는 것을 보면 무슨 좋은 점도 있나 보다. 바쁜 와중에 이걸 문제 삼지 않겠다. 민중이 원하는 대로 하라."

여기에는 비록 한글 간소화 정책은 철회하지만, 자신의 견해가 옳다는 주장이 강하게 내포되었다. 어쨌든 미국과 국내 여론을 의식한 이승만의 백기 투항으로 한글 파동은 깨끗이 종식되었다.

한글학회는 정인승을 주무로 하여 권승욱, 유제한, 이강로, 정제도 등 편찬 책임자들이 관훈동 셋방에서 업무를 재개했다. 용기백배한 그들은 다짐했다.

"이제 장애는 없다. 우리가 말모이의 마침표를 찍자."

필자가 소장한 《큰사전》. 처음에는 《조선말 큰사전》이었
지만, 분단으로 인해 '조선'이란 단어가 규제되면서 제목
이 바뀌었다.

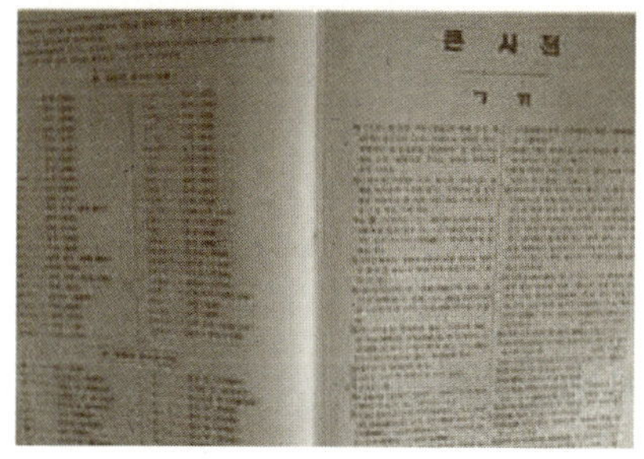

말모이의 정수 《큰사전》 본문.

1956년 4월 1일 록펠러재단에서 보낸 물자가 인천항에 도착하면서 조판과 인쇄 작업이 진행되었고, 1957년 드디어 을유문화사에서 《큰사전》 여섯 권을 완간했다. 본문 3558쪽, 총 16만 4125어휘에 이르는 최초의 우리말 큰사전이 탄생한 것이다. 주시경과 그 제자들이 말모이 사업을 시작한 지 47년 만에 민족혼의 정수를 갈무리한 일대 쾌거다. 10월 3일 경향신문은 《큰사전》 출판을 축하하는 사설을 실었다.

우리말 《큰사전》 6권의 출판이 완료되었다는 것은 한국 문화사상 획기적인 대사건으로, 후대까지 기념할 만하다. 세종대왕이 정음을 제정·반포한 지 510년 만에 순전히 우리글로 우리말을 해석한 사전이 완성된 것이다.

말은 사람의 특징이요, 겨레의 보람이요, 문화의 표상이다. 조선말은, 우리 겨레가 반만년 역사적 생활에서 문화 활동의 말미암던 길이요, 연장이요, 또 그 결과이다. 그 낱낱의 말은 우리의 무수한 조상들이 잇고 이어 보태고 다듬어서 우리에게 물려준 거룩한 보배이다. 그러므로 우리말은 우리 겨레가 가진 정신적 및 물질적 재산의 총목록이라 할 수 있으니 우리는 이 말을 떠나서는 하루 한때라도 살 수 없는 것이다.

그러나 조선말은 조선 사람에게 너무 가깝고 너무 친한 것이기 때문에, 도리어 조선 사람에게서 가장 멀어지고 설어지게 되었다. 우리들이 항상 힘써서 배우고 닦고 한 것은 다만 남의 말, 남의 글이요, 제 말과 제 글은 아주 무시하고 천대해왔다. 날마다 뒤적거리는 것은 다만 한문의 자전과 문서뿐이요, 제 나라 말의 사전은 아예 필요조차 느끼지 아니하였다. 프랑스 사람이 와서 프랑스 말로써 조선어 사전을 만들고, 미국, 영국 사람이 와서는 각각 영어로써 조선어 사전을 만들고, 일본 사람이 와서는 일본 말로써 조선어 사전을 만들었으나, 이것은 다 자기네의 필요를 위하여 만든 것이요, 우리의 소용으로 된 것이 아니었다.

제 말의 사전을 가지지 못한 것은 문화민족의 커다란 수치일 뿐 아니라, 민족 자체의 문화 향상을 꾀할 수 없음을 절실히 깨달아, 이 수치를 씻고자, 우리 문화 향상의 밑천을 장만하고자, 우리가 우리 손으로, 조선말 사전의 편찬 사업을 처음으로 계획한 것은 융희 4년(서기 1910)부터의 일이었으니, 당시 조선광문회에서 이 일을 착수하여, 수년 동안 재료 작성에 힘을 기울였던 것이다. 그러나 사정으로 인하여 아깝게도 열매를 맺지 못하였고, 십여 년 뒤에 계명구락부에서 다시 시작하였으나, 이 또한 중도에 그치고 말았었다.

이 민족적 사업을 기어이 이루지 않고서는 아니 될 것을 깊이 각오한 우리 사회는, 이에 새로운 결의로써 기원 4261년(서기 1928) 한글날에 조선어사전편찬회를 창립하였다. 처음에는 조선어학회와 조선어사전편찬회가 두 날개가 되어, 하나는 맞춤법, 표준말들의 기초공사를 맡고, 하나는 낱말을 모아 그 뜻을 밝히는 일을 힘써오다가, 그 뒤에는 형편에 따라 조선어학회가 사전편찬회의 사업을 넘겨 맡게 되었으니 이는 조선어학회가 특별한 재력과 계획이 있어서가 아니라, 다만 까무러져 가는 사전편찬회의 최후를 거저 앉아 볼 수 없는 안타까운 심정과 뜨거운 정성이 있기 때문이었다. 포악한 왜정의 억압과 곤궁한 경제의 쪼들림 가운데서, 오직 구원한 민족적 정신을 가슴속에 깊이 간직하고, 원대한 문화적 의욕에 부추긴 바 되어, 한 자루의 모지라진 붓으로 천만 가지 곤란과 싸워온 지 열다섯 해 만에 만족하지 못한 원고를 인쇄에 붙이었더니 애닲도다. 험한 길은 갈수록 태산이라, 기어이 우리말과 글을 뿌리째 뽑아버리려는 포악무도한 왜정은 그해, 곧 기원 4275년 시월에, 편찬회와 어학회에 관계된 사람 삼십여 명을 검거하매, 사전 원고도 사람과 함께 홍원과 함흥으로 굴러다니며 감옥살이를 겪은 지 꼭 세 돐이나 되었다.

그간에 동지 두 분은 원통히도 옥중의 고혼으로 사라지고, 마지막 공판을 받은 사람은 열두 사람이요, 끝까지 옥에서 벗어나지 못한 다섯 사람은 그 실낱같은 목숨이 바람 앞의 등불같이 바드러워, 오늘 꺼질까, 내일 사라질까 하던 차에 반갑다, 조국 해방을 외치는 자유의 종소리가 굳게 닫힌 옥문을 깨뜨리어, 까물거리던 쇠잔한 목숨과 함께 흩어졌던 원고가 도로 살아남을 얻었으니, 이 어찌 한갓 조선어학회 동지들만의 기쁨이랴?

서울에 돌아오자, 곧 감옥에서 헤어졌던 동지들이 다시 모여, 한편으로는 강습회를 차려 한글을 가

246

르치며, 한편으로는 꺾이었던 붓 자루를 다시 가다듬어 잡고, 흐트러진 원고를 그러모아, 깁고 보태어가면서 다듬질하기 두 해 만에, 이제 겨우 그 첫 권을 박아, 오백한 돐인 한글날을 잡아, 천하에 펴내게 된 것이다. 그 내용에 있어서는 다시 기움질을 받아야 할 곳이 많으매, 그 질적 완성은 먼 뒷날을 기다릴 밖에 없지마는 우선 이만한 것으로 하나는 써 조국 광복 문화 부흥에 분주한 우리 사회의 기대에 대답하며, 또 하나는 써 문화민족의 체면을 세우는 첫걸음을 삼고자 한다.

돌아보건대, 스무 해 전에, 사전 편찬을 시작한 것은 조상의 끼친 문화재를 모아 보전하여, 저 일본의 포악한 동화정책에 소멸됨을 면하게 하여, 써 자손만대에 전하고자 하던 일에 악운이 갈수록 짓궂어, 그 극적 기도조차 위태한 지경에 빠지기 몇 번이었던가?

이제 그 아홉 죽음에서, 한 삶을 얻고 보니, 때는 엄동설한이 지나간 봄철이요, 침침칠야가 밝아진 아침이라, 광명이 사방에 가득하고, 생명이 천지에 약동한다. 인제는 이 책이 다만 앞 사람의 유산을 찾는 도움이 됨에 그치지 아니하고, 나아가서는 민족 문화를 창조하고 활동의 이로운 연장이 되며, 또 그 창조된 문화재를 거두어들여, 앞으로 자꾸 충실해가는 보배로운 곳집이 되기를 바라 마지아니한다.

끝으로, 이 사업 진행의 자세한 경과는 따로 밝히기로 하고, 여기에서는 다만 이 사업을 창조하며 후원하여주신 여러분에게 삼가 감사의 인사를 드리는 바이다.

기원 4280년(서기 1947) 한글날 조선어학회

부록

그때 그 사람들
조선어학회사건 33인 소전

간추린 한글 연대표
훈민정음 창제에서 《큰사전》 완간까지

그때 그 사람들

조선어학회사건 33인 소전

이윤재(李允宰)

"우리가 지금 일본의 총칼 아래 잠시 눌려 산다고 언제까지 이러리라 생각하지 마라. 나는 나이도 들고 지금 형세로는 십중팔구 감옥에서 죽을 것이다. 하지만 너희는 대명천지에 내 나라 다시 찾고 독립 국민으로 떳떳하게 살날이 꼭 올 것이다. 너희는 틀림없이 독립을 볼 것이다. 그러자면 정신을 똑바로 차려라. 작문 한 장에도 일본 글자를 섞지 않고는 못 쓴다는 정신으로는 곤란하지 않겠느냐?"

일제가 조선을 강제 병합하고 학교에서 일본어가 국어가 되고 우리 말글이 조선어로 불리며 괄시 당하던 시절, 경신학교에서 촉탁 교원으로 작문을 가르치던 이윤재는 조선어보다 일본어 공부에 열심인 학생들을 꾸짖었다.

이윤재는 1888년 경남 김해에서 태어났다. 호는 환산桓山, 한뫼다. 환

산은 대종교 신도인 그가 환웅을 그리며 지었으
리라 짐작된다. 한뫼 역시 큰 산이란 뜻이니 백
두산에서 비롯된 우리의 민족정기를 수호하고
말겠다는 다짐이 오롯이 배어 있는 듯하다.

수양동우회 사건으로 수감
되었을 당시의 이윤재.

　김해공립보통학교를 졸업하고, 김해 합성학교
와 대구 계성학교, 마산의 창신학교 등지에서 국
어와 역사를 가르쳤다. 1915년 일본으로 건너가
와세다早稻田대학을 졸업하고 귀국하여 마산의 의
신학교, 평북 영변의 숭덕학교에서 교사로 일했다. 1919년 3 · 1운동이
일어나자 이튿날 〈독립선언서〉 40여 장을 등사 · 배포하다가 일경에
체포되었다. 재판에서 보안법과 출판법 위반 혐의로 1년 6개월 형을
언도받고 평양형무소에서 감옥살이했다.

　1921년 출옥한 뒤 중국으로 건너가 베이징北京대학 사학과 재학 도중
민족 사학자이자 독립운동가 신채호를 만나 민족의식을 가다듬고 흥
사단에 들어갔다. 1923년 3월 베이징에서 열린 전국학생연합회 대회
에 참가한 뒤《동명》지에 기고한 글에서 맹렬한 항일 의식을 표출했다.

　'일본 제국주의는 중국과 조선의 적이 될 것이요, 일본의 평민에게
도 적이다. 우리는 모든 피압박민족과 연합하여 국제 제국주의와 맞서
싸울 것이다.'

　1924년부터 정주의 오산학교를 거쳐 협성 · 경신 · 동덕 · 배재 · 중
앙학교에서 조선어와 작문 등을 가르쳤다. 협성학교에서 근무할 때 그
는 독립운동가 윤우열을 도와주다가 적발되어 일경에 갑종 요시찰인
물로 낙인찍혔다.

그 후 조선어연구회와 조선어학회에서 주도적으로 한글 운동에 매진하던 이윤재는 1934년 4월부터 1937년 5월까지 《한글》 11~45호 간행을 책임졌는데, 자금이 부족할 때 자신이 쓴 《문예독본》의 판권을 팔기도 했다. 그는 1931년 동아일보사에서 브나로드운동을 할 때 학생계몽대가 쓸 《한글공부》 원고를 만들어 신문사에 제공했다.

1933년 겨울, 사위 김병제의 후원을 받아 작은 규모의 조선어 사전 편찬을 단독으로 진행했다. 이 책은 해방 뒤인 1947년 김병제가 《표준조선말사전》으로 간행했으며, 1953년까지 9판이 발행되었다. 1937년 6월 수양동우회 사건으로 체포된 그는 서대문형무소에서 1938년 10월까지 수형 생활을 했고, 1942년에는 조선어학회사건으로 체포되어 모진 고문을 받았다. 1943년 9월 함흥형무소로 이감되었고, 그해 12월 8일 옥중에서 55세의 나이로 세상을 떠났다.

한징(韓澄)

'선생은 조선어사전 편찬 사업에 시종일관 관계했다. 사전 편찬에는 누구보다 그의 공로가 크다고 하지 않을 수 없다.'

1946년 10월 9일 한글날 이극로는 경향신문에 〈이미 세상을 떠난 조선어학자들〉이란 글을 실어 조선어학회사건으로 모진 고문을 당하고 옥중에서 세상을 떠난 한징 선생을 추모했다.

한징은 1887년 서울에서 태어났다. 호는 효창^{曉蒼}. 1922년부터 시대일보, 중외일보, 조선중앙일보의 기자로 근무하면서 일제의 강압 정치를 비판한 항일 언론인이다. 1923년 나철이 창시한 대종교에 입교하여 민족의식을 키웠다. 1930년 일제의 조선어 말살 정책에 분개하여 조선어학회에 가입한 다음 이윤재 등과 함께 조선어 사전을 편찬 작업에 뛰어들었다.

1933년 한글맞춤법통일안 제정, 표준어 사정 당시 조선표준어사정위원회 위원으로 활동했고, 수정 위원 16명 가운데 한 명이었다. 1942년 10월 조선어학회사건으로 체포되어 홍원경찰서에서 잔혹한 고문을 받았고, 함흥형무소에 이감된 뒤 추위와 굶주림에 시달리다 1944년 2월 22일 세상을 떠났다.

최현배(崔鉉培)

'우리말은 우리 민족의 정신적 산물의 총합체다. 메는 높고, 물은 맑고, 햇빛은 밝은, 아름다운 강산에 살아오는 우리 조선 민족의 심령에는 조선말이란 영물이 그 갖은 소리와 맑은 가락으로써 거룩한 탄강의 대정신을 전하며, 아름다운 예술적 정취를 함양하여왔으며, 하고 있으며, 또 영원히 하여갈 것이다.'

1926년에 최현배가 쓴 《조선 민족 갱생의 도》에 나오는 문장이다. 우리말에 대한 경건하고 순수한 마음을 진솔하게 담았다.

최현배는 1894년 경상남도 울산에서 태어났다. 호는 외솔. 올곧은 소나무와 같이 우리 말글 연구의 한길을 걸은 스승으로서 이보다 좋은 호는 없다. 어린 시절 고향의 일신학교에서 신식 교육을 받은 그는 1910년 경성에 올라와 관립한성고등학교 재학 중 보성학교에서 주시경이 운영하던 조선어강습원을 수시로 찾아가 한글을 배웠다.

국권을 상실함에 따라 관립한성고등학교에서 이름이 바뀐 경성고등보통학교를 1915년 졸업하고, 관비 유학생으로 일본 히로시마廣島고등사범학교에 들어갔다. 1919년 졸업하고 이듬해 사립동래고등보통학교 교원으로 부임하여 우리말을 가르치고 연구했다. 그때 국어의 문법 체계를 세울 목적으로 《우리말본》 초고를 만들기 시작하여 17년 만인 1937년 완본으로 출판했다. 이 문법서는 풍부한 자료와 상세한 설명으로 당대는 물론 현재까지 견줄 만한 책이 없다는 평가를 받는다.

1922년 4월 일본 교토京都제국대학 문학부 철학과에 입학, 교육학을 전공하여 〈페스탈로치Pestalozzi의 교육학설〉이라는 논문으로 1925년 졸업하고 대학원에서 수학했다. 1926년 연희전문학교(연희대학교의 전신) 교수가 되었고, 같은 해 조선어연구회에 참여했다.

1938년 흥업구락부 사건으로 경찰에 검거되어 옥고를 치르고, 연희전문학교 교수직에서 강제 퇴직당했다. 실직 중에도 한글의 역사와 이론을 연구하여 1942년 《한글갈》로 꽃을 피웠다. 같은 해 조선어학회사건으로 다시 검거되어 해방될 때까지 옥고를 치렀다.

해방 이후 미 군정청 편수국장에 취임한 최현배는 국어 교재 편찬과 교사 양성에 전력을 기울이면서도 《한글 첫걸음》을 비롯한 각종 교과서를 집필했다. 1947년 5월에는 《글자의 혁명》을 출간했다. 아울러 미국 록펠러Rockefeller 재단의 후원을 얻어《조선말 큰사전》출판의 길을 열었다. 1949년에는 한글전용촉진회 위원장으로 한글 전용 실현에 온 힘을 다했다.

1953년 4월 한글 파동이 일어나자, 격렬히 반대하며 문교부 편수국장에서 물러나 연희대학교로 돌아간 뒤《우리말 존중의 근본 뜻》《한글의 투쟁》《나라 사랑의 길》《나라 건지는 교육》등을 잇달아 간행했다. 1970년 세상을 떠났다.

이극로(李克魯)

나로서는 그때 압록강 항로에서 얻은 느낌이 중대한 것을 이제 다시 인식하는 것이 있다. 그것은 그때 느낌이 내가 조선어 연구에 관심한 출발점이요, 조선어 정리로 한글맞춤법통일안과 외래어표기법과 표준어 사정과 조선어 사전 편찬 등에 온 힘을 바친 동기다.

이 항행 중에 하루는 일행이 평북 창성 땅인 압록강 변 한 농촌에 들어가서 아침밥을 사 먹는데, 조선 사람의 밥상에는 떠날 수 없는 고추장이 없었다. 일행 중 한 사람이 고추장을 청하였으나 고추장이란 말을 몰라서 그것을 가지고 오지 못한다. 그래서 우리는 여러 가지로 형용을 하였더니 마지막에는 "옳소, 댕가지장 말씀이오?" 하더니 고추장을 가지고 나온다.

'사투리로 말미암아 일상생활에 많이 쓰이는 고추라는 말이 통하지 못

하니 얼마나 답답한 일인가.' 표준어 사정은 25년 뒤에 와서 문제를 삼아 해결하게 되었으니 우리는 국어에 대한 관심이 일반으로 부족한 것을 아니 느낄 수 없다.

이극로는 1893년 낙동강과 남강이 합류하는 경남 의령군 지정면 두곡리에서 6남 2녀 중 막내로 태어났다. 호는 고루, 물불, 동정東正. 15세 때 마산으로 가서 고학으로 창신학교를 마쳤다.

16세 때인 1909년 비밀결사인 대동청년단에 가입하여 윤세복, 안희제, 김동삼, 김규환, 신채호, 이우식 등과 동지가 되었다. 1911년 무일푼으로 서간도에 건너갈 때 압록강 근처에서 동포끼리 사투리 때문에 고추라는 말을 소통하지 못하자, 맞춤법 통일과 표준어에 대하여 생각한다.

1913년 우여곡절 끝에 서간도 화이런懷仁현에서 박은식, 신채호와 만났고 윤세복이 교장으로 있던 동창학교 교원으로 활동했다. 1915년 푸쑹茂松현 백산학교에서 독립군을 가르치면서 이진룡, 홍범도 등이 조직한 포수단에 가담하기도 했다.

1916년부터 1920년까지 상하이에 있는 퉁지同濟대학에 다니며 유학생 총무로서 대한민국임시정부에 협력했다. 이때 신채호, 박은식, 안창호, 이동휘, 김원봉, 김동삼, 이범석 등과 교유하며 절대 독립론을 신봉하게 되었다. 1920년 독일 유학을 준비하던 도중 신채호의 소개로 사회주의 독립운동가 이동휘의 통역과 경호를 맡았다.

이극로는 1922년 8월 베를린대학Humboldt University of Berlin 철학과에 입

학하여 전공으로 정치경제학, 부전공으로 인류학과 언어학을 공부했다. 당시 동방학부에 중국어와 일본어 강좌만 있는 것을 알고 대학 당국을 설득하여 조선어 강좌를 개설, 3년 동안 무보수로 유럽인에게 한글을 가르쳤다. 또 현지에서 한글 활자를 만들기 위해 독일 국립 인쇄소의 지원을 받아냈고, 상하이에 있는 김두봉에게 받은 활자를 본떠 만든 4호 활자로 베를린대학 동방학부 연감에 《허생전》 몇 장을 인쇄하여 넣었다.

1923년 베를린에서 재독한인대회를 열고 일제의 만행을 규탄한 다음 영어와 독일어로 일본의 폭압 통치를 고발하는 선전문을 작성하여 고일청, 김준연과 함께 배포했다. 이 문건에는 간토關東대지진 당시 일본인이 조선인을 학살한 만행을 폭로하고, 자주적인 조선의 역사를 소개했다. 1924년 《조선의 독립운동과 일본의 침략 정책》, 1927년 《일본제국주의에 대항한 조선의 독립 투쟁》을 발간하여 조선 역사의 전통, 조선인의 우수성과 일제의 만행 등을 유럽인에게 알렸다.

1925년 11월 런던대학 정치경제학부를 청강하고, 이듬해에는 파리대학 음성학부, 런던대학에서 조선어 소리를 연구하기도 했다. 1927년 그는 벨기에 브뤼셀에서 열린 세계피압박민족대회에 황우일과 함께 조선 대표로 참여했다. 두 사람 외에 프랑스 유학생 대표 김법린, 독일 유학생 대표 이의경(필명 이미륵), 여행 중이던 허헌이 있었다. 허헌은 동아일보 사장 직무대행을 지낸 항일 변호사인데, 이때는 신문기자 자격으로 참여했다. 당시 그는 런던에 머물던 시오니스트 이스라엘 코엔Israel Cohen과 만나 독립운동에 대한 조언을 듣기도 했다.

1929년 1월 귀국한 이극로는 조선어연구회에 가입한 뒤 발기인 108명

을 모집, 조선어사전편찬회를 조직하고 사전 편찬을 진두지휘하면서
재정 문제 해결에 앞장섰다. 1931년 조선어연구회 이름을 조선어학회
로 바꾸고 한글 운동의 과제를 명확히 한 다음 한글맞춤법과 외래어표
기법 통일, 표준어 사정에 적극 나섰다.

1938년에는 공안과에서 진료를 받던 중 공병우 박사에게 한글 사랑
이야말로 나라 사랑임을 역설했다. 이를 계기로 공병우 박사가 한글에
관심을 기울이고 훗날 기계화에 전념한 것이다. 그 무렵 빈곤한 상태
에서도 김성수가 제안한 보성전문학교 교장직을 사양하는 결기를 보
였다. 나라가 독립하기까지는 절대로 돈을 벌지 않겠다는 것이 그의
소신이었다.

1942년 조선어학회사건으로 재판받을 때 예심판사 나카노中野虎雄는
이극로가 조선의 독립이라는 목적을 가지고 조선어학회를 조직했다고
결론을 내렸다. 그는 합법적인 틀에서 한글 운동이라는 문화투쟁, 항
일 투쟁, 민족해방운동, 언어 독립운동을 펼쳤기에 조선어학회의 수괴
로 지목되어 혹독한 고문을 받았고, 수감 도중 손톱과 발톱이 모두 빠
지고 늑막염에 걸렸다.

해방과 함께 옥문을 나선 그는 1945년 8월 25일 조선어학회를 재건
하여 대표가 되었다. 이후 초·중등 교원 양성 사범 강습회와 국어 교
과서 편찬에 관여하고, 《조선말 큰사전》 발간에 결정적인 역할을 했다.
아울러 한글 전용 운동과 한글 보급 운동 전개하고, 장지영 등과 함께
한자폐지실행회를 조직하여 한자 사용 폐지와 일어 잔재 청산에 몰두
했다.

(1절) 세종 임금 한글 펴니 스물여덟 글자, 사람마다 쉬 배워서 쓰기도
편하다.

(2절) 온 세상의 모든 글씨 견주어보아라. 조리 있고 아름답기 으뜸이
되도다.

(3절) 오랫동안 묻힌 옥돌 갈고 닦아서, 새 빛 나는 하늘 아래 골고루 뿌
리세.

(후렴) 슬기에 주린 무리 이 한글 나라로, 모든 문화 그 근본을 밝히려
갈거나.

1945년 이극로가 짓고 채동선이 곡을 붙인 '한글 노래' 가사다. 그해
10월 9일 천도교당에서 열린 한글날 행사에서 초·중등학교 학생과
한글문화보급회 등 참가자들이 시가행진을 하며 이 노래를 불렀다. 해
방의 기쁨도 잠시, 남북이 삼팔선으로 갈라져 민족 분단이 가시화되던
1948년 4월 이극로는 건민회와 민족자주연맹 대표 자격으로 평양에
가서 남북연석회의에 참여했다. 당시 북한의 최고 실력자로 변신한 한
글학자 김두봉에게서 북쪽의 국어 교육에 헌신해달라는 부탁을 받고
현지에 남아 어문 정책을 주도했다.

'조선어학의 연구는 일반 어학의 원리와 법칙을 가지고 하지 않으면 안 된다. 부질없이 조선어 자체만 천착한다면 결국 정와소천井蛙小天의 망단에 빠지는 일이 많을 것이다.'

1939년 《한글》 71호에 실린 〈조선어학의 방법론 서설〉에서 조선어 연구의 과학화 방법을 밝힌 이희승의 정론이다.

국어학계의 큰 별 이희승은 1896년 경기도 광주에서 태어났다. 호는 일석一石. 1908년 관립한성외국어학교 영어부에 입학했으나 1910년 한일병합과 함께 폐교되자 경성고등보통학교에 진학하여 이듬해 9월까지 공부했고, 1912년부터 2년 동안 양정의숙에서 법학을 전공했다.

1914년 신풍학교 교원, 1918년 중앙학교 졸업, 1925년 연희전문학교 수물과數物科를 거쳐 1927년 경성제국대학 예과를 수료하고, 1930년 경성제국대학 법문학부 조선어학 및 문학과를 졸업했다. 그해 조선어학회에 들어가 사전 편찬 사업에 참여했다. 1932년부터는 이화여자전문학교 교수가 되어 국어와 국문학을 강의했다.

경성제국대학 시절 조선어학 분야에서 역사적 관점에 바탕을 둔 실증적 연구 방법론을 견지하던 오구라 신페이에게 언어학 연구 방법을 배운 이희승은 실증주의적 학문관을 바탕으로 조선어학회에서 자신의 역량을 십분 발휘했다. 동아일보가 주관한 조선어학회와 조선어학연구회의 한글 토론회에서 그가 보여준 최신 음성학과 음운학 지식은 관중의 감탄을 자아냈다.

일제강점기에 조선어의 과학적인 어문 체계를 수립하는 데 큰 역할을 담당한 이희승은 1942년 조선어학회사건으로 검거되어 3년 동안 옥고를 치렀다. 광복 후에는 서울대학교 문리과대학 국어국문학과 교수가 되었다.

1950년 한국전쟁이 발발하고 피난길에 오르지 못한 그는 인민군 징집 신체검사를 받았으나, 고령(54세)과 신체 허약 때문에 납북을 면했다. 전쟁 통에는 생계를 위해 단팥죽 장사도 했다. 부인과 며느리가 단팥죽을 만들고, 그는 떡집에서 찹쌀떡을 받아 왔다. 10원에 두 개씩 더 주었고, 10원어치를 팔면 2원 남는 장사였다고 한다.

1960년 4월 3·15 부정선거 당시 그는 시국 선언을 발표하고 교수단 데모에 참가했다. 이듬해 서울대 문리대학장을 정년퇴직하고, 1963년 8월 1일 동아일보 사장에 취임했다. 그때 이희승은 "쿠데타로 정권을 탈취한 군사정부는 정통성이 없는 정부이므로 이에 대한 비판이나 반대를 위해 동아일보가 앞장서야 한다"면서 정론 직필을 강조했다. 1965년 한일회담 반대로 정부와 맞섰을 때 조선호텔에서 김종필 중앙정보부장을 만나 호통을 치기도 했다. 1989년 11월 27일 93세를 일기로 세상을 떠났다.

김윤경(金允經)

김윤경은 해방 이전이나 이후에도 권력에 순응하지 않고 뚜렷한 소신을 드러낸 학자다. 《조선문자 급어학사》에서 한글 창제에 관련해 상소문을 올린 집현전 부제학 최만리의 처신을 두고 '한글 창제를 반대한 저능아의 발광'이라고 혹평하여 물의를 일으켰다. 이승만 정권의 한글 파동 때는 '권력으로 내리누르는 한글 탄압'이라며 저항했고, 박정희 정권 때 한자 병용 문제가 불거지자 한글의 기계화를 위해서는 한자를 병용하면 안 된다면서 "한자 교육은 학생들은 물론 학문 발전에도 부담을 준다"고 비판했다.

김윤경은 1894년 경기도 광주에서 태어났다. 호는 한결. 14세 때까지 고향에서 한학을 수학하다가 상경하여 우산학교에 입학했고, 의법학교로 전학하여 1910년 고등과를 수료했다. 이후 상동청년학원에서 주시경에게 한글을 배웠다.

1913년 마산 창신학교 고등과 교사를 거쳐, 1917년 연희전문학교 문과에 들어갔다. 1920년 연희전문학교 학생청년회가 주동이 되어 경성 시내 고등보통학교와 전문학교 학생 1000여 명이 조선 학생의 친목과 단결을 위해 조직한 조선학생대회의 회장을 맡는 등 학생운동에 앞장섰다.

1921년 조선어연구회, 1922년 수양동맹회 창립 회원이 되었다. 1922년부터 배화여학교 교사로 근무할 때 학교에서 유학비를 받아 도쿄의 릿쿄立敎대학 문학부 사학과에 들어가 1929년 졸업했다. 귀국하여 배화여학교에 복직했으나, 1937년 6월 수양동우회 사건으로 투옥되었다가 이듬해 7월 보석으로 출옥했다. 1938년 1월 조선기념도서출판관에서 《조선문자급어학사》를 간행했다.

수양동우회 사건으로 5년간 실직했다가 1942년 성신가정여학교 교사가 되었으나, 그해 10월 조선어학회사건으로 피검되어 갖은 고문을 당했다. 1948년에는 《나라 말본》《중등 말본》을 펴냈다. 1949년 《조선문자급어학사》가 4대 명저로 선정되어 표창받았다.

정인승(鄭寅承)

"아이고, 선생님! 그간 강녕하셨습니까?"

"누구시더라?"

"접니다, 오하라小原. 정말 몰라보시겠어요?"

1945년 여름 을지로 입구 내무부 건물 앞을 지나가던 정인승은 반갑게 인사하는 남자를 알아보고 깜짝 놀랐다. 그는 조선어학회사건 당시 홍원경찰서의 수사계 주임으로 자신과 동지들에게 잔혹한 고문을 한 악질 형사 오하라(본명 주병훈)였다.

"흠, 당신이구려. 어쩐 일이시오?"

그가 마뜩잖은 표정으로 묻자, 주병훈은 억울하다는 표정으로 자초지종을 털어놓았다.

해방 후 홍원에 사는 청년들이 야스다(본명 안정묵)를 잡아 코를 꿰고

등에 '나는 애국지사들을 악질적으로 고문한 개놈'이라는 글을 쓴 널빤지를 멘 채 시내를 한 바퀴 돌게 한 다음 때려 죽였다. 그때 주병훈은 간신히 홍원을 빠져나왔는데 일자리를 구하지 못해 노숙자로 살아왔다며 제발 직장 좀 구해달라고 애걸했다. 한참 동안 그를 응시하던 정인승은 지난 일을 탓하지 않기로 마음먹고 일자리를 구해주었다.

그처럼 대인배의 기질이 있던 정인승은 1897년 전북 장수에서 태어났다. 호는 건재健齋. 일찍이 서울에 올라와 정연학원과 중동학교를 마치고 미국 유학을 위해 종로구 내자동 종교교회에서 1년 동안 영어를 배웠다. 1921년 연희전문학교 문과에 입학하여 영어를 전공했는데, 스승 정인보와 3년 선배 김윤경의 영향으로 민족의식을 확립했다. 당시 김윤경은 그에게 주시경의《국어문법》을 가르쳐주었다.

1925년 3월 학교를 수석으로 졸업한 뒤 고창고보에 교사로 부임하여 10년 동안 영어와 조선어를 가르쳤다. 1936년 교단을 떠나 돈암동에서 염소를 치며 살 무렵, 최현배의 제의로 조선어학회에 들어가 사전 편찬을 도맡았다. 정인승은 조선어학회에 대한 일제의 탄압이 가속화될 무렵 이극로와 함께 학회를 이끌었다. 그들은 1940년 3월 총독부에서《조선말 큰사전》출판 허가를 얻고, 1942년부터 조판에 들어갔다. 하지만 그해 10월 조선어학회사건이 일어나면서 사전 출판은 무산되었다. 해방과 함께 출소한 그는 조선어학회에서 사전 편찬의 주무를 맡아《큰사전》완간을 주도했다.

그는 평생 10여 평짜리 한옥에 살면서 1986년 7월 7일 타계할 때까지 제자를 집에 불러 강의하는 열정을 보였다. 저서로는《표준 중등 말본》《표준 고등 말본》 등 9권이 있으며, 국어학 관계 논문으로 〈사전 편찬에 관한 전반적인 문제〉〈모음 상대 법칙과 자음 가세 법칙〉 등 10여 편이 전한다.

2005년 4월 19일, 미국 일리노이Illinois주 스프링필드Springfield의 에이브러햄 링컨 대통령 도서관·박물관Abraham Lincoln Presidential Library and Museum 개관 행사에서, 외증손녀 이미한 양이 할아버지의 한글 운동을 회고하면서 언어와 이념의 상관관계를 다룬 에세이 〈새로운 국가, 새로운 세기, 새로운 자유〉를 낭독해 1등 상을 받았다.

이병기(李秉岐)

바람이 소슬도 하여 뜰 앞에 나섰더니
서산머리에 하늘은 구름을 벗어나고
산뜻한 초사흘 달이 별과 함께 나오더라.

달은 넘어가고 별만 서로 반짝인다.
저 별은 뉘 별이며 내 별 또한 어느 게오.
잠자코 홀로 서서 별을 헤어보노라.

'현대시조의 아버지'라 불리는 이병기의 절창 〈별〉이다. 그는 국문학 연구의 초창기에 올과 날을 챙겨 세운 학자이자, 쇠퇴 일로에 있던 우리 시조를 부흥·발전시킨 위인이다.

1891년 전라북도 익산에서 변호사 이채의 장남으로 태어났다. 호는 가람嘉藍. 1898년부터 고향에서 한학을 공부하다가 중국의 사상가 량치차오梁啓超의 《음빙실문집飮冰室文集》을 읽고 신학문에 뜻을 두었다.

1910년 전주공립보통학교를 거쳐, 1913년 관립한성사범학교 재학 시절 주시경의 조선어강습원에서 조선어를 배웠다. 1913년부터 남양·전주·여산공립보통학교에서 교사로 일하며 시조를 연구하고 창작에 몰두했다.

주시경 사후 권덕규, 임경재 등과 함께 조선어문연구회를 열고 간사를 맡았다. 1922년부터 동광고등보통학교와 휘문고등보통학교에서 교편을 잡았고, 1926년 시조회를 조직했다(1928년 가요연구회로 개칭). 1930년 한글맞춤법통일안 제정 위원이 되었고, 연희전문학교와 보성전문학교의 강사를 겸하면서 조선문학을 강의했다.

1942년 조선어학회사건으로 옥고를 치른 뒤 고향으로 갔다가, 광복과 함께 서울로 돌아와 군정청 편수관을 지냈다. 1946년 서울대학교 교수가 되었고, 전시인 1951년부터 전라북도 전시연합대학 교수와 전북대학교 문리대학장 등을 역임했다. 1956년 정년퇴직한 뒤 1960년 학술원 임명 회원이 되었다.

그는 '후회를 하지 말고 실행을 하자'는 좌우명처럼 1968년 11월 29일 세상을 떠날 때까지 77년 동안 부끄럼 없이 살았다. 임종국은 《친일문학론》에서 '가람은 일제 시대에 쓴 시와 수필의 어느 하나에도 친일 문장을 남기지 않은 영광된 얼굴'이라고 찬사를 보냈다.

권덕규(權悳奎)

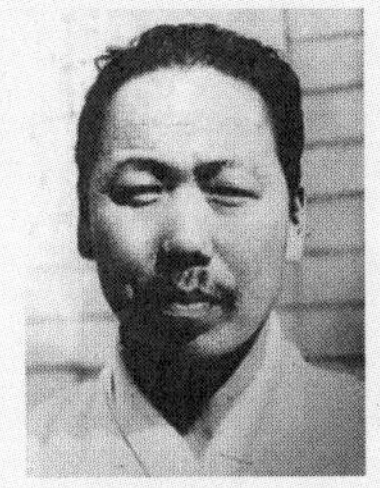

권덕규는 20세기 초·중반까지 당대에 견줄 사람이 없을 정도로 민족사에 대한 깊은 이해와 고금의 전적을 꿰뚫은 지식인이다. 그는 우리 민족의 역사와 말과 글에 엄청난 긍지가 있었으며, 대담하고 기발한 온갖 가설을 제시했다. 폭발적인 지지자와 적대자가 있는 유명 논객이자 기인으로 수많은 일화를 남겼다.

1930년 3월 1일 간행된 《별건곤別乾坤》 27호의 〈경성명류 인물백화집京城名流 人物白話集〉에 따르면 권덕규에게 오렌지 선생이니 독탕獨湯 선생이니 하는 여러 아호가 있는데, 특히 술을 좋아하여 매일 오후 5전錢을 들고 송현동에 있는 황추탕집에 가서 한 잔을 자시고 갔다고 한다. 술집에서는 그를 '5전 선생'이라고 불렀다. 그는 오전이나 오후나 오전(午前=5錢)이었다.

1891년 경기도 김포에서 태어났으며 호는 애류崖溜, 환민桓民, 한별. 휘문의숙에 입학했을 때 조선어 강사로 재직하던 주시경을 만났다. 그때부터 김두봉, 이규영과 함께 조선어강습원에 참여하는 한편, 스승과 함께 조선광문회에서 6년 동안 말모이 편찬을 도왔다.

1914년 주시경이 사망하자, 그는 몹시 애통해하면서 《청춘》 창간호에 〈주시경 선생의 역사〉를 기고했다. 그해 7월 26일 동래 범어사의 명정학교에서 개설한 조선언문회 하기 강습소에서 강사로 활동했다. 1915년 3월부터 2년 동안 김두봉과 함께 조선어강습원 고등과 교사와 중등과 강사를 맡았다.

장지영, 이인 등과 함께 3·1운동에 참여했고, 1919년 12월 24일부터 이듬해 1월 7일까지 매일신보에 〈조선어문에 취하야〉라는 논설을 연재했다. 여기에서 그는 고대에 우리 고유의 문자가 있었으며, 그것을 정비·추가해 훈민정음을 만들었다는 학설을 발표해 독자들의 관심을 끌었다. 1920년 5월 동아일보에 기고한 논설 〈가명인두상에 일봉〉이 장안에 큰 화제를 불러일으켰다.

1923년 광문사에서 《조선어문경위》를 출간했고, 1924년 상문관에서 《조선유기》 상권을 간행했다. 이 책은 조선 통사 형식으로 고대에서 고려까지 역사를 기술했다. 1926년 《조선유기》 중권을 간행했고, 윤치호와 이윤재, 박승빈 등과 함께 정음회正音會를 조직하여 한글 보급에 심혈을 기울였다. 1929년 《조선유기략》을 간행했는데, 이 책은 《조선유기》를 요약한 일종의 보급판이다.

1930년 한글맞춤법통일안 제정 위원이 되었고, 9월에는 동아일보 창간 10주년 기념 조선어문 공로자로 선정되었다. 1931년 조선어학회 하기 강습회 강사로 경상도 지역을 순회했고, 동아일보에서 주최한 하기 브나로드운동 조선어 강습회와 좌담회의 강사로 선정되어 이듬해까지 영남·관북·관서 지방을 순회하며 강연했다. 1933년 11월부터 경성방송국의 조선어 프로그램 〈조선어 강의〉를 맡아 3년 동안 진행했다.

1936년 조선어 사전 편찬 전임 집필 위원으로 고어와 궁중어에 관한 전문 용어 풀이를 맡았다. 그해 4월에는 《삼천리》에 〈대종교는 역사상으로 어떠한가〉를 기고했다. 1945년 정음사에서 간행한 《조선사》는 해방과 함께 베스트셀러가 되었다.

1942년 10월 조선어학회사건으로 수많은 동지들이 일경에 체포되었지만, 그는 중풍이 심해서 불구속 상태로 수사를 받다가 이듬해 4월 기소 중지 처분을 받았다. 1949년 여름 반신불수의 몸으로 집을 나간 뒤 행방이 묘연하다.

장지영(張志暎)

1905년 을사조약 체결에 분개한 민영환이 자살했을 때 수많은 민중이 청진동에 있는 그의 집으로 몰려가 통곡했다. 그때 청년 장지영도 집 안으로 들어가 유서를 확인하고 눈물을 뿌렸다. 상여가 종로를 지나 서소문으로 나갈 때는 상행을 보호하기 위해 앞뒤로 매어놓은 무명 줄을 부여잡고 걸으면서 다짐했다.

'우리는 언제까지 역사적으로 남의 종노릇밖에 못 하는가. 내 살아 생전 반드시 자주독립을 이루고야 말겠다.'

일제강점기에 물산장려운동과 3·1운동을 선도했으며, 언론인으로서 문맹 타파에 앞장선 장지영은 1887년 서울 서대문구 교남동에서 태어났다. 호는 열운洌雲. 나라를 잃은 가여운 백성으로서 '한강에 뜬 구름'이란 뜻이겠다.

1906년 관립한성외국어학교 한어과를 졸업하고 모교의 부교관으로 일하면서 이준, 이상재, 안창호 등 애국지사가 들끓던 상동교회에 드나들며 민족의식을 키웠다. 그때 상동교회 사랑방에서 만난 평생의 스승 주시경의 문하에 들어가 국어문법을 배웠다. 그와 함께 이일이 설립한 창동의 정리사전문학교에서 수학을 공부했다. 1907년 헤이그^{Hague}밀사사건이 일어났을 때 일경의 상동교회 감시가 심해지자, 주시경은 상동청년학원 하기국어강습소를 박동에 있는 보성학교로 옮겼다. 이때 강사로 참여했다.

1911년 7월 장지영은 이상재, 이동녕, 현준 등 선배들의 청에 따라 오산학교에서 교편을 잡았는데, 얼마 후 교장 이승훈이 데라우치 마사다케^{寺內正毅} 총독 암살 음모를 빙자한 105인 사건에 연루·투옥되었다. 이 일로 학교가 문을 닫자, 경성으로 돌아와 상동청년학원에서 국어와 수학을 가르쳤다.

1912년 간디^{Mohandas Karamchand Gandhi}의 비폭력·무저항 운동에 자극받아 경제 자립과 문화 독립을 제창하며 동지 유진태, 임경재, 김덕창 등과 함께 조선물산장려회를 만들었다. 아울러 간디처럼 직접 무명옷을 만들기 위해 고양, 통진, 김포 등지에서 목화를 모아 시골 부인들에게 실을 뽑게 하고, 이를 덕창직물공장에 가져가 옷감을 짜기도 했다.

얼마 후 그는 적극적으로 독립운동을 하기로 마음먹고 이수삼, 백남일, 조규수, 김정섭, 정범진, 노대규, 이원행, 오의선, 홍덕규, 김용철 등과 비밀결사 '흰얼모'를 조직한다. 상하이임시정부와 연계하기 위해 흰얼모를 백영사^{白英社}로 바꾸고 해외 독립지사들과 긴밀하게 연락을 취했다. 1914년 7월 스승 주시경이 급서하자, 그가 출강하던 경신학교에서 국어 교육을 담당했다.

1919년 고종 황제가 서거했을 때 내관 이병정이 그를 찾아와 하세가와 요시미치^{長谷川好道} 총독의 사주를 받은 윤덕영 일당이 황제를 독살했다고 고발했다. 이에 장지영과 조규수, 김정섭, 신경우, 노대규 등 흰얼모 동지들은 황제의 독살 경위를 폭로하여 옥외 시위의 발동을 걸기로 결정했다. 3·1운동 전날 중림동 장지영의 집에 모인 동지들은 조선일보 정치부장 조규수에게 포고문을 짓게 했다.

파리강화회의에 있어서 민족의 독립을 제창함에 대하여 저 교활한 일본의 간계는 '한족은 일본의 정치에 열복하여 분립을 원치 않는다'는 증명서를 제출하여 만국의 이목을 속이고 가리려 하였다. 그리하여 이완용은 귀족 대표, 김윤식은 유림 대표, 윤택영은 종적 대표, 조중응·송병준은 사회 대표, 신흥우는 교육·종교 대표라 가칭하여 서명날인 하고 황제께 서명을 억지로 청하여 그 흉계가 지극하였다. 황제께서 매우 분노하여 꾸짖으며 물리치자, 흉계가 드러나 뒷일이 두려웠던 윤덕영과 한상학 두 적은 반찬을 담당한 두 궁녀로 하여금 밤참으로 먹는 식혜에 독약을 타서 올리게 하였다. ……명심하라, 우리 동포여! 오늘은 세계 정치에서 망국이 부활할 좋은 기회다. 거국일치 단결하여 일어나면 잃은 국권을 회복할 수 있으며, 망한 민족도 구할 수 있을 것이다. 선제선후 양 폐하의 큰 원수 큰 원한도 깨끗이 씻을 수 있을 것이다. 일어나라, 우리 이천만 동포여!

그날 밤 대한국민회 명의로 만들어진 이 포고문 2000여 장이 남대문-을지로-동대문 방면, 서소문-종로-동대문 방면, 서대문 일대에 뿌려졌다. 이튿날 민족 대표 33인은 태화관에서 〈독립선언서〉를 읽고 순순히 일경에 잡혀갔다. 실제로 민족 봉기의 불을 지르고 독립 만세 시위를 전국으로 확산시킨 데는 흰얼모의 포고문이 큰 역할을 했다. 그

후 경신학교에서 국어와 수학을 가르치던 장지영은 조선총독부의 일방적인 조선어 말살 정책에 대항하기 위해 1921년 휘문의숙에서 조선어연구회를 창설했다.

1926년 4월, 장지영은 12년간 근무하던 경신학교를 그만두고 중앙학교로 옮기면서 실직한 권덕규를 추천했다. 하지만 경신학교에서 권덕규를 받지 않자, 자신도 중앙학교를 그만두고 같은 해 10월 조선일보 기자가 된다. 당시 조선일보 사장은 이상재, 부사장은 신석우였다. 처음에는 수습기자로 교정부에 근무하다가 신석우의 배려로 지방부장 겸 편집인이 되었다.

장지영은 1929년 7월부터 조선일보 편집인으로서 '아는 것이 힘, 배워야 산다'는 표어 아래 3년간 문자 보급반 운동을 주도했다. 그해 신년호에 〈새해에는 우리말과 글에 힘을 들이자〉는 글을 실어 문자 보급반 운동의 필요성을 역설했다. 1931년에는 신설된 문화부 부장이 되었다가 사주가 바뀌면서 퇴직, 양정중학에서 국어와 중국어를 가르쳤다.

일제강점기에 국어학 운동을 주도한 장지영은 조선어학회사건을 피할 수 없었다. 그는 동지들과 함께 함흥형무소에서 2년 동안 옥고를 치르고, 1948년 9월 연세대학교 국어국문학과 교수로 부임했다. 말년에는 향가와 이두 연구에 몰두하며 학문적 열정을 불사르다가 1976년 3월 15일 동교동 자택에서 세상을 떠났다.

이인(李仁)

"인간이 산다는 것은 엄숙하고도 존귀한 일이다. 아무도 우리의 생존권 보호를 침해할 수 없다. ……우리 노동자들의 요구는 가장 당연할 뿐만 아니라, 아무도 이를 거부할 수 없다. 이를 막기 위해 인권유린이 있을 경우 전체 변호사들은 묵과하지 않겠다."

1931년 원산부두 노동쟁의가 일어났을 때 조선변협 조사 위원으로 파견된 이인은 원산역 구내에서 농성하던 노동자 수천 명 앞에서 소리쳤다. 일제 악질 자본가들에게 수탈당하는 민족의 일원으로서, 정당한 법률가의 한 사람으로서 그는 생존권을 위해 투쟁하는 노동자들을 향해 격려의 노성을 터뜨린 것이다.

이인은 1896년 대구에서 태어났다. 호는 애산愛山. 아버지 이종영이 지어준 것이다.

"인자는 애산이요, 지자는 요수樂水라 했으니 호를 애산이라 하라."

이준 열사와 친교가 깊었던 이종영은 독립운동 단체인 대한자강회와 대한협회의 중심인물로 보성소학과 보성전문을 경영했고, 〈독립선언서〉를 인쇄한 보성사의 주인이다. 이인의 숙부인 우재 이시영은 평생 독립운동에 헌신한 지사다. 독립운동가들은 초대 부통령을 지낸 성재 이시영과 이름이 같고 족친이므로 전자를 '북시영', 후자를 '남시영'으로 구분했다.

이인은 어린 시절 대구 달동 심상소학교에서 신학문을 배웠고, 달동의숙과 경북실업보습학교를 졸업한 뒤 일본으로 건너가 세이소쿠正則 중학교와 메이지明治대학 법학부를 졸업했다. 그가 법률을 전공한 것은 일제의 압제에 신음하는 동포를 위하고, 독립투사의 변호를 전담하는 등 합법적인 항일 투쟁의 수단을 마련하기 위해서다.

그는 일본에 머무를 당시 인기 잡지《제3제국》에 〈조선인의 고정苦情을 세계에 호소한다〉는 기고문을 보내 총독정치가 착취와 기만으로 우리 민족을 노예화하려 한다고 고발했다. 잡지는 발매금지 되었고, 그는 경시청에 잡혀가 가혹한 문초를 받았다. 이후 대학원 과정인 니혼日本대학 고등전공과를 마치고 1917년 귀국하여 조선상업은행에서 근무했다.

3 · 1운동 당시 숙부 이시영을 돕기 위해 삼남의 유림과 연락을 취하다가 수배령이 떨어지자 다시 일본으로 건너갔다. 그는 1922년 사법성에서 실시하는 일본 변호사 시험에 합격했다. 일본 전역에서 4000여 명이 응시했으나 합격자는 70명이었고, 조선인은 그뿐이었다. 26세 때의 개가다. 1924년 5월 경성에서 변호사 사무실을 차린 그는 민족운동가, 독립지사들과 관련된 사상 사건이 터지면 반드시 무료 변호에 나섰다. 1942년 조선어학회사건으로 투옥될 때까지 해마다 80~90건, 총 1500여 건을 맡았고, 사건 관련자만도 1만여 명에 이른다.

그가 변호한 주요 사건은 의열단 사건, 신의주 민족 투쟁 사건, 광주학생항일운동, 고려혁명당 사건, 안창호 사건, 수양동우회 사건, 송진우 · 안재홍 · 여운형 · 신일용 등 필화 사건, 서울민중대회 사건, 칠산혁명당 사건, 원산 노동쟁의, 형평사 사건, 6 · 10만세운동, 수원고농사건, 대전 신간회 사건, 이동수의 이완용 암살 계획 사건, 사이토 마코토 총독 암살 미수 사건 등이다. 이인이 사상범 관련 재판마다 변호를 맡자, 일제는 그를 요시찰인물로 규정하고 감시와 미행을 일삼았다. 수원고농 사건 당시 법정에서 불온한 내용으로 변론했다며 변호사 정직 처분을 내렸고, 수시로 꼬투리를 잡아 유치장에 구금했다.

그는 변호사 활동 외에도 교육 사업에 힘을 기울여 해방 전에는 경성실천여학교, 대동중·상업고등학교, 보성중학교, 불교전문학교 등 많은 학교 설립에 관여했다. 해방 후에는 단국대학교, 국학대학 설립에 도움을 주었다.

1942년 조선어학회사건이 터졌을 때 일경은 일찌감치 그를 검거하여 홍원경찰서로 이송했다. 그가 조선어학회에서 추진한 조선기념도서출판관 관장, 조선양사원 설립 시도 외에도 조선 어문 발전에 지속적으로 관여했기 때문이다.

이인은 해방 후 미 군정청에서 1946년 초대 검찰총장, 반민특위 위원장이 되었고, 정부 수립과 함께 초대 법무부 장관, 제헌 국회의원으로 건국의 초석을 다지는 데 혼신의 힘을 다했다. 하지만 이승만 대통령의 독선이 심해지자 자리를 박차고 나왔다.

그는 오랜 세월 항일 투쟁을 함께해온 한글학회가 광복 30여 년이 되도록 회관 건물조차 없는 현실을 안타까워하며 효자동에 있는 집을 팔아 그 절반인 3000만 원을 회관 건립 기금으로 쾌척했다. 1979년 4월 5일 세상을 떠나기 직전에는 오랫동안 기거하던 논현동 자택마저 한글학회에 기증했다.

"일본의 식민 제국주의는 국제 정세로 볼 때 가장 범죄적이고 부끄러운 것이라는 사실이 명확하게 밝혀졌습니다. 이제 문명과 인류를 타락시키는 이 같은 범죄를 씻어내고 처벌할 때가 되었습니다."

1927년 2월 10일 벨기에 브뤼셀에서 열린 세계 피압박민족대회에 조선 대표로 참석한 김법린은 일본 제국주의의 만행을 조목조목 비판했다. 유창한 프랑스어 실력과 패기 넘치는 연설은 21개국 174개 단체 대표들의 이목을 끌었다. 그는 일제가 강화도조약 체결 후 행정, 사법, 교육, 경제 등의 분야에서 진행한 식민정책의 실상을 논리 정연하게 풀어내고, 그 부당성을 지적함으로써 국제사회에 '조선'이라는 나라를 각인시키는 데 성공했다. 그의 연설문은 네덜란드 암스테르담Amsterdam의 국제사회사연구소에 소장되었다.

김법린은 일제강점기에 승려이자 독립운동가로, 해방 이후에는 교육가이자 정치가로 활동했다. 필명은 철아鐵啞, 호는 범산梵山. 1899년 8월 경북 영천에서 태어났다. 14세 때(1913년) 영천 은해사에서 양혼허 스님을 은사로 출가, 1915년 동래 범어사에서 비구계를 받았다. 범어사가 설립한 명정학교에서 신학문을 배웠고, 졸업과 동시에 경성에 있는 불교중앙학림에 입학했다. 이곳에서 평생 삶의 기준으로 삼은 만해 한용운과 만나 항일운동에 뛰어들었다.

그는 중앙학림 학인들과 3·1운동을 준비하고, 부산으로 내려가 1만여 명이 동참한 불교계 만세 운동을 주도했다. 이 일로 일경에 쫓기는 몸이 되자, 급히 국경을 넘어 상하이에서 임시정부의 군자금을 모으는 역할을 담당했다. 이와 동시에 난징南京대학에서 영어와 중국어를 익히고, 다시 프랑스 유학길에 올랐다.

김법린은 1926년 파리대학에서 근세철학을 전공하고 1928년 귀국한 뒤 백성욱, 김상호 등과 함께 조선 불교 혁신에 앞장섰다. 1930년 5월에는 한용운의 뜻을 이어 일제에 대항하는 비밀결사 만당卍黨을 결성하고 계몽운동을 했다. 1942년 조선어학회사건으로 체포되어 홍원경찰서와 함흥형무소에서 곤욕을 치렀다.

해방 후 조선불교중앙총무위원회 위원으로서 미군정 장관 하지J. R. Hodge를 설득하여 일본인 승려들이 운영하던 사찰을 종단에서 인수할 수 있도록 했다. 1952년 문교부 장관, 1953년 유네스코한국위원회 위원장을 역임했고, 3대 민의원으로 뽑혔다. 동국대학교 총장으로 부임한 지 8개월 만인 1964년 3월 14일 심장마비로 세상을 떠났다.

이은상(李殷相)

내 고향 남쪽 바다 그 파란 물이 눈에 보이네.
꿈엔들 잊으리오. 그 잔잔한 고향 바다
지금도 그 물새들 날으리. 가고파라 가고파.

이은상은 1903년 경남 마산에서 태어났다. 호는 노산鷺山, 필명은 남천南川, 강산유인江山遊人, 두우성斗牛星. 일제강점기에 다양한 사연을 안고 고향을 떠난 사람들의 마음을 뭉클하게 적셔준 〈가고파〉의 시인으로, 조선어학회사건 당시 동지들과 고난을 겪었다. 그러나 해방 후 독재 정권에 굴종하여 아름다운 운율을 퇴색하게 한 안타까운 인물이다.

한의사인 아버지가 설립한 마산의 창신학교를 졸업하고, 연희전문학교를 거쳐 일본 와세다대학 사학부에서 공부했다. 귀국한 뒤에는 이화여자전문학교 교수, 동아일보 기자, 조선일보사 출판국 주간 등으로 일했다.

1923년 〈고향 생각〉으로 등단한 이래 시조에 관심을 기울인 그는 1932년 이화여전 교수로 재직할 때 대표작 〈가고파〉를 완성했다. 이 시조에 평양 숭실중학에 재학중이던 19세 김동진이 곡을 붙여 향수를 달래주는 민족의 애창곡으로 재탄생했다. 1938년 조선일보에서 퇴직한 뒤에는 국토를 순례하면서 〈성불사의 밤〉〈장안사〉 등을 썼다.

1930년대 진단학회 회원으로 조선어학회 활동에 깊이 간여했으며, 조선기념도서출판관 취지문을 작성했다. 1942년 이극로, 안호상 등과 함께 조선양사원 설립을 도모하다가 일제의 눈 밖에 난 그는 조선어학회사건 당시 고난을 당했다. 이듬해 기소유예로 석방되었지만, 1945년 일제가 패망하기 직전 실시한 사상범 예비검속에 걸려 광양경찰서에 구금되었다가 광복과 함께 자유의 몸이 되었다.

1960년 정부통령 부정선거의 여파로 2월 28일 대구를 시작으로 대전, 인천, 수원, 마산, 충주, 서울, 부산, 광주 등 전국 각지에서 부정선거를 규탄하는 학생 시위가 일어나자 이은상은 김말봉, 박종화 등과 함께 문인 유세단을 조직하고 이승만 살리기에 나섰다. 그는 시국을 임진왜란에 비유하면서 이승만을 성웅 이순신과 같은 존재로 미화했다. 하지만 3·15 의거와 4·19혁명으로 독재자가 물러나자, 그 역시 허망하게 자취를 감추었다.

1년 뒤 5·16군사정변과 함께 다시 나타난 그의 손에는 〈혁명 공약문〉과 〈공화당 창당 선언문〉이 들려 있었다. 1979년 10월 26일 박정희 대통령이 중앙정보부장 김재규의 총탄에 살해되자, 다시 전두환에게 허리를 굽히고 들어가 5공화국 정권의 국정 자문 위원이 된다.

시조 부흥에 앞장선 위대한 시인 이은상, 일제에 저항하여 우리 말글을 지켜낸 조선어학회의 산 증인이던 그는 역사의 전환기마다 권력에 아부함으로써 자유와 인권을 갈구하는 민족의 여망을 외면한 두 얼굴의 시인이었다. 1982년 세상을 떠났다.

안재홍(安在鴻)

'조선은 내 나라다. 나의 향토다. 생활의 근거지다. 문화 발전의 토대이다. 세계로의 발족지다. 함께 일어나 지켜야 하고, 싸워야 하고, 고쳐가야 하고, 이를 방해하는 어떤 자들이고 부숴 치워버려야 할 것이다.'

천안에 있는 독립기념관 겨레의 집 뒤편 흑성산 기슭에 세워진 안재홍 어록비에 새겨진 구절이다. 그가 1926년 12월 5일자 조선일보에 쓴 사설 〈농민도의 고조〉에서 발췌한 내용으로, 원문에는 '어떤 자들'이 아니라 '어떤 놈들'이라고 쓰여 있다.

일제강점기 아홉 차례에 걸쳐 7년 3개월 동안 옥고를 치른 불굴의 독립운동가, 해방 직후 조선건국준비위원회(건준)를 발족하고 정부 수립을 준비한 민족 지도자, 이승만·김구와 함께 우리나라 초대 대통령 후보를 지낸 안재홍은 1891년 경기도 평택에서 태어났다. 호는 민세民世. '민중의 세상'이라는 뜻으로, 항상 민중과 함께 가는 민중의 선구자가 되겠다는 마음이 담겨 있다.

16세 때 서울의 황성기독교청년회 중학부에 입학하여 신학문을 배웠지만, 19세 때인 1910년 조국이 일본의 식민지로 전락하자 아버지와 월남 이상재의 권유로 일본으로 건너가 도쿄 아오야마靑山학원에서 어학 공부를 하고 이듬해 와세다대학 정경학부에 입학했다. 조선인유학생학우회에 참여하면서 배일사상과 민족의식을 고취한 그는 대학 3학년 때 중국을 방문하여 민족 지도자 조소앙, 신채호 등을 만나 망명을 모색했다. 하지만 경제적인 뒷받침 없는 해외 운동보다 국내에서 항일 투쟁을 벌이는 편이 낫다고 판단, 대학을 졸업하고 귀국한 1914년부터 국내에 머물며 항일 투쟁을 전개했다.

1924년 시대일보에서 기자 활동을 시작한 안재홍은 같은 해 9월 조선일보에 주필 겸 이사로 입사했다. 이후 1932년까지 근무하면서 사설 980여 편과 시평 470여 편을 실었는데, 이는 평균 10일마다 사설과 시평 7편을 꾸준히 집필한 셈이다. 안재홍의 남다른 열정은 훗날 그를 '속필의 대기자' '문웅'으로 평가하기에 충분한 이유가 되었다.

안재홍은 논설을 통하여 일제의 정책을 비판하고 조선인의 민족의식을 고취하는 것은 물론, 건강 증진과 허례 폐지, 소비 절약, 문맹 퇴치 등 생활개선 운동을 전개했다. 일제는 안재홍을 '하얀 피부에 얼굴이 긴 편인데, 치열한 배일사상으로 항상 불온한 언동을 하는 자'라고 기록했다.

그는 3·1운동 직후 첫 번째 옥고를 치렀다. 3·1운동의 영향으로 상하이에 대한민국임시정부가 수립되자, 이를 지원하기 위해 조직한 대한민국청년외교단에 가담했다가 검거되어 대구형무소에서 3년간 복역한 것이다. 이후 그는 조선일보 사설, 민중대회 사건, 만주 동포 의연금, 군관학교 학생 파견, 흥업구락부 사건 등과 관련하여 계속 옥고를 치렀다.

1938년에는 흥업구락부를 조직·활동한 혐의로 서대문형무소에 수감되어 아들의 혼인에도 참석하지 못하는 비운을 겪었다. 그의 마지막 감옥살이는 1942년 12월 조선어학회사건 때문이다. 홍원경찰서의 차디찬 감방에서 석 달 동안 고초를 당한 그는 위장병을 얻었고, 코끝이 빨갛게 얼었다.

1945년 일본이 패망하자, 안재홍은 여운형과 함께 건준을 조직하여 건국 사업을 준비했다. 먼저 국내 상황을 안정시키고, 해외의 독립운동가들이 입국하는 대로 그들과 함께 독립정부를 완성하는 것이 그의 계획이었다. 하지만 박헌영을 비롯한 좌익 계열이 조선인민공화국을 선포하자, 안재홍은 건준에서 탈퇴했다.

혼란스런 해방 공간에서 그는 신탁통치반대국민총동원위원회 부위원장, 남조선대한국민대표민주의원, 좌우합작위원회 우측 대표가 되어 오로지 민족 분열을 막고자 헌신했다. 그러나 1947년 미소공동위원회가 결렬되면서 좌우합작 민족국가 건설을 위한 그의 마지막 노력도 실패하고 말았다.

그해 2월 미 군정청 민정장관에 취임한 안재홍은 일본이 독도를 불법 점거하고 한국인의 어업을 금지하자 독도 관련 조사를 실시하는 한편, 현지에서 울릉도·독도조사단을 파견했다. 그는 1950년 5월 고향인 평택에서 2대 국회의원 선거에 무소속으로 출마하여 당선되었으나, 한국전쟁이 발발한 뒤 9월 21일 납북되었다. 1965년 3월 1일 세상을 떠났다.

정열모(鄭烈模)

홍익대학교 초대 학장을 지낸 정열모는 1895년 충북 보은에서 태어났다. 호는 백수白水. 1913년 주시경의 조선어강습원 고등과 2회에 수석 졸업했다. 1921년 일본으로 건너가 와세다대학을 졸업하고, 귀국하여 중동학교와 김천고등보통학교에서 조선어 문법을 가르쳤다.

1926년 조선어연구회 간사로 활동한 뒤 조선어사전편찬회 준비 위원이 되었고, 1931년 조선어학회 회원이 되었다. 대종교 신도였던 그는 이홍수, 안호상, 이극로, 맹주천, 엄천주, 이세정 등과 함께 항일 비밀결사 귀일당을 결성하기도 했다.

1942년 조선어학회사건으로 검거될 당시 김천고등보통학교 2대 교장이었다. 일제는 정열모가 조선어학회의 항일 활동에 동조하는 한편,

김천중학교에서 학생들에게 한글의 우수성을 알리고 조선의 역사를 가르치면서 민족의식을 주입했다는 혐의로 그를 체포했다. 홍원경찰서에 압송되어 조선인 형사 오하라, 야스다 등에게 혹독한 고문을 받고 함흥형무소로 이감되어 2년 동안 옥고를 치렀다. 1944년 9월 30일 예심종결과 함께 석방되었다.

해방 이후 국학전문학교 교장, 한글문화사 대표, 숙명여대 초대 문과대학장을 역임하고, 김규식이 주도하는 민족자주연맹 서울시 부위원장에 뽑히기도 했다. 1947년 5월 대종교에서 원로회의 결의에 따라 홍익대학을 설립하기로 결의했고, 1949년 6월 정열모가 홍익대학 초대 학장에 취임했다.

1949년 12월 자유당 정권이 획책한 홍대 프락치 사건으로 교수, 학생 등 54명이 철도경찰대와 헌병대로 잡혀가 모진 고문과 박해를 당하자 현직에서 물러났다. 그 후 대종교 원로원 총책임자와 한글학회 이사를 지냈다. 한국전쟁 당시 홍기문과 함께 월북하여 김일성대학 국문과 교수, 북한 사회과학원 원장, 조국평화통일위원회 상임위원 등을 맡으며 이극로, 유열 등과 더불어 북한 조선어학의 기초를 확립했다. 1967년 8월 14일 평양에서 세상을 떠났다.

'독일은 위대한 철학자 피히테Johann Gottlieb Fichte의 정신 아래 모든 학생들이 단결하여 분열되고 파멸된 독일의 민족정신을 완전히 통일했다. 특히 대학생의 철저한 민족정신으로 죽어가던 독일의 민족과 국가와 문화가 다시 살아나서 찬란한 결과를 얻었다.'

1948년 9월 29일 평화일보에 실린 안호상의 논설 일부분이다. 피히테를 동경하던 그는 대한민국 정부 수립 후 일민주의一民主義라는 철학 체계를 만들어 이승만 정권의 독재를 뒷받침했다.

1902년 경남 의령에서 태어났으며, 호는 한뫼. 1929년 독일 예나대학University of Jena에서 철학 박사 학위를 받았고, 영국 옥스퍼드대학University of Oxford과 독일 훔볼트재단의 연구 과정을 거쳐 귀국했다. 하지만 일제의 정략으로 교수직을 얻지 못하자, 각종 사회 활동에 투신하여 저항했다.

조선어학회사건으로 1급 수배자가 되었을 때 금강산으로 피신하여 검거를 모면했다고 한다. 그가 이 사건에 연루된 것은 1934년 겨울 안암동 집에서 이극로, 이은상 등과 함께 조선양사원 설립을 모의한 일이 일경에 포착되었기 때문이다.

광복 후 서울대학교 문리과대학 교수가 되었고, 1948년 초대 문교부장관으로 임명되어 학도호국단을 창설했다. 1960년 초대 국회 참의원을 지냈고, 대종교 총전교와 한성대학교 재단 이사장을 역임했으며,

1986년부터 한글문화 단체 '모두모임' 회장으로 활동했다. 1993년 세상을 떠났다.

정인섭(鄭寅燮)

산들바람이 산들 분다.
달 밝은 가을밤에
달 밝은 가을밤에
산들바람 분다.
아 너도 가면 이 마음 어이해.

〈산들바람〉의 시인 정인섭은 을사조약이 체결된 1905년 울산에서 태어났다. 호는 눈솔. 1922년 색동회 발기인으로 참가하고, 동인지 《어린이》에 동시와 동화를 발표하면서 창작 활동과 문예운동에 뛰어들었다. 1926년 이하윤, 김진섭, 손우성 등과 함께 해외문학연구회를 조직하고, 기관지 《해외문학》에 에드거 앨런 포Edgar Allan Poe와 조지 버나드 쇼George Bernard Shaw 평론을 발표하면서 본격적인 평단 활동을 시작했다. 같은 해 조선의 설화를 수록한 《온돌야화溫突夜話》를 일어로 간행했다.

　1929년 와세다대학 영문과를 졸업하고 연희전문학교 교수로 재직하면서 유치진 등과 함께 극예술연구회를 창립했다. 1932년 송석하, 손진태와 함께 조선민속학회를 창립하고, 세계언어음성학회에 참가하여 한글의 우수성을 알렸다. 또 조선어학회 회원으로 한글맞춤법통일안 제정에 참여하는 등 다양한 활동을 펼치다 조선어학회사건으로 체포되어 9개월 동안 옥고를 치렀다.

그러나 일제 말기에 조선문인협회 간사, 상무간사 등을 지내며 친일평론을 발표하고, 태평양전쟁을 지원하기 위한 순회강연에 참가했다. 때문에 민족문제연구소가 간행한 《친일인명사전》에 수록되었고, 친일반민족행위진상규명위원회가 발표한 '친일 반민족 행위 704인 명단'에도 포함되었다.

해방 후 중앙대학 교수로 재직했고, 영국 런던대학과 일본 텐리(天理)대학 교수, 교토대학 대학원 강사를 역임했다. 1956년에는 펜클럽 한국본부 위원장이 되었다. 1963년 한국셰익스피어협회 이사로 있으면서 《영역 한국시선》을 출간하여 펜클럽 한국본부가 주는 4회 번역문학상을 받았다. 현재 색동회는 어린이 문화 운동에 공이 큰 사람이나 단체를 대상으로 정인섭의 호를 딴 눈솔상을 제정·시상한다. 1983년에 세상을 떠났다.

정태진(丁泰鎭)

'동포여, 우리가 뭉쳐 우리의 아름다운 말글을 피로써 지킬 때가 왔다. 우리의 생명, 우리의 혼을 영원히 지켜 우리의 만대 자손에게 깨끗하게 전하여 줄 우리의 보물을 저 강도 왜적에게 다시금 백주에 빼앗기고 짓밟히게 하지 말자.'

해방의 훈풍이 채 가시지 않은 1948년 4월 10일 조선중앙일보에 실린 정태진의 논설 일부분이다. 1903년 경기도 파주에서 태어났으며, 호는 석인石人이다. 경성고등보통학교를 거쳐 1921년 연희전문학교 문과 재학 중 여섯 살 위의 동기 동창생 정인승을 만나 우리 말글에 대한 사랑을 공감대로 깊은 우정을 나눴다.

정태진은 국학자이자 민족주의자 정인보의 강의를 통해 민족문화에 자부심과 자긍심을 느꼈다. 1925년 연희전문학교를 졸업하고, 같은 해 4월 함경남도 함흥의 영생여자고등보통학교에 부임하여 영어와 조선어를 가르쳤다. 그는 틈나는 대로 국내의 명시를 소개하여 제자들에게 우리 말글의 아름다움을 가르치고, 고전을 통해 민족의식을 심어주었다.

1927년 5월 미국 우스터대학The College of Wooster에서 철학을 공부하고, 1930년 6월에는 컬럼비아대학 대학원에서 교육학을 전공했다. 이 듬해 6월 석사 학위를 취득한 그는 9월 귀국하자마자 다시 영생여학교에 부임했다. 이 시기부터 본격적으로 우리말 연구에 매진했다. 조선인의 정취가 물씬 배어 있는 방언을 틈틈이 수집하고, 우리말과 역사 연구에 힘을 쏟았다. 그 무렵 엄중해진 일제의 사찰을 의식하면서 학생들에게 세계정세와 일본의 불안한 장래, 우리 민족의 우수성을 알렸다.

1937년 3월 일제가 각급 학교에서 조선어 교과를 폐지하고, 교수 용어로 일본어 사용을 강제했다. 이에 심한 모멸감과 좌절감에 빠졌을 때, 정인승에게서 조선어학회의 사전 편찬을 함께하자는 제안을 받았다. 정태진은 곧바로 영생여학교에 사표를 내고, 1941년 5월부터 조선어학회의 사전 편찬 사업에 뛰어들었다.

조선어학회 사무실에 상주하며 불철주야 사전 원고 작성에 몰두하던 1942년 9월 5일, 갑자기 홍원경찰서에서 증인 소환장이 날아왔다. 영문도 모르고 함흥으로 간 정태진은 갖은 고문을 당하며 조선어학회의 항일 투쟁에 대한 자백을 강요받았다. 강제로 그의 자백을 받아낸 형사들은 10월 1일을 기하여 관련자 33명을 일망타진한다. 1945년 1월 15일 그는 동지들과 함께 함흥지방법원에서 징역 2년을 선고받고 함흥형무소에서 옥고를 치렀다.

해방과 함께 조선어학회를 재건한 정태진은 사전 편찬 사업을 재개하는 한편, 연세대와 중앙대, 홍익대, 동국대, 국학대, 세종중등국어교사양성소 등에서 한글을 가르쳤다. 영어에 능통한 그는 미군정에서 고위직을 제의받았으나 고사하고, 우리 말글의 정리와 연구에 매진했다.

한국전쟁 당시 부산으로 피난한 그는 사전 편찬을 미룰 수 없다는 생각으로 1952년 5월 25일 서울로 올라와 서울신문사에서 큰사전 편찬에 몰두했다. 11월 2일 식량이 떨어져서 고향인 파주로 식량을 구하러 가다가 타고 있던 군용 트럭이 전복되는 바람에 49세를 일기로 세상을 떠났다.

'3년 동안 125차례 회의를 거듭한 끝에 만든 한글맞춤법통일안입니다. 실로 우리 민족문화의 결정체입니다. 우리 민족이 독립을 준비하기 위해 만든 것은 이것뿐입니다.'

김선기는 1985년 10월《월간 마당》대담에서 조선어학회 한글맞춤법통일안의 역사적 의미를 설파했다.

그는 1907년 3월 전북 군산에서 태어났다. 호는 무돌. 1924년 중앙고보를 중퇴하고 1925년 연희전문학교에 진학하여 최현배의 가르침을 받았다. 대학을 졸업한 뒤 최현배의 소개로 1931년 조선어사전편찬회 사전 편찬원이 되어 한글맞춤법통일안 제정 위원으로 활동했다.

동아일보 서무부장 김철중의 차남인 그는 동아일보 사주 김성수의 재정적인 도움을 받아 1934년 6월 프랑스에 유학, 파리대학 재학 당시 이극로의 권유로 2회 국제음성학회 학술대회에 조선어학회 대표로 참석했다. 1937년 런던대학에서 대니얼 존스Daniel Jones 교수의 지도로〈한국어 음성학〉이란 논문을 발표하여 석사 학위를 받았다.

1938년 귀국하여 연희전문학교 전임강사로 일했고, 2년 뒤 교수가 되었다. 당시 조선어학회에서 진행하던 외래어표기법 통일안 제정에 참여했고, 1942년 조선어학회사건으로 함흥형무소에서 1년 가까이 수형 생활을 하다가 이듬해 9월 18일 기소유예로 석방되었다. 하지만 곧바로 일제의 징용에 걸려 함경북도 웅기에서 강제 노동에 동원되었다.

해방 후 연세대에 복직한 그는 1950년 서울대학교 언어학과로 옮겼다. 1953년에는 미국 코넬대학Cornell University 교환교수로 1년간 언어학을 연구하고 돌아와 한국언어학회를 창립하고 초대 회장에 선임되었다. 1958년 문교부 차관으로 취임하면서 잠시 학계를 떠났다. 당시 서울 시내 간판이 한자 천지인 데 분개하면서 한글 간판 정화 운동을 펼쳤다. 1967년 명지대학 대학원장으로 취임했다가 1972년 정년퇴직하고, 1992년 11월 11일 세상을 떠났다.

김선기는 한글이 있기에 한국은 세계 10대 강국이 될 것이라 단언했고, 독재자 박정희 대통령은 싫어하지만 한글 전용을 행한 공으로 나머지 죄를 용서할 수 있다고 목청을 높였다. 박 대통령이 1968년 5월 강력한 한글 전용 지시를 내렸고, 한자 교육을 일시적으로 폐지했기 때문이다. 하지만 내외의 거센 반발에 부딪혀 한자 교육 폐지는 곧 철회되었다.

이석린(李錫麟)

"속담딱지와 자맞춤딱지는 정인승 선생이 만들고 내 이름으로 발행되었다. 보진재(인쇄소)에서 좋은 사업이라고 협조해주었는데, 조선어학회사건 이후 아는 사람이 나뿐이고 인쇄소 사람들도 세대교체 되어 기억에 없겠지만 여하튼 고맙게 생각한다."

조선어학회의 한글 보급 운동에 대한 소회를 감격적으로 회고한 이석린의 평생 과업은 '언어를 통한 민족 주체성의 확립'이었다. 1914년

2월 24일 경기도 연천에서 태어났으며, 호는 또나. 양주공립보통학교를 졸업하고 경성실업전수학교에 진학했지만, 건강 문제로 학업을 중단했다. 1934년 경성에서 천막 사업을 하다가 조선어학회의 기관지 《한글》을 읽고 우리 말글 연구에 전념하기로 결심했다. 1936년 조선어학회에 가입하여 《한글》의 원고 수집과 편집, 교정, 발송 등을 담당했으며, 정인승과 함께 속담딱지와 자맞춤딱지를 발행했다.

1938년 10월 조선어학회 회원이자 춘천고등보통학교에서 농촌계몽 활동을 위해 조직한 상록회 지도자 신영철이 일제의 강압 통치를 비판한 글을 《한글》에 실었다. 당시 일경은 신영철의 집을 수색하다가 이석린과 주고받은 편지를 발견했다. 이를 빌미로 체포된 그는 춘천경찰서에서 갖은 고문을 당하고, 석 달 동안 수감되었다가 불기소 방면되었다. 1942년 조선어학회사건 당시 이극로, 이중화, 이윤재 등과 함께 1차로 체포되어 1년 남짓 옥고를 치르다 1943년 기소유예로 석방되었다. 그 후 생계를 위해 구두 수선, 광산 날품팔이 등을 전전했다.

해방 후 이석린은 조선어학회 활동을 계속하면서 문산농업고등학교와 용산의 철도고등학교에서 국어 교사로 봉직했다. 한국전쟁 때는 의용군에 끌려갔다가 삼팔선 근처에서 유엔군에 사로잡혀 거제포로수용소에 수용되었다. 그 후 철도고등학교 교사로 복직했다가 1954년 양정고등학교로 옮겨 1984년 정년퇴직했다. 말년에는 김포에 사는 딸의 집에 기거하다가 1999년 5월 10일 세상을 떠났다.

'말을 바르고 옳게 하고, 글을 바르고 옳게 써서 우리의 정신이 다 하나가 되어 우리나라를 튼튼하게 하여 우리나라의 빛이 널리 퍼지면 우리는 다 같이 그때에 우리가 우리의 할 바를 한 것을 기뻐하고 즐거워할 것이다.'

이윤재의 《표준 조선말사전》 머리말에 실린 이중화의 목소리다. 조선어학회사건 당시 61세로 최고령 피의자였던 그는 조국의 독립을 위해 평생을 바쳤지만, 한국전쟁 초반이던 7월 24일 종로에서 납북되는 바람에 아직까지 정당한 대접을 받지 못하고 있다.

1881년 한성시 징청방 두석동(현재 종로1가)에서 태어났다. 1903년 6월 홍화학교를 졸업하고 모교에서 영어를 가르쳤다. 1910년 일제가 홍화학교를 폐교하자, 배재학당 조선어와 역사지리 교사로 부임하여 주시경과 함께 근무했다. 3·1운동 때는 교사 강매, 김진호, 김성호와 학생 대표 김병호 등 18명과 함께 〈독립선언서〉를 배포한 혐의로 옥고를 치렀다. 그는 세브란스의학전문학교 출신 이일선과 〈독립선언서〉를 영문으로 번역·인쇄하여 외국인의 집에도 뿌렸다.

우리 말글 보존과 연구에 깊은 관심을 기울인 그는 조선어학회에 가입한 뒤, 1936년 4월부터 1942년 10월까지 조선어 사전 편찬 위원으로 활동했다. 이런 전력 때문에 조선어학회사건의 핵심 인물로 체포되어 홍원경찰서에 끌려갔다가 1945년 1월 18일 1심 판결에서 징역 2년에 집행유예 3년을 선고받고 자유의 몸이 되었다.

이중화는 1918년 개발이란 명목으로 사라져가는 서울의 명승고적을
지키기 위해 《경성기략京城記略》을 저술했고, 배재고보 교원으로 근무하
던 1918년과 1920년 경주로 수학여행을 다녀온 뒤 1922년 《경주기행》
을 완성했다. 1929년 간행된 《조선의 궁술》은 조선궁술연구회의 부탁
을 받아 저술했는데, 조선 역사에서 가장 중요한 무기인 활과 화살, 활
쏘기와 함께 100여 명에 달하는 명궁의 일화까지 수록했다.

해방 이후 그는 조선어학회가 재개한 《조선말 큰사전》 편찬 위원으
로 활동하면서 우리나라 역사와 관련된 제도, 음식에 관한 용어를 풀
이했다. 1949년 한글학회가 재단법인으로 설립되자 그는 학회를 위해
경기도 부천에 있는 땅 3만 3000제곱미터(9962평)를 기증했다. 1948년
부터 국학대학 학장을 역임한 그는 한국전쟁이 발발하고 얼마 되지 않
아 인민군에게 사로잡혀 납북되었다.

신현모(申鉉謨)

서울 성북동 삼각산 남쪽 자락에 길상사吉祥寺가 있다. 3공화국 시절 고급
요정 '대원각'을 운영하던 김영한이 송광사에 시주하여 탄생한 절이다.
이곳을 찾는 사람들은 과거 요정을 떠올리지만, 그보다 강렬한 러브 스
토리를 품고 있다.
김영한은 양가 규수로 태어났다. 그러나 가세가 기울자 16세 때 조선권
번에서 궁중 아악과 가무를 가르치던 하규일의 문하에 들어가 진향眞香
이라는 기생이 되었다. 미모, 그림, 글솜씨 무엇 하나 빠지는 게 없었다

는 그녀는 스승 신윤국의 도움으로 도쿄 유학을 떠났다.

얼마 후 스승이 투옥되었다는 소식을 듣고 귀국하여 함흥형무소로 찾아

갔으나, 스승은 만날 수 없었다. 그곳에서 함흥 영생여자고등보통학교

영어 교사 백석과 운명적으로 만나 사랑에 빠진다.

2012년 2월 21일 발행된 울산제일일보의 기사 한 토막이다. 조선어

학회사건은 수많은 애국지사를 고문하고 두 명을 죽음에 이르게 했지

만, 또 다른 장면에서는 아름다운 인연의 배경이 되기도 했다. 이 러브

스토리의 조연으로 등장한 스승 신윤국은 일제강점기에 독립투사로,

해방 후에는 독재와 맞서 싸운 정치인이다.

신현모는 1894년 황해도 연백에서 태어났으며, 호는 해관海觀이다. 자字가 '윤국尤局'이라 신윤국으로도 부른다. 청년 시절 미국에 유학하여 라이더대학Rider University을 졸업하고, 대한민국임시정부 특별재정위원을 맡았다. 귀국한 뒤에는 이우식, 장현식, 김양수 등과 함께 조선어학회의 사전 편찬을 적극 후원했다. 1935년부터 조선어학회와 인연을 맺은 그는 당시를 청상淸爽, 즉 맑고 시원한 시절로 꼽았다.

"이 청빈한 가운데 민족의 생명인 우리말을 가꾸고 지키는 데 온 정

성을 다하는 모습은 진실로 아름다운 광경이었고, 내가 작은 힘이나마

보태며 그들과 함께 지내는 시간은 보람이었다."

1942년 조선어학회사건 당시 학회에 재정을 지원한 전력이 탄로 나

는 바람에 옥고를 치렀다. 해방 뒤에는 한국민주당 후보로 경기 연백

을구에서 당선되어 제헌 의원이 되었다. 하지만 신생 대한민국 국회가 이승만 대통령 때문에 제구실을 못 하고, 모처럼 민족의 기개를 떨칠 수 있으리라 믿은 반민특위가 무산되자 몹시 안타까워했다. 1975년 1월 29일 세상을 떠났다.

권승욱(權承昱)

어린 시절 유도 선수, 야구의 포수, 축구 골키퍼 등 만능 스포츠맨이던 권승욱은 1917년 7월 10일 전북 정읍에서 태어났다. 1930년 4월 7일 고창고등보통학교에 입학하여 1935년 3월 4일 졸업했다.

1938년 6월 고창고보 교사였던 정인승에게서 조선어 사전 편찬을 도와달라는 부탁을 받고 조선어학회에 참여했다가, 1942년 일경에 붙잡혀 홍원경찰서와 함흥형무소에서 옥고를 치렀다. 이듬해 9월 18일 기소유예를 선고받고 풀려난 뒤 서민호의 소개로 벌교에 있는 송명학교 교사가 되었고, 학교가 폐교되자 금융조합에 취직했다. 해방 후에는 1945년 9월 초부터 조선어학회에서 추진하던 《조선말 큰사전》 편찬 위원으로 전권이 간행될 때까지 간여했다.

당시 그는 한글 기계화 운동에 전념하던 공병우 박사에게 한글을 가르쳤다. 1949년 조선어학회사건에 연루되어 탄압받은 인사들로 조직된 십일회 회원이 되었고, 이후 한글학회 이사, 수도여자사범대학 강사, 배재고등학교 국어 교사 등을 역임했다. 1974년 세상을 떠났다.

김도연(金度演)

1919년 도쿄에서 일어난 2·8독립선언의 주역 김도연은 1894년 6월 경기도 김포에서 태어났다. 호는 상산常山. 신식 학문을 가르치는 태극학교를 거쳐 보성중학교에 들어갔을 때 주시경의 가르침을 받았다.

1913년 일본으로 건너간 그는 긴조錦城중학교에 다닐 무렵 유학생 조직 반도중학회를 만들어 활동했고, 게이오慶應대학 이재과에 진학해서 조선유학생학우회 총무가 되어 각종 반일 활동을 이끌었다. 1918년 12월 30일 도쿄 기독교청년회관에서 학생 500여 명이 모인 가운데 서춘, 이종근, 윤창석, 김상덕 등이 연사로 나서 세계 사조의 변화와 민족자결주의 대원칙에 따라 자주독립을 제창하자고 부르짖었다.

조선청년독립단을 조직한 유학생들은 이광수가 작성한 〈독립선언서〉와 결의문을 영문과 일문으로 번역하여 일본 조야와 외국 공관에 발송하기로 결의하고, 각 대학의 유학생들에게 연락하여 거사에 동참하도록 했다. 두 달 남짓 준비한 끝에 1919년 2월 8일 도쿄유학생임시총회라는 거짓 명분으로 기독교청년회관에 모인 유학생들은 최팔용과 윤창석의 사회로 독립선언식을 거행했다. 이때 백관수가 〈독립선언서〉를, 김도연이 결의문을 낭독하자 우레와 같은 박수갈채가 터져 나왔다. 비분강개한 유학생들이 도쿄 시가행진에 나서려 하자, 회관을 포위한 일경이 달려들어 진압을 시작했다. 아수라장 속에 김도연은 유학생 30여 명과 함께 체포되었다.

이들이 재판에 회부되자 하나이花井卓藏, 우사와鵜澤廳明, 후세布施辰治, 카나이金井佳行 등 양심적인 일본인 변호사들이 무료 변론에 나섰다. 결국 주모자 급인 김도연, 최팔용, 백관수, 윤창석은 출판법 위반으로 9개월 금고형이 선고되었고, 나머지 학생들도 7개월 실형을 받았다.

1920년 4월 옥문을 나선 김도연은 1922년 미국 유학길에 올라 오하이오웨슬리언대학Ohio Wesleyan University에서 2년 동안 경제학을 공부하고, 뉴욕New York의 컬럼비아대학으로 옮겨 경제학 석사 학위를 받았다. 얼마 후 김도연은 북미대한인유학생회에 가입하여 독립운동을 벌였다. 당시 미주 지역에서 이승만의 동지회와 안창호의 국민회 사이에 대립이 과열되자 그는 유학생들과 함께 양측의 화해를 도모하는 한편, 상하이임시정부를 후원하기 위해 삼일신보를 발간했다. 1932년 7월 아메리칸대학American University 대학원에서 〈한국의 농촌 경제〉로 박사 학위를 받았다.

김도연은 1932년 오랜 미국 생활을 청산하고 귀국, 연희전문학교에서 경제학원론과 경제학사를 가르쳤다. 하지만 일제의 강압적 식민정책이 교육계에도 파고들자 실업계에 투신하여 난관을 타개하기로 결심하고, 김양수와 함께 자본금 30만 원을 모아 조선흥업주식회사를 창립했다. 이 회사는 토지 개간, 임야 벌채, 광산업 등 광범위한 사업을 펼쳤으며 신현모, 서민호, 최순주, 장현식도 참여했고 이인이 감사로 취임했다. 이들은 민족운동 단체를 비밀리에 후원했는데, 결국 조선어학회에 재정을 지원한 것이 빌미가 되어 1942년 일경에 검거되었다. 그 결과 20개월 남짓 미결수로 함흥형무소에서 복역하다가 1945년 1월 16일 병보석으로 출옥했다.

해방 후 한국민주당을 창당하고, 8인 총무의 한 사람으로 정계에 투신했다. 1946년 2월 미군정에서 남조선대한국민대표민주의원에 위촉되었고, 12월에는 남조선과도입법의원에 당선되어 한국민주당의 핵심 인물로 활동했다. 1948년 제헌국회에 한민당 소속으로 출마하여 당선되었으며, 그해 8월 대한민국 정부 수립과 함께 초대 재무부 장관으로 임명되어 1950년까지 재임했다. 그 후 다섯 차례(3~7대) 연이어 국회의원에 당선되었고, 4·19혁명 이후에는 국회부의장을 지냈다. 1965년 8월 박정희 정권의 한일기본조약 비준에 반대하여 의원직을 사퇴했다. 1967년 7월 19일 세상을 떠났다.

이우식(李祐植)

주시경과 그 제자들이 시작한 말모이가 조선어학회사건을 거쳐 해방 후 《조선말 큰사전》으로 완간되기까지 수많은 한글학자들 외에도 사상적으로 감화를 준 독립지사와 재정적으로 헌신한 이 땅의 실업가들이 있었다. 그중 재정적으로 가장 핵심적인 역할을 했고, 함께 고난을 당한 사람이 이극로의 평생지기 이우식이다.

1891년 경남 의령에서 태어났다. 호는 남저南樗. '남녘의 쓸모없는 사람'이란 자괴감이었을까. 하지만 그는 민족 수난기에 우리 민족의 말글을 지키는 데 가장 쓸모 있는 사람이었다. 부유한 집안에서 자란 그는 어린 시절 일본으로 가서 도쿄의 세이소쿠영어학교와 도요東洋대학 철학과를 졸업했다. 민족의식이 투철한 그는 1919년 3·1운동이 벌어지자 고향에서 구여순, 최정학 등과 함께 만세 시위를 주동한 다음 일경을 피해 상하이로 갔다.

1920년 귀국한 그는 부산에서 100만 원을 출자하여 안희제, 윤병호 등과 함께 백산상회를 설립하고 무역업에 종사하면서 큰돈을 벌었고, 이후 경남은행장과 원동무역회사 사장을 지냈다. 당시 그는 사업으로 번 돈을 상하이임시정부의 자금으로 보냈다. 1929년에는 자금난에 봉착한 중외일보를 안희제와 함께 인수, 8면으로 늘려 발행하여 사람들을 놀라게 했다. 고향 친구 이극로가 만주에서 돌아온 뒤 다시 중국으로 건너가 상하이의 퉁지대학에 입학하자 학비를 지원했고, 독일의 베를린대학에 유학할 때도 학비와 생활비, 활동비 등 8890원을 지원했다. 그의 투철한 민족정신과 뛰어난 지적 능력을 인정했기 때문이다.

이극로가 독일 유학을 마치고 돌아와 조선어 사전 편찬 사업에 뛰어들자 이우식은 평소 교류하던 유지들을 소개해주었고, 자신 역시 조선어사전편찬회의 최대 후원자가 되었다. 1931년에는 조선어사전편찬회 회장으로 취임하여 사전 편찬의 최대 장애물이던 자금 확보에 온 힘을 다했다. 그의 활동에 감동한 안재홍은 1936년 5월《한글》에 〈독지 유력자에게 보내는 편지〉를 실었다.

'만금이 있어도 사전 편찬에 다가갈 수는 있지만 역시 부족하다. 사실 이 사업을 완성하려면 4만~5만의 자금이 필요하다. 그 금액이 적지는 않지만 사회사업가로서 버거운 금액은 아닐 것이다. 혹 잘못되어 10만 원을 들이더라도 후세에 이바지한 공로는 실로 클 것이다.'

1936년부터 1941년까지 이극로가 가난한 조선 학자들을 위해 조선양사원 설립을 추진하자 그는 이극로, 이희승, 이인이 보는 자리에서 1000석에 해당하는 전 재산을 내놓겠다는 각서를 썼다. 이 계획은 태평양전쟁이 발발하면서 물거품이 되었다.

이후 일제가 조선어 사용을 금지하고 동화정책을 강화하면서 사전 편찬 사업이 힘들어지자, 이우식은 조선어사전편찬후원회를 조직하고 3년 안에 사업을 완수하는 조건으로 1만 원을 모아 조선어학회에 전달했다. 그러나 1937년부터 시작된 중일전쟁의 여파로 후원이 점차 줄어들고 수양동우회 사건, 흥업구락부 사건 등으로 민족주의자에 대한 일제의 노골적인 탄압이 이어지면서 사전 발간이 벽에 부딪혔다.

이런 상황에서 이우식은 조선어학회에 다달이 250원씩 내놓으며 사전 출판을 독려했다. 이에 이극로를 비롯한 회원들은 신사참배를 하고, 국민총력조선연맹에 가입하는 등 일제에 굴종하는 제스처를 취하면서 조선어 사전 발간을 허가받았다. 이때 이우식은 사전의 편찬 대금 20만 원도 지원하기로 약속한 상태였다. 그러나 1942년 조선어학회 사건과 함께 이들의 노력은 물거품이 되었다. 후원회원 김양수, 장현식, 김도연, 이인 등과 함께 기소된 이우식은 체포 3년 만에 징역 2년, 집행유예 3년을 선고받고 석방되었다.

해방 후 조선어학회의 재정이사로 선임된 그는 한국전쟁과 한글 파동 등 숱한 난관을 극복하고 동지들과 함께 《조선말 큰사전》 전권을 완간한다. 그의 인품을 존경한 의령 군민들이 초대 의원 선거에 출마하라고 권했지만, 분단된 조국에서는 정계에 나가지 않겠다고 완곡히 사양했다.

김양수(金良洙)

1896년 전남 순천에서 태어났다. 호는 약영若嬰. 와세다대학 정치경제학과를 졸업하고 동아일보에서 기자 생활을 하던 중 1925년 6월 미국 하와이에서 열린 범태평양기독청년대회에 송진우, 신흥우, 유억겸, 김종철 등과 함께 조선 대표로 참여했다. 이후 컬럼비아대학에서 신문학을 공부했다. 1926년 뉴욕에서 김도연, 장덕수 등과 함께 삼일신보를 발행하고 주필로 활동했으며, 1928년 6월 현지에서 이극로를 만나 독립운동을 논의했다.

이듬해 8월 독일 프랑크푸르트Frankfurt에서 열린 2회 세계피압박민족대회에 이극로, 김법린 등과 함께 조선 대표로 참여하여 일제의 압박에 시달리는 조선 민족의 구원을 호소했다. 당시 귀국길에 중국에서 김두봉을 만나 통일된 조선 어문을 조선 민중에게 널리 보급하는 것이 독립운동의 근본이라는 말을 듣고 이극로에게 전달했다. 1934년 경성 관훈동에서 김도연 등과 함께 조선흥업주식회사를 경영하던 중 조선어학회의 자금난을 해소하기 위해 후원회원이 되었다.

1936년부터 조선어 사전 편찬 사업 비용으로 700원을 제공하고 장현식, 김도연, 이인, 서민호, 김종철, 신현모, 설태희, 설원식, 윤홍섭 등에게 권유하여 7100원을 제공하도록 했다. 그 일로 조선어학회사건 당시 검거되어 홍원경찰서와 함흥형무소에서 2년 3개월 동안 복역하고, 1945년 1월 18일 석방되었다. 광복 후 1960년에는 원자력원장을 역임했다.

"친애하는 당원 동지와 동포 여러분! 조국 광복과 남북통일과 민주주의 실현을 위한 나의 투쟁은 평생을 옥고와 피눈물로 점철케 하더니 민주 천하라 일컫는 오늘의 기막힌 현실은 내 인생의 황혼기를 다시 감옥에서 맞이하게 하였습니다."

1967년 5월 대중당 대표 서민호가 6월 8일 실시되는 7대 국회의원 선거에서 옥중 출마를 선언하며 밝힌 소회다. 그해 5월 대통령 선거에 출마한 그는 북한을 국가로 인정하고, 남북 군축을 제안하자고 주장했다가 반공법 위반으로 구속되었다. 오늘날 관점으로 보면 합리적인 주장이 냉전 시대 한반도에서는 이적 행위로 규정된 것이다.

그는 일제강점기 투철한 독립지사고, 해방 뒤에는 이승만과 맞서 싸운 대표적인 야당 정치인이다. 그의 치열한 인생 역정은 조정래의 대하소설 《태백산맥》에서 야학을 운영한 서민영으로 그려졌다.

월파月坡 서민호는 1903년 4월 전남 고흥에서 태어났다. 월파라는 아호는 어머니가 그를 임신했을 때 떨어지는 달을 치마폭으로 받은 태몽에서 유래했다고 한다. 자유분방하고 친화력이 넘치던 그는 학창 시절 학업보다 유도와 권투, 야구 등 운동을 즐겼다. 중앙학교에 다니다 퇴학당한 뒤 편입한 보성학교에서도 자주 패싸움에 가담하면서 '보성 깜둥이'라고 불렸다.

서민호의 아버지는 고흥과 벌교 등지에서 삼베 장사와 간척 사업으로 성공한 대지주다. 1930년 일제가 조사한 대지주 명단에도 280만 제곱미터(282정보)를 소유한 것으로 기록되었다. 아버지의 후원으로 일본 와세다대학 정경학부를 거쳐 미국 오하이오웨슬리언대학, 컬럼비아대학에서 공부했다. 1928년 뉴욕에서 이극로와 만나 독립운동에 대한 소신을 들은 뒤 그의 후원자를 자임하고, 귀국 후 김양수와 함께 조선어학회 운영 위원 겸 자금 조달책으로 활동하다가 일경에 체포되어 1년 남짓 옥고를 치렀다.

해방과 함께 미군이 진주하자 유창한 영어 실력을 발휘한 그는 1946년 10월 미군정의 신임을 얻어 광주시장, 전라남도지사 등 요직에 임명되었다. 하지만 좌익에 대한 무차별적인 탄압과 관권 남용을 우려한 안재홍의 저지로 강원도지사로 전출되자, 1947년 7월 사표를 내고 이승만 대통령의 행동대 역할을 한 대동청년단 전남지부를 결성한다. 이후 고흥에서 제헌 의원 선거에 출마했다가 낙선한 뒤 조선전업 사장으로 일하며 재기를 다짐했다. 1950년 2대 선거에서 당선되어 국회에 입성한 그는 전쟁 기간 동안 일어난 국민방위군사건과 거창 양민 학살 사건의 조사 위원으로 활동했다.

1952년 4월 24일 순천에서 지역 유지들과 연회를 벌이던 중 동석한 기생을 찾아온 서창선 대위를 호신용 권총으로 사살했다. 이 사건으로 이승만 정권과 국회가 대립하면서 비상계엄이 선포되었다. 결국 서민호는 사형, 집행유예, 수감 등 우여곡절을 겪은 끝에 8년간 옥고를 치렀다. 이때 이승만에게 원한을 품은 그는 가족에게 손녀의 이름을 '치리治李', 손자와 손녀에게는 '치승治承' '치만治晩'으로 지으라고 했다.

1960년 4·19혁명과 함께 이승만이 하야하면서 출옥한 그는 5대 국회의원에 당선되어 지역 출신 의원으로는 처음 부의장에 선출되었다.

6대에는 지역구를 서울 용산으로 옮겨 당선되었으나, 1965년 한일기본조약 비준에 반대하며 사퇴했다. 이후 7대에도 당선된 그는 8대 선거에서 공화당 신형식에게 패하며 정계에서 은퇴했다. 1974년 세상을 떠났다.

이만규(李萬珪)

 이만규는 일제강점기 3 · 1운동, 홍업구락부 사건, 조선어학회사건에 연루되어 20개월 가까이 옥고를 치른 민족주의자다. 그는 1882년 강원도 원주에서 태어났다. 호는 야자也目. 서울대 의과대학의 전신 경성의학전문학교를 졸업하고 의사 면허를 취득한 의사다.

1910년 강릉에서 초당의숙을 경영하던 몽양 여운형을 만나 평생지기가 되었다. 그해 나라가 망하자 비밀결사 신민회의 기관 학교인 상동청년학원 교원으로 취임했고, 이후 한영서원과 송도고보, 배화여고 등에서 봉직했다. 1911년 기독교에 귀의한 뒤 1920년대에 남감리교회에 속한 서울 종교교회에 다녔다.

송도고보 교사로서 3 · 1운동에 가담했다가 '출판물 및 보안법 위반'으로 검거, 개성경찰서와 서대문형무소에서 4개월 동안 옥고를 치렀다. 1931년 조선어학회에 참여했고, 홍업구락부 전형 위원으로 활동했다. 1938년 5월 19일 홍업구락부 사건으로 체포되었지만, 기소유예 처분을 받고 석 달 만에 자유의 몸이 되었다. 그 일로 배화여고에서 해직되어 민족주의 교육서 《조선 교육사》를 집필하기 시작했다. 1941년 5월부터 배화여고 교두로 봉직하던 중 조선어학회사건에 연루되어 함흥형무소에 수감되었다가 1943년 9월 18일 기소유예로 석방되었다.

해방 후 조선건국동맹, 건준, 조선인민당 등에서 활동했다. 1947년 여운형이 암살되자 생명의 위협을 느끼고 1948년 4월 남북연석회의에 참석했다가 북쪽에 남았다. 이후 북한 정권에 참여하여 최고인민회의 대의원, 문자개혁연구위원장, 조국통일사 사장을 역임했다. 보통교육 국장에 재임하면서 《고려사》《조선왕조실록》 번역 사업을 주도했다. 1978년 7월 13일 세상을 떠났다.

윤병호(尹炳浩)

'백발 노령의 독립투사'로 알려진 윤병호는 일제강점기 독립지사들을 후원했고, 해방 이후에는 이승만의 독재정치를 비판한 자유민주주의자다. 1888년 경남 남해에서 태어났다. 호는 창남滄南. 1908년 보성전문학교를 거쳐 1909년 안희제, 남형우 등과 함께 대동청년단에 가입하여 국권 회복 운동에 뛰어들었다.

1915년 와세다대학 정경학과를 졸업했고, 상하이로 건너가 임시정부에서 활동했으며, 3·1운동 이후에는 안희제, 이우식과 함께 백산상회를 경영하면서 임시정부에 독립운동·자금을 지원했다. 1919년 11월 안희제와 함께 기미육영회를 조직하여 민족의식이 투철한 청년들의 학비와 외국 유학을 지원했다. 이극로도 기미육영회의 유학 자금을 받아 독일로 떠날 수 있었다. 1929년 이극로가 조직한 조선어사전편찬회에 참여했다.

백산상회가 독립운동 자금을 빼돌린다는 사실을 일경이 눈치 채고 거래 은행이던 조선은행과 식산은행 부산 지점에 압력을 넣어 거래를 중지시키자, 분노한 윤병호는 조선은행 부산 지점에 달려가 호통을 쳤다.

"너희가 그러고도 은행이냐. 어찌하여 조선 제일의 무역 회사와 거래를 끊는단 말이냐?"

친일 단체 상애회의 회장 박춘금이 총독부의 비호 아래 일본으로 가는 동포들에게 도항증명서를 팔아 사복을 채우자, 부산에 몰려든 노동자들과 백산상회 동지들을 모아 '박춘금 성토대회'를 열고 조선총독부에 항의 방문함으로써 도항제를 폐지하기도 했다.

1942년 조선어학회사건 때 부산에서 체포되어 홍원경찰서를 거쳐 함흥형무소에 수감되었다가, 이듬해 9월 18일 기소유예로 풀려났다. 해방 이후 경상남도 농상부장을 맡았고, 3대 국회의원 선거 당시 고향 남해에서 무소속으로 출마하여 당선되었다. 자유당 독재에 항거하여 삼선 개헌 반대 투쟁에 나섰고, 호헌동지회 대표로 활약했다.

이강래(李康來)

1885년 충주에서 태어났다. 호는 추정秋汀. 안성공립고보를 졸업하고 서울로 올라와 근대 공업 기술 교육을 담당하던 관립공업견습소 도기과를 수료했다. 1911년 만주로 건너가 옌지延吉에서 대종교 초대 교주 나철에게 감화를 받았다. 이후 독립투사 이상설과 함께 블라디보스토크Vladivostok에서 애국 청년들에게 한글을 가르쳤다.

1915년 귀국한 뒤 일본으로 건너가 일본 사범학교 본과를 졸업했다. 당시 일경에 요시찰인물로 지목되어 자주 체포·구금되었다. 이 시기에 강원도 원주 간현으로 거처를 옮겼는데, 평생지기 이만규와 교류했다. 그 후 개성정화여학교, 송도고등보통학교, 배화여자고등보통학교에서 교사로 일했다.

1927년 12월 20일 조선어연구회에 가입하여 한글 운동에 투신했고, 1932년 《한글》 창간호에 참여했다. 1933년부터 동아일보사의 조선어 강습회, 조선일보사의 문자 보급반 운동에 참여했다. 당시 그는 방언을 수집하는 등 《조선말 큰사전》 편찬에 심혈을 기울였고, 한글 문법 연구와 보급에 힘썼다. 1938년 흥업구락부 사건에 연루되어 서대문경찰서에 구금되었다가 기소유예로 석방되었지만, 배화여고보에서 강제 사직당하고 습자 강사로 연명했다.

1942년 조선어학회사건으로 검거되어 홍원경찰서를 거쳐 함흥형무소에 수감되었다가 기소유예 판결을 받아 석방되었다. 해방 이후에는

한글학회 이사, 한글전용촉진회 위원이 되었고 배화여고 교장, 경복고
교 교감을 역임했다. 1967년 2월 19일 세상을 떠났다.

장현식(張鉉植)

"알퐁스 도데Alphonse Daudet의 〈마지막 수업〉이란 소설을 읽어보셨습니
까? 한 민족이 아무리 다른 나라의 노예가 된다 해도 말과 글을 굳게
지키면 언젠가 자유와 독립을 되찾을 수 있습니다. 우리 조선어학회는
바로 그런 일을 하고 있습니다."

조선어 사전 편찬 자금을 모집하던 이극로가 김양수의 소개로 만난
장현식에게 조선어학회의 활동을 설명했다. 그 열정에 감복한 장현식
은 즉시 금고에서 3000원을 꺼내주고, 이후 친척 민영욱, 친구 임혁규
와 조병식 등을 설득하여 1400원을 모금해주었다.

"내가 직접 사전을 편찬하지는 못하지만 힘이 되는 대로 돕겠소. 민
족의 얼을 지키자는데 누가 외면할 수 있겠소?"

장현식은 1896년 전북 김제에서 만석꾼의 아들
로 태어났다. 호는 일송一松. 그는 평생 독립운동에
헌신했고, 사회사업가와 정치가로서 명성을 떨쳤
다. 사립 중앙고등보통학교를 설립하고, 고려대학
교의 전신인 보성전문학교 설립 당시 거액을 기부
하여 민족정기를 함양하는 데 힘을 보탰다. 1920년 동아일보사를 창간

한 때 인쇄 장비 구입 대금을 기부하기도 했다.

1919년 4월 비밀결사 대동단에 가입하고, 대동신문을 발행했다. 해외의 독립운동 상황을 조선인에게 알리고 독립운동에 동참할 것을 촉구하는 내용을 담은 대동신문은 1만 부를 발행하여 고물상, 엿장수, 학생 등을 통해 독자들에게 배달했다. 독립지사 전협이 이끌던 대동단은 고종 황제의 5남 이강李堈 공을 해외로 탈출시키려다 단둥丹東에서 일경에 검거되어 큰 파장을 일으켰다. 이 일로 체포된 장현식은 징역 1년에 집행유예 2년을 선고받았다. 그는 소설가 이광수가 거처가 없다는 소식을 듣고 집 한 채를 마련해주었으나, 일제 말기 변절하자 집에 찾아온 그를 쫓아냈다.

1942년 조선어학회사건에 연루되어 옥고를 치른 뒤 1945년 1월 18일 1심 판결에서 무죄 석방되었다. 당시 그는 혀에 대못이 박히는 최악의 고문을 당하여 평생 말더듬이로 살았다. 해방 후 2대 민의원 출마 당시 이런 사실을 모르는 유권자들은 '말 못하는 장현식'이라고 비아냥대기도 했다. 1948년 전북도지사에 임명되었으나, 주한 미군 사령부의 지나친 내정간섭에 호통을 치다가 취임 100일 만에 물러났다. 1950년 한국전쟁 당시 인민군에 납북되었다.

1882년 충남 청양에서 태어났다. 호는 연아然我. 보성전문학교 경제학과에 재학 중 파견생으로 선발되어 일본 와세다대학 정경학과에 들어갔다. 당시 이우식이 학비를 지원해주었다.

1908년 5월 유학생 애국 계몽운동 단체인 대한학회에 입회하고, 동시에 대한흥학회 회원으로 활동했다. 이듬해 6월 대한흥학보에 실린 〈천하에 가장 처참하고 비통한 경우는 절망에 있음〉을 통해 멸망을 기다리지 말고 광명정대하게 조국의 어려운 현실을 타개하자고 역설했다.

1910년 나라를 빼앗기자 상하이로 가서 이시영과 독립운동을 하다가 1911년 서간도로 옮겨 이회영·이시영 형제가 설립한 신흥무관학교 교원으로 활동했다. 1919년 비밀리에 귀국한 그는 최남선과 이상협의 도움으로 매일신보 교정부 기자가 되었고, 이후 정치경제부 기자로 활동했다. 이듬해 동아일보가 창간되자 정치경제부 기자가 되었으며, 1924년 이상협과 함께 조선일보로 자리를 옮겼다. 1926년 이상협이 창간한 중외일보로 옮겼고, 조선중앙일보로 이름이 바뀐 뒤에는 편집부장과 서무부장으로 일했다. 1932년 매일신보 교정부장, 1934년 조선일보 지방부장, 1942년 매일신보 교정주임을 역임했다.

당시 그는 월급을 독립운동 자금으로 보내서 아내 이하영이 하숙을 쳐서 생활을 꾸렸다고 한다. 조선어학회 활동 시절 이극로, 정인승, 권승욱 등을 집에 불러 점심을 해결하게 했다. 그는 이극로에게 조선어

사전 편찬에 도움을 줄 만한 부자들을 많이 소개해주었다. 1941년 이극로가 조직하려던 조선양사원을 후원했다가 일경에 포착되어 조선어학회사건 때 옥고를 치렀다.

광복 후 조선일보 지방부장, 동아일보 편집고문, 자유신문 객원 사원 등을 역임했다. 이승만 정권이 상공부 장관으로 영입하려 했지만, 반쪽짜리 정부에서는 일하지 않겠다고 거절했을 만큼 소신이 뚜렷한 우국지사다. 1964년 9월 11일 세상을 떠났다.

김종철(金鍾喆)

1890년 전남 구례에서 태어났다. 호남의 갑부였던 아버지의 도움으로 일본 와세다대학을 나와 사업에 몰두했다. 김양수, 서민호, 김도연, 신현모 등과 절친했던 그는 1925년 6월 하와이에서 열린 범태평양 기독청년대회에 송진우, 신흥우, 유억겸, 김양수 등과 함께 조선 대표로 참석한 다음 미국에서 공부했다. 컬럼비아대학, 조지워싱턴대학George Washington University, 아메리칸대학 등에서 경제학을 배우며 김도연, 윤치영, 김현철 등과 교류했다. 이때 뉴욕 교포와 유학생들이 발행한 삼일신보에 발기인으로 참여했다.

1928년 7월 워싱턴을 방문한 이극로를 안내하면서 귀국하여 한글운동에 매진하겠다는 그의 뜻에 공감했다. 1930년 10월 9일 신한민보에 〈조선 문제와 동양 황인종주의 문제〉, 이듬해 9월 17일 〈나그네의 길, 인도 가는 길에〉라는 글을 발표하기도 했다.

1931년 귀국한 뒤 수양동우회에 가입하여 활동하던 중 이극로의 권유로 조선어사전편찬회의 후원회원이 되었다. 그 일로 조선어학회사건에 연루되어 홍원경찰서에 구금되었다가 기소유예로 석방되었다. 1957년 7월 30일 구례 자택에서 세상을 떠났다.

간추린 한글 연대표

훈민정음 창제에서 《큰사전》 완간까지

1443년(세종 25)	음력 12월 세종대왕이 훈민정음을 만듦.
1444년(세종 26)	세종이 최항, 박팽년, 신숙주, 이선로, 이개, 강희안 등에게 《운회韻會》를 정음으로 번역하게 함.
1445년(세종 27)	세종이 신숙주, 성삼문 등을 요동에 보내 전 한림학사 황찬에게 운서를 질문하게 함. 권제, 정인지, 안지 등이 《용비어천가》 125장을 지음.
1446년(세종 28)	음력 9월 상순 《훈민정음》 펴냄. 세종이 대간臺諫의 죄를 훈민정음으로 써서 의금부와 승정원에 보임. 언문청을 둠. 훈민정음을 이과吏科와 이전吏典의 시험 과목으로 정함.
1447년(세종 29)	《용비어천가》를 풀이함. 관리 시험에서 훈민정음 과목을 먼저 치르게 함. 《월인천강지곡》 《석보상절》 《동국정운》 등을 짓고, 《용비어천가》 펴냄.
1448년(세종 30)	《동국정운》 펴냄.
1504년(연산군 10)	연산군의 잘못을 지적하는 언문 투서 사건. 언문 탄압.
1506년(중종 1)	언문청을 없앰.
1884년(고종 21)	일본 유학생 이수정, 요코하마에서 이두 토를 단 《현토한한신약성서》 간행.
1885년(고종 22)	이수정, 《신약마가전복음셔언해》 간행.
1887년(고종 24)	J. 로스, 《예수셩교젼셔》 펴냄.
1893년(고종 30)	1월 한국장로교 선교부공의회, 모든 문서 선교에 한글 전용 원칙 확립.
1895년(고종 32)	5월 8일 칙령 1호 공문식公文式 반포, '법률 칙령은 다 국문을 본으로 삼고 한문 번역을 붙이며, 국한문을 혼용한다'. 학부에서 국한문체로 편찬된 《국민소학독본》 발행. 12월 국가 기본법 홍범 14조가 순 국문체와 순 한문체, 국한문체로 반포됨.
1896년(건양 1)	4월 7일 순 한글 신문인 독립신문 창간. 5월 주시경이 독립신문사에 한글맞춤법 통일을 위한 국문동식회 결성.
1905년(건양 10)	을사조약. 지석영 《신정국문》 펴냄.
1906년(건양 11)	주시경 《대한국어문법》 펴냄.
1907년(순종 1)	학부에서 국문연구소 세움. 주시경이 하기국어강습소 엶.

1908년(순종 2)	8월 31일 국어연구학회 첫 모임.
	주시경 《국어문전음학》, 최광옥 《대한문전》 펴냄.
1909년(순종 3)	김희상 《초등 국어사전》, 유길준 《대한문전》 펴냄.
1910년(순종 4)	일본의 조선 강점.
	주시경 《국어문법》 펴냄.
	주시경, 김두봉, 이규영, 권덕규 등이 조선광문회에 들어가 조선어사전편찬부를 조직하고 말모이 편찬에 돌입.
1911년(일제강점기)	9월 3일 국어연구학회를 조선언문회(배달말글몯음)로 바꿈.
1912년(일제강점기)	조선총독부 학무국에서 '보통학교용 언문 철자법' 공포.
1913년(일제강점기)	3월 23일 배달말글몯음을 한글모로 바꿈.
1914년(일제강점기)	주시경 《말의 소리》 펴냄.
	주시경 사망.
1916년(일제강점기)	김두봉, 《조선말본》 펴냄.
1920년(일제강점기)	조선총독부 학무국에서 《조선어사전》 펴냄.
1921년(일제강점기)	12월 3일 조선어연구회 결성.
	총독부 학무국 '보통학교용 언문 철자법 대요' 발표.
1922년(일제강점기)	김두봉 상하이에서 《깁더 조선말본》 펴냄.
1924년(일제강점기)	2월 1일 조선어연구회에서 '훈민정음 8회갑 기념회' 엶.
1926년(일제강점기)	11월 4일 조선어연구회에서 훈민정음 반포를 기념하는 '가갸날' (음력 9월 29일)을 정하고 기념함.
1927년(일제강점기)	2월 8일 조선어연구회의 기관지 《한글》 창간.
	박용만 《조선말 독본》 《조선말 교과서》 펴냄.
1928년(일제강점기)	5월 15일 이극로가 프랑스 소르본대학에서 언어학자 페르디낭 브루노의 구술 아카이브 작업에 참여. 한글 창제의 내력, 조선어의 자모음과 조선 말소리의 용례, 천도교 교리서 일부를 낭독 · 녹음.
	11월 11일 가갸날을 한글날로 바꿈.
	동아일보 글장님 없애기 운동, 총독부의 방해로 무산.
1929년(일제강점기)	조선일보 문자 보급반 운동 시작.
1931년(일제강점기)	1월 10일 조선어연구회를 조선어학회로 바꿈.
	동아일보 브나로드운동 시작.
1932년(일제강점기)	5월 조선어학회 기관지 《한글》 창간.
	11월 7일부터 사흘 동안 동아일보사 강당에서 조선어학회와 조선어학연구회의 한글 토론회 개최.
1933년(일제강점기)	10월 29일 조선어학회 한글맞춤법통일안 발표.
1934년(일제강점기)	10월 28일 조선어학회에서 훈민정음 반포일을 그레고리력으로 환산, 10월 28일로 한글날을 삼음.
	7월 9일 문필가 78명이 '조선 문예가 일동' 명의로 〈한글 철자법 시비에 대한 성명

	서〉 발표.
1935년(일제강점기)	박승빈, 《조선어학》 펴냄.
1936년(일제강점기)	10월 28일 조선어학회, 《사정한 조선어 표준말 모음》 펴냄.
1937년(일제강점기)	11월 28일 조선어학회에서 '한글 가로 풀어쓰기 안' 채택.
	최현배, 《우리말본》 펴냄.
1938년(일제강점기)	학교에서 조선말 교육이 금지됨.
	김윤경 《조선문자급어학사》, 문세영 《조선어사전》 펴냄.
1940년(일제강점기)	6월 25일 조선어학회에서 '외래어표기법 통일안' 발표.
1941년(일제강점기)	신명균, 일제의 창씨개명 강요와 조선어 말살 정책에 항거하여 자결.
1942년(일제강점기)	10월 1일 조선어학회사건 발생. 33인 붙잡힘.
	최현배 《한글갈》 펴냄.
1943년(일제강점기)	12월 8일 이윤재, 함흥형무소에서 사망.
1944년(일제강점기)	2월 22일 한징, 함흥형무소에서 사망.
1945년(미군정)	9월 1일 조선어학회 각종 국어 교과서 제작.
	1940년 발견된 《훈민정음해례》 상주본에 따라 10월 9일을 한글날로 확정.
	12월 8일 군정청 학무국 조선교육심의회 교과서편찬분과위원회에서 '한자는 없애고 모든 글은 가로쓰기' 결정.
1947년(미군정)	10월 9일 조선어학회 《조선말 큰사전》 1권 펴냄.
1948년(대한민국)	8월 15일 대한민국 정부 수립.
	10월 9일 '한글 전용에 관한 법률' 공포.
	우리말 도로 살리기 운동 시작.
1949년 9월 5일	조선어학회 이름을 한글학회로 바꿈.
1952년 11월 2일	정태진, 트럭 전복 사고로 사망.
1953년 4월 27일	국무총리 훈령 8호 '한글 간소화 방안' 공포. 한글 파동.
1953년 5월 24일	한글학회 등에서 한글 간소화 방안에 대한 반대 성명.
1954년 7월 2일	국무회의에서 한글 간소화 방안을 통과시키자, 각계에서 반대 성명.
1955년 9월 19일	대통령이 한글 간소화 방안을 거둬들임.
1957년 12월 6일	을유문화사에서 《큰사전》 전 6권 완간.

신문 · 잡지

경향신문, 대한매일신보(매일신보), 독립신문, 독립신문(상하이판), 동아일보, 조선일
보, 조선중앙일보, 중외일보, 황성신문, 《개벽》《광복光復》《대한자강회월보》《동
광》《문교의 조선文敎の朝鮮》《별건곤》《삼천리》《신민新民》《신조선新朝鮮》《정음
正音》《조선사학朝鮮史學》《진단학보震檀學報》《청구학총靑丘學叢》《한글》

기고 · 논문

· 강신항, 〈민족문화수호운동(어문 · 문예)〉, 《한국독립운동사사전》 총론편(하권).
  1996.
· 고영근, 〈어문학자들의 인물사 연구의 현황과 전망〉, 《한국인물사연구》 창간호,
  사단법인 한국인물사연구소. 2004.
· 권승욱, 〈조선어학회 수난의 회고〉, 《민성》 34호(1949년 4월).
· 김동환, 〈대종교 항일운동의 정신적 배경〉, 《국학연구》 제6집, 국학연구소,
  2001.
· 김민수, 〈조선어학회의 창립과 그 연혁〉, 《주시경학보 제5집》, 탑출판사, 1990.

· 김성준, 〈일제 강점하 조선어말살정책연구〉, 《국사관논총》 제105집, 2010.

· 김운태, 〈일제 재등 총독의 '문화정치'의 기만성〉, 《행정논총》 12권, 서울대학교 한국행정연구소, 1974.

· 김정신, 〈김교헌 사학의 정신적 배경〉, 《국학연구》 제4집, 국학연구소, 1998.

· 나대니얼 페퍼(김여제 옮김), 〈한국 독립운동의 진상〉, 독립신문, 1920.

· 박병채, 〈1930년대의 국어학 진흥운동〉, 《민족문화연구》 12호, 고려대 민족문화연구소, 1977.

· 박용규, 〈일제시대 한글운동에서의 신명균의 위상〉, 《민족문학사연구》 38호, 민족문학사학회, 2008.

· 신용하, 〈1930년대 문자 보급 운동과 브나로드운동〉, 《한국학보》 120집, 일지사, 2005.

· 신용하, 〈주시경의 애국계몽사상〉, 《한국근대사회사상사 연구》, 일지사, 1987.

· 이관술, 〈반제 투쟁의 회상〉(상), 현대일보, 1946년 4월 17일자.

· 이명재, 〈식민지시대 문학의 특성 연구〉, 경희대 박사 학위 논문, 1983.

· 이석린, 〈화동 시절의 이런 일 저런 일〉, 《얼음장 밑에서도 물은 흘러—조선어학회 수난 50돌 기념 글모이》, 한글학회, 1993.

· 이윤재, 〈한글을 처음 내면서〉, 《한글》 1-1호, 1932.

· 이헌구, 〈환산과 신명균〉, 《사상계》 1965년 1월호.

· 조동걸, 〈1930~40년대의 국학과 민족주의〉, 《인문과학연구》 창간호, 동덕여대 인문과학연구소, 1995.

· 최경봉, 〈일제강점기 조선어학회 활동의 역사적 의미〉, 《민족문학사연구》 31호, 민족문학사학회, 2006.

· 최승만, 〈3대 민족지의 언론투쟁〉, 《신동아》, 1969년 10월호.

· 최혜주, 〈폐원탄의 고문 활동과 한국사 연구〉, 《국사관논총》 제79집, 국사편찬위원회, 1998.

· 한홍구, 〈주산 선생珠汕先生〉, 《신건설》, 1945년 12월호.

단행본

· 강신항, 《증보개정판 국어학사》, 보성문화사, 1987.

· 고영근, 《국어학연구사》, 학연사, 1997.

· 권덕규, 《조선어문경위》, 광문사, 1923.

· 권오성 외, 《자산 안확 국학 논저집 1~6》, 여강출판사, 1994.

· 김민수, 《신국어학사(전정판)》, 일조각, 2003.

· 김석득, 《외솔 최현배 학문과 사상》, 연세대학교 출판부, 2000.

· 단재신채호전집간행위원회, 《개정판 단재신채호전집》, 형설출판사, 1979.

· 박걸순, 《식민지 시기의 역사학과 역사인식》, 경인문화사, 2004.

· 박걸순, 《한국근대사학사 연구》, 국학자료원, 1998.

· 박경식, 《일본제국주의의 조선 지배》, 청아출판사, 1986.

· 박병채 외, 《일제하의 문화운동사》, 민중서관, 1973.

· 박영석, 《일제하 독립운동사 연구》, 일조각, 1984.

· 박용규, 《북으로 간 한글운동가 이극로 평전》, 도서출판 차송, 2005.

· 박용규, 《조선어학회 항일투쟁사》, 한글학회, 2012.

· 박지향 외, 《해방 전후사의 재인식 1》, 책세상, 2006.

· 박태권, 《국어학사 연구》, 세종출판사, 2002.

· 신채호, 《단재신채호전집》 8권, 한국독립운동사연구소, 2008.

· 이극로, 《고투 40년》, 을유문화사, 1947.

· 이기문, 《개화기의 국문 연구》, 일조각, 1970.

· 이만열, 《한국근대역사학의 이해》, 문학과지성사, 1981.

· 일석이희승전집간행위원회, 《일석 이희승 전집》, 서울대학교출판부, 2000.

· 임종국, 《친일문학론》, 평화출판사, 1966.

· 정백수, 《한국 근대의 식민지 체험과 이중언어문학》, 아시아문화사, 2000.

· 정인보, 《담원정인보전집 1 · 2》, 연세대출판부, 1983.

· 정재환, 《한글의 시대를 열다—해방 후 한글학회 활동 연구》, 경인문화사, 2013.

· 조용만, 《일제하의 문화운동론》, 현암사, 1982.

· 최경봉, 《우리말의 탄생》, 책과함께, 2006.

· 최현배, 《한글의 바른 길》, 정음사, 1932.

· 한국역사연구회, 《한국사 강의》, 한울, 1990.

· 한국역사연구회, 《한국역사》, 역사비평사, 1992.

· 한글학회, 《고루 이극로》, 어문각, 2009.

· 한영우, 《한국민족주의역사학》, 일조각, 1994.

기타

· 《국민학교규정》, 조선총독부, 1941.

· 〈조선어학회사건 예심 종결 결정문〉, 조선총독부, 1944.

· 《조선역사朝鮮歷史》, 학부편집국, 1895.

· 조선총독부관보朝鮮總督府官報, 조선총독부.

· 《한국근대사기초자료집Historical Materials of Modern Korea》, 국사편찬위원
  회, 2010.

국립중앙도서관 출판시도서목록(CIP)

(한글 만세) 주시경과 그의 제자들 / 지은이 : 이상각. --
파주 : 유리창, 2013
 p. 320 : 152×225cm

ISBN 978-89-97918-11-9 03910 :₩15000

주시경(인명)[周時經]
조선어학회[朝鮮語學會]
한글

911.06-KDC5
951.903-DDC21   CIP2013016581

한글 만세
주시경과 그의 제자들
조선어학회, 47년간의 말모이 투쟁기

초판 1쇄 발행 2013년 9월 25일
초판 2쇄 발행 2019년 5월 30일

지은이 이상각
펴낸이 우좌명
펴낸곳 출판회사 유리창
출판등록 제406-2011-000075호(2011.3.16)
주소 10881 경기도 파주시 문발동 파주출판도시 115 세종출판타운 402호
전화 031-955-1621
팩스 0505-925-1621
이메일 yurichangpub@gmail.com

ISBN 978-89-97918-11-9 03910

ⓒ 이상각 2013

* 잘못된 책은 구입한 곳에서 바꿔드립니다.